Karl A. Dostal / Edith Dostal

Übungsbuch Texte schreiben

Anleitungen, Beispiele, Themen, Aufgaben, Lösungen

5. bis 9. Schulstufe

Verlag Leitner, Wien

Die Deutsche Bibliothek – CIP-Einheitsaufnahme

Dostal, Karl A. / Dostal Edith
Übungsbuch Texte schreiben
Anleitungen, Beispiele, Themen, Aufgaben, Lösungen
5. bis 9. Schulstufe
Karl A. Dostal / Edith Dostal – Wien: Verlag Leitner, 2000

ISBN 3-85157-075-7

Umschlagentwurf: Gerri Zotter, Wien
Gesamtherstellung: Verlag Leitner im Wiener Dom-Verlag, Wien

ISBN 3-85157-075-8

Zu diesem Buch

Das „Übungsbuch Texte schreiben“ ist **für Schüler und Schülerinnen der 5. bis 9. Schulstufe aller Schulgattungen** gedacht (HS, AHS, PS) und soll helfen, Aufsätze und Texte verschiedenster Art zu verfassen. Es zeigt einen sicheren Weg zur Verbesserung der Schulleistungen in diesem Bereich des Deutschunterrichts.

Durch verständliche **Anleitungen und Ratschläge** erfahren die Lernenden, worauf es bei den einzelnen Textarten ankommt.

Viele **Beispiele** (größtenteils von Schülern verfasst) zeigen modellhaft die Lösungswege und sollen motivieren ähnliche Texte zu verfassen.

Über 300 lebensnahe **Schreibanlässe, Aufgaben und Themen** regen die Lernenden an das Erkannte einzuüben und anzuwenden. Symbole geben die Schulstufe bzw. den Schwierigkeitsgrad an.

Lösungsvorschläge im Anhang dienen der Erfolgskontrolle und gewährleisten selbstständiges Lernen.

Das „Übungsbuch Texte schreiben“ kann sowohl **im häuslichen Nachhilfeunterricht** als auch im individuellen Förderunterricht in der Schule verwendet werden.

Eltern und Lehrern kann es als **Stoff- und Beispielsammlung** dienen.

Bei der Niederschrift wurden die Regeln der neuen Rechtschreibung berücksichtigt.

Prof. Reg.-Rat Karl A. Dostal Edith Dostal

Zeichenerklärung

Alle Übungen sind nummeriert. Die Anleitungen und Stilratschläge sind farbig hervorgehoben.
Gibt es für eine Übung einen Lösungsvorschlag im Anhang des Buches, wird mit einem Pfeil auf den Lösungsvorschlag hingewiesen: → **L . . .**

L 3 bedeutet dann z. B.: Lösungsvorschlag zur Übung Nr. 3.

Welche Übungen für die einzelnen Schulstufen empfohlen werden, wird durch Symbole gekennzeichnet. Diese stehen neben der Kapitelüberschrift und im Inhaltsverzeichnis.

□ = **Übungen für das 5. Schuljahr und später**

○ = **Übungen für das 6. Schuljahr und später**

⊗ = **Übungen für das 7. Schuljahr und später**

△ = **Übungen für das 8. Schuljahr und später**

Inhaltsverzeichnis

Texte schreiben – wozu?

Hast du schon einmal darüber nachgedacht, warum die Leute Texte verfassen?
Genügt nicht im Zeitalter des Handys das Gespräch, die mündliche Mitteilung?
Wozu schreiben die Leute überhaupt?

Sie schreiben, weil sich das gesprochene Wort verflüchtigt, das Gesagte rasch vergessen wird, der geschriebene Text jedoch von Dauer ist, immer wieder nachgelesen werden kann.

Sicherlich ist das Verfassen von Texten schwieriger als das Reden, doch auch du kannst es erlernen.

Stelle dir vor dem Beginn des Schreibens immer die folgenden Fragen:

Aus welchem Anlass will ich schreiben?

Wem will ich schreiben?

Stelle dir den Empfänger, den Leser, beim Schreiben vor! Das hilft dir den richtigen Ton zu treffen.

Warum will ich schreiben?

Überlege, ob du den Leser mit dem Text unterhalten oder informieren willst, ob du ihn beeinflussen willst in deinem Sinne zu handeln oder ob du Stellung nehmen, eine Übereinkunft treffen willst.
Auch für sich selbst kann man schreiben, z. B. um sich etwas zu notieren.

Was, welchen Inhalt (Sachverhalt) will ich dem Leser mitteilen?

Wie soll ich meine Gedanken ausdrücken?

Welche sprachliche Form ist in der gegebenen Situation bei dieser Absicht zweckentsprechend? Worauf kommt es daher bei dieser Textart besonders an?

Welche Wirkung will ich beim Leser mit meinem Text erreichen?

Auch als Erwachsener greift man nur in einer bestimmten Situation zur Feder, wendet sich an einen bestimmten Leser (Adressaten), teilt ihm einen bestimmten Sachverhalt in der dafür geeigneten sprachlichen Form mit, damit die Wirkung eintritt, die man sich erhofft.

Gehe beim Schreiben folgendermaßen vor:

1. Notiere dir in Stichworten vorerst alles, was dir zum Thema einfällt!
2. Bringe die Gedanken in eine sinnvolle Ordnung! Überlege, was zuerst, was später geschehen ist, wie das Geschehen zeitlich abgelaufen ist!
3. Entwirf nun den Text auf einem Blatt Papier, lass aber große Zeilenabstände für Änderungen und Korrekturen!
4. Lies den Entwurf mehrmals durch, ob du die für diesen Text geltenden Merkmale eingehalten hast! Wenn erforderlich, überarbeite den Text!
5. Nun erst fertige die Reinschrift für den Leser an! Bemühe dich um eine deutliche, gut lesbare Handschrift, sofern du nicht mit einer Schreibmaschine oder einem Computer schreibst!

1. Über Erlebnisse schreiben

Nimm folgende Situation an:
Die Schüler und Schülerinnen der Hauptschule/AHS, die du besuchst, wollen einen Erzählwettbewerb veranstalten, an dem die Schüler und Schülerinnen aller Klassen teilnehmen sollen. Die Schüler jeder Schulstufe wählen selbst die besten (interessantesten, lustigsten, spannendsten) Geschichten aus, die dann einem Preisgericht zur weiteren Auswahl vorgelegt werden sollen. Vom Elternverein sind für die besten Arbeiten Buchpreise vorgesehen.
Worauf es bei solchen Geschichten ankommt, kannst du auf den folgenden Seiten nachlesen.

1.1 Wähle ein lohnendes Thema!

Wie meine Maikäfer einen Tumult verursacht haben

Meine Tante bewohnt ein Einfamilienhaus in der Nähe von Wien und hält sich dort Hühner. Als meine Eltern und ich einmal bei ihr zu Besuch waren, erzählte sie mir, dass die Hühner gerne Maikäfer fressen. In der folgenden Woche machten meine Eltern und ich einen Ausflug auf den Bisamberg. Dabei stellten wir fest, dass die Eichen dort von den Maikäfern fast kahl gefressen waren. Es war nämlich ein richtiges Maikäferjahr. Überall saßen Maikäfer.
Da erinnerte ich mich an die Hühner meiner Tante und schlug vor Maikäfer einzufangen und meiner Tante zu bringen. Das war nicht schwer. Wir brauchten nur die Bäume zu schütteln und danach die Käfer vom Boden aufzuheben. Da wir kein geeignetes Gefäß fanden, steckten wir die Maikäfer in die Papiersäckchen, in denen wir vorher unseren Proviant aufbewahrt hatten. Die Säckchen verstauten wir dann im Rucksack.
Am Abend wanderten wir zur Endstation der Straßenbahn, um nach Hause zu fahren. Da es ein schöner Tag war, hatten

viele Leute einen Ausflug gemacht. Die Straßenbahn war daher überfüllt, wir mussten im Gedränge stehen.
Da schrie plötzlich eine Frau erschrocken auf, dann eine andere, schließlich mehrere. Es entstand ein richtiger Tumult. Was war geschehen?
Meine Maikäfer hatten anscheinend die Papiersäckchen durchgebissen und durch den schlecht verschnürten Rucksack einen Weg ins Freie gefunden!
Schließlich musste die Straßenbahn stehen bleiben, die meisten Leute verließen fluchtartig den Wagon. Und meine Eltern und ich begaben uns neuerlich auf die Maikäferjagd. Gott sei Dank nahmen es die Fahrgäste mit Humor und lachten mit uns, als wir sie über die Ursache der Aufregung aufklärten. *(Erich, 11 Jahre)*

Über Erlebnisse zu schreiben ist nicht schwierig. Du musst vor allem darauf achten, ein **Thema** zu wählen, zu dem du etwas zu schreiben weißt.
Es soll ein Thema sein, von dem du annehmen kannst, dass es den Leser interessiert.
Schreib daher nichts Langweiliges, Selbstverständliches, sondern etwas Mitteilenswertes; ein Erlebnis, das du in guter Erinnerung hast.
Die Überschrift soll das Thema erkennen lassen und den Leser neugierig machen.

1 *Ergänze bei den folgenden Beispielen die Überschriften!* ☐

a) ________________________________

„Willst du da hinein?“, fragte mich mein Vater, als wir bei unserem Praterbesuch vor dem Spiegelkabinett ankamen. „Das ist sehr lustig.“
Ich stimmte sogleich zu. An der Kasse mussten wir uns anstellen, doch bald befanden wir uns in einem Irrgarten mit vielen Spiegeln. Vor mir im Spiegel stand ein Mädchen, das ganz schmal und doppelt so groß war wie ich. Sollte das etwa

ich sein? In einem anderen Gang kam ein kugelrundes Kind auf mich zu. Beinahe wäre ich mit ihm zusammengestoßen. Ich wandte mich lachend zur Seite, aber schon stieß ich an einen anderen Spiegel. Überall waren Spiegel, die die Wirklichkeit entstellt zeigten. Einmal sah ich mich aus weiter Entfernung, ein anderes Mal ganz nahe und riesengroß. Einmal hatte ich einen dicken Körper und ganz kurze Beine, ein anderes Mal saß ein winziger Kopf auf einem aufgedunsenen Leib. Wir mussten über diese Zerrbilder herzlich lachen. Immer wieder versperrten uns Spiegel den Weg und wir konnten den Ausgang nicht finden. Erst nach vielen Irrwegen fanden wir endlich ins Freie. *(Maria, 10 Jahre)*

b) ______________________________

Einmal sonnte ich mich auf einer Wiese im Schwimmbad. Da hörte ich plötzlich jemanden laut aufschreien. Als ich in die Richtung blickte, aus der der Schrei kam, sah ich eine Frau, die rasch ihre Sachen zusammenpackte und das Weite suchte. Sie lief anscheinend vor etwas davon. Neugierig näherte ich mich der Stelle. Da entdeckte ich im Gebüsch hinter dem Lagerplatz der Frau ein Krötennest. In einer Erdmulde saß eine große alte Kröte, um sie herum acht Junge. Auch andere Kinder waren herbeigelaufen. Mit einem Stock wollten sie die Kröten töten. „Erdkröten sind sehr nützliche Tiere", sagte ich zu ihnen, „lasst sie leben!" Da ließen sie davon ab.

Eine Weile beobachtete ich noch die Tiere, die sich verschreckt auf den Boden drückten. Dann ging ich wieder ins Wasser, denn bei der Aufregung war mir heiß geworden. Nachts träumte ich dann von der Kröte.

(Herbert, 10 Jahre)

2 *Bei Rahmenthemen denkt man sich nachträglich selbst eine passende Überschrift aus.*
Wähle aus den folgenden Themen eines aus, zu dem du etwas zu schreiben weißt! ☐

Rahmenthema:	**Gewählte Überschrift:**
Als ich das erste Mal ...	Mein erster Schultag
	In der neuen Schule
	Mein erster Flug
	Zum ersten Mal auf dem Fahrrad
	Mein erstes selbst verdientes Geld
Ein Abenteuer	Als es um Sekunden ging
	Aprilscherz
	Ein lustiger (schlechter) Scherz
	Das ging noch gut aus
Reisen	Ein teurer Spaß
	Meine erste Bergtour
	So kommt es, wenn man es eilig hat
	Mit dem Schiff die Donau abwärts
Sport und Spiel	Im Zeltlager
	Am Lagerfeuer
	Eine Schneeballschlacht
	Streit beim Spiel
	Der Sprung vom Dreimeterbrett
Lustiges	Eine frohe Nachricht
	War das eine Überraschung
	Wie ich meinen Vater (meine Mutter) zum Lachen brachte
	Ein lustiges Erlebnis

Eine Tiergeschichte	Begegnung mit einem Wildschwein Unser Hund Mein Meerschweinchen Die Katze Minka
Krankheit	Beim Zahnarzt Als ich einmal schwer krank war Als ich einmal operiert wurde

1.2 Erzähle folgerichtig und zusammenhängend!

Du musst immer in der richtigen Reihenfolge erzählen, sonst wird die Geschichte verworren, der inhaltliche Zusammenhang fehlt. Nimm also nicht etwas vorweg, was erst später geschehen ist!

In der folgenden Geschichte wurden die Sätze nicht in der richtigen Reihenfolge abgedruckt. Schreib den Text ab und achte darauf, dass die Sätze folgerichtig stehen! Vorerst jedoch nummeriere die Sätze! ☐ **3**

Eine Geburtstagsüberraschung

- ❍ Gestern hatte ich meinen zehnten Geburtstag.
- ❍ Ich hatte mir einen Hund gewünscht.
- ❍ Alle Freunde waren gekommen.
- ❍ Am Nachmittag gab es eine Geburtstagsfeier.
- ❍ Sie brachten kleine Geschenke mit.
- ❍ Meine Mutti hatte Getränke und eine Torte vorbereitet.

❍ *Mein Vater kam mit einem großen Paket an.*

❍ *„Da kann doch kein Hund drinnen sein", dachte ich.*

❍ *Wir vergnügten uns bis zum Abend.*

❍ *Um fünf Uhr kam der Vater heim.*

❍ *Was hat er mitgebracht?*

❍ *Ein kleiner Pudel sprang mir entgegen.*

❍ *Ungeduldig öffnete ich das Paket.*

❍ *O Schreck, es war ein Hund aus Stoff!*

❍ *Nur mit Mühe unterdrückte ich meine Tränen.*

❍ *Plötzlich hörte ich aus dem Nebenzimmer ein Bellen.*

❍ *Ich riss die Tür auf.*

→ **L 3**

4 *Als Robert seine Schularbeit zurückbekam, war er sehr enttäuscht, denn die Lehrerin hatte darunter vermerkt: „Nicht folgerichtig erzählt. Gedankensprünge." Er musste also den Text umarbeiten.*
Beurteile, was die Lehrerin damit gemeint hatte!

Ein Spiel mit bösem Ende

Seit langem machte es uns Freude, die breiten Geländer in unserem Treppenhaus hinunterzurutschen. Das Geländer vom ersten Stock zum Erdgeschoß war besonders beliebt, da es einen weiten Auslauf hatte. Wenn wir dort hinuntersausten, wurden wir wie bei einer Sprungschanze ein Stückchen hinausgetragen und landeten gerade noch vor der Haustür.

Vor kurzem hatte Hans den Einfall, ein „Wettspringen“ zu veranstalten.

Das spornte uns an, es ebenfalls zu versuchen. Fritz, Arnim und ich rutschten in voller Fahrt das Geländer hinab.

Die Fliesen des Fußbodens waren unsere Markierungen.

„Wer kommt so weit wie ich?“, fragte er uns herausfordernd.

Dann rutschte Hans.

Fritz flog dreizehn Fliesen weit, ich vierzehn und Arnim kam noch ein paar Zentimeter weiter.

Wie ein Blitz schoss er das Geländer hinab, sauste durch die Luft, prallte gegen die Glaswand der Haustür und blieb regungslos liegen.

„Ich laufe zu Dr. Gruber, er soll sofort kommen!“, rief Arnim und rannte zum Nachbarhaus, wo der Arzt seine Praxis hatte.

Er lag bewusstlos auf dem Boden und blutete im Gesicht.

Die Eltern von Hans waren beide berufstätig. Wir konnten sie daher nicht benachrichtigen.

Fritz und ich blieben bei Hans. Wir wussten aber nicht, wie wir helfen sollten.

Er reinigte das Gesicht des Verletzten und legte ihn sorgfältig seitlich zu Boden.

Da kam auch schon der Arzt.

Drei Wochen musste er im Krankenhaus liegen, bis seine Gehirnerschütterung geheilt war.

„Wir müssen die Rettung rufen“, sagte Dr. Gruber nach einer Weile zu mir.

Schon nach fünf Minuten wurde Hans mit dem Rettungswagen weggefahren.

Ich eilte zum Telefon und rief die Nummer 144 an.

Bringe die Sätze in die richtige zeitliche und logische Reihenfolge, sodass der Leser genau weiß, was sich früher und was sich später ereignet hat! ○ → **L 4**

1.3 Schweife nicht vom Thema ab und schreib nur über ein einziges, eng begrenztes Erlebnis!

5 *Der folgende Aufsatz ist nicht gelungen. Was könnte weggelassen werden, welcher Abschnitt sollte mit mehr Einzelheiten erzählt werden?* □

Beim Zahnarzt

Vor kurzem bekam ich nachts starke Zahnschmerzen. Am nächsten Tag schickte mich meine Mutter sofort zum Zahnarzt. Auf dem Weg dorthin bekam ich schon Angst. Zögernd klingelte ich an der Tür der Praxis. Ein Summen ertönte und ich betrat das Wartezimmer. Dort grüßte ich die Wartenden freundlich und nahm mir eine Zeitschrift, ehe ich mich auf einen freien Sessel setzte. Aber zum Lesen war ich viel zu aufgeregt. Nach einigen Minuten kam die Sprechstundenhilfe und verlangte den Krankenschein.

Jetzt hatte ich das Gefühl, dass mir kein Zahn mehr weh täte. Es dauerte eine halbe Stunde, bis ich ins Ordinationszimmer gerufen wurde. Hier musste ich auf dem Marterstuhl Platz nehmen. Die Helferin band mir einen Umhang um und legte die Instrumente bereit. Da betrat auch schon der Zahnarzt das Zimmer. Er begrüßte mich freundlich und fragte nach meinen Beschwerden. Dann sah er sich genau mein Gebiss an und entdeckte in einem Backenzahn links oben ein Loch. Ich begann zu zittern, als er zum elektrischen Bohrer griff. Mit diesem bohrte er im Zahn herum, bis die faule Stelle sauber war. Das war sehr unangenehm und manchmal tat es richtig weh. Seine Gehilfin hatte inzwischen die Füllmasse angerührt, die der Zahnarzt nun in die aufgebohrte Stelle stopfte.

Nach einigen Minuten durfte ich aufstehen und nach Hause gehen. Drei Stunden sollte ich nichts essen.

(Waltraud, 11 Jahre)

→ **L 5**

Achte immer darauf, beim Thema zu bleiben! Schweife nicht ab!
Stelle die Vorgeschichte nur kurz dar, den Erlebniskern jedoch ausführlich mit vielen Einzelheiten!

Nachfolgend einige gelungene Beispiele:

Der Kropf

Meine Großmutter hatte einen Kropf. „So ein ganz ungefährlicher Knödel", meinte sie. Doch der Kropf wurde nach und nach größer. Alle Ratschläge zum Arzt zu gehen schlug sie in den Wind, bis eines Tages Herzschmerzen dazukamen.
„Der Kropf wächst nach innen, drückt leicht auf die Luftröhre und wirkt lähmend auf das Herz", lautete der ärztliche Befund. „Es wird empfohlen den Kropf zu operieren. Gegen eine Operation bestehen keine grundsätzlichen Bedenken."
Als es immer schlimmer wurde, ging meine Großmutter ins Krankenhaus. Da kamen die Verwandten mit ihren guten Ratschlägen. Die einen meinten: „Operieren, bei ihrem Alter? Wenn sie die Operation nicht übersteht, hat sie wenigstens einen kurzen schönen Tod gehabt." Die anderen glaubten: „Bei ihrem Alter – sie ist doch schon 74 – zahlt sich eine Operation nicht mehr aus." Nach langem Hin und Her entschloss sich die Großmutter zur Operation.
Sie sollte Donnerstag um neun Uhr stattfinden. An diesem Tag hatten wir alle keine Ruhe. Wir stiegen von einem Bein auf das andere, jeder zerbrach sich den Kopf, ob es nicht doch besser gewesen wäre, Großmutter nicht operieren zu lassen. Sogar in der Schule machte ich mir Sorgen.
Mein Deutschlehrer, wir hatten von neun bis zehn gerade Deutsch, erzählte allerhand von Modalsätzen und ihren Unterarten. Ich blickte ihn nur stumm an und tat, als ob ich alles verstünde. Doch meine Gedanken waren bei meiner Großmutter.
Als der Unterricht vorbei war, stürmte ich nach Hause. Ich war noch nie so schnell zu Hause wie an diesem Tag. Ich riss die Tür auf und rannte gleich zu meiner Mutter. Sie lächelte. Großmutter hatte die Operation gut überstanden. *(Wolfgang, 13 Jahre)*

Vergesslichkeit hat oft böse Folgen

Herbert und sein Freund Ludwig haben sich vorgenommen, an dem „Kistelrennen" teilzunehmen. Zu diesem Zweck bauen sie sich aus alten Brettern, Blechresten, verbogenen Nägeln, die sie wieder gerade klopfen, ein vierrädriges Gefährt. In jeder Minute ihrer freien Zeit sind sie am Werk. Die Räder stammen von einem alten Kinderwagen. Herbert verbindet die Achse durch ein Seil mit dem Lenkrad, einer Holzscheibe.
„Na, was sagst du?", fragt Herbert seinen Freund, der vor ihm hockt. „Wird das Gefährt nicht toll?" Ludwig nickt zustimmend: „Übermorgen werden wir beim Rennen bestimmt gewinnen."
An einem abschüssigen Weg, der an einem Bretterzaun entlang führt, wollen sie ihr Fahrzeug ausprobieren.
Erwartungsvoll schieben sie den fahrbaren Untersatz den Weg hinauf. Selbst der Schäferhund hinter dem Zaun zeigt Anteilnahme und bellt die beiden an.
Auf dem höchsten Punkt angekommen setzen sie sich in die Kiste und los geht's! Anfangs rollen sie nur langsam bergab, doch dann werden sie schneller, immer schneller. Als sich dabei das rechte Hinterrad löst, schreit Ludwig voller Angst: „Halt! Zieh die Bremse!"
Herbert antwortet verzweifelt: „Womit soll ich bremsen? Ich hab vergessen eine Bremse einzubauen."
Als auch das Lenkseil reißt, saust das Gefährt in die Planke. Die Bretter geben nach, die Buben werden aus der Kiste geschleudert, die umkippt.
Mit Verletzungen am Kopf und zerrissenen Kleidern endet schließlich die abenteuerliche Fahrt. *(Walter, 12 Jahre)*

1.4 Vermeide gleiche Satzanfänge und Wortwiederholungen!

6 *Forme den folgenden Aufsatz um! Vermeide gleiche Satzanfänge und Wortwiederholungen! Verwende stattdessen treffende sinnverwandte Ausdrücke!* ☐

Zwei Buben verursachen einen Verkehrsunfall

Peter nahm Leo die Kappe weg und rannte mit der Kappe davon. Leo rannte ihm nach. Die beiden rannten zuerst die Straße entlang, dann rannte Peter über die Fahrbahn.
In diesem Augenblick kam ein Lastwagen in rascher Fahrt daher. Knapp dahinter kam ein Taxi. Die beiden Buben hatten den Wagen nicht bemerkt. Der Lenker bemerkte jedoch rechtzeitig die beiden Buben und bremste scharf. Der dahinter fahrende Lenker des Taxis bemerkte jedoch zu spät das Bremsen des Lastwagens und fuhr dem Lastwagen hinten auf.
Die beiden Buben rannten erschrocken davon.

Verwende an Stelle der mehrmals verwendeten Wörter die folgenden:

für rennen:	laufen, eilen, hasten, türmen, springen, sich davonmachen, sich aus dem Staub machen;
für bemerken:	erblicken, sehen, entdecken, wahrnehmen, feststellen;
für fahren:	steuern, lenken, rollen, sich fortbewegen;
für daherkommen:	sich nähern

→ **L 6**

Suche sinnverwandte Ausdrücke für das Wort „sagen“ und arbeite danach den folgenden Aufsatz um! ☐ **7**

So ein Durcheinander!

Als wir am Freitag alle heimkamen, war ein großes Durcheinander im Haus. Jeder wollte seine Erlebnisse erzählen. Als es gar zu bunt wurde, sagte der Vater: „Zuerst darf Ernst sprechen.“ Ernst kam sich ungeheuer wichtig vor und sagte: „Also, wir haben in den hohen Wellen gebadet.“
Oskar sagte: „Da waren gewiss Haifische darin.“
Ernst sagte zornig: „Sei jetzt ruhig, du Schafskopf.“
Da sagte ich ruhig: „Nun hört endlich zu streiten auf.“

Aber Ernst sagte ganz eifrig: „Da haben wir zwei Seepferdchen und eine Qualle gefangen."
Oskar sagte mir ins Ohr: „Schau in seiner Hosentasche nach, vielleicht hat er sie mitgebracht."
Aber ehe ich meinen Bruder damit ärgern konnte, streckte die Mutter den Kopf durch die Tür herein und sagte zu uns mit wichtiger Miene: „Heute gibt es Haifischkotelett mit Schlagobers zum Abendessen." Da lachten wir alle und gingen zu Tisch.

→ **L 7**

8 *Sag es treffender! Ersetze das Wort „gehen" durch ein anderes Wort, das die Fortbewegungsart genauer angibt:* ☐

1. Ich ging mit meinem Freund bis zu seinem Wohnhaus.
2. Wir gingen um acht Uhr fort.
3. Wir gingen etwa zwei Stunden, bis wir bei der Schutzhütte ankamen.
4. Nach einer kurzen Rast gingen wir wieder heim.
5. Schwitzend gingen wir auf dem Berg den gewundenen Weg entlang.
6. Während wir auf der Landstraße gingen, sangen wir ein Lied.
7. Während der Autofahrt machten wir auf dem Hafnerberg Halt und gingen in die schöne Wallfahrtskirche.
8. Vorsichtig gingen wir über den schmalen Steg.
9. Um den Zug zu erreichen, gingen wir schnell zum Bahnhof.

10. Wenn mich meine kleine Schwester erblickt, geht sie mir schnell entgegen.
11. Mit meinen Besuchern gehe ich meist noch ein Stück mit.
12. Der fremde Hund ging mit mir bis zu meinem Wohnhaus.
13. Der Zug geht um neun Uhr.
14. Der Wanderweg geht durch einen Buchenwald.

→ L 8

Schreib den folgenden Text ab und wähle dabei unter den eingeklammerten Ausdrücken jenes Wort aus, das in diesem Satz am treffendsten ist! ☐ **9**

Ein Affentheater!

In unserem Zoo (ist, befindet sich, unser Zoo besitzt) ein großes Affenhaus. Eines Tages hatte der Wärter die Käfige wie üblich (gereinigt, geputzt, sauber gemacht, gesäubert) und den Tieren frisches Futter (gegeben, gereicht, hingelegt). Dann war er wieder (hinausgegangen, davongeeilt) und hatte (vergessen, unterlassen, nicht daran gedacht), die Käfigtür ordentlich (zuzumachen, zu verschließen, abzuschließen). Ein neugieriges Äffchen (öffnete sie, machte sie auf, stieß sie auf) und (ging, kletterte, schlüpfte) hinaus. Natürlich (kamen, folgten) die anderen Affen nach. Sie (sahen, entdeckten, erspähten) eine Gelegenheit durch ein offenes Fenster aus dem Affenhaus zu (entwischen, entkommen, entfliehen) und (hockten sich, kletterten) auf die umliegenden Bäume. Als man sie (sah, entdeckte, fand), waren sie im Begriff die Gegend (unsicher zu machen, in Schrecken zu versetzen). Jedenfalls dauerte es ein paar Tage, ehe man alle Ausreißer wieder (eingefangen, geschnappt, gefunden) hatte. → L 9

1.5 Erzähle lebendig!

Das erreichst du, indem du die direkte Rede verwendest und auf Abwechslung im Satzbau achtest, also Ruf- und Fragesätze einschaltest und nicht nur einfache, sondern auch zusammengesetzte Sätze verwendest.

Beispiele:

Der Spatz

Als ich einmal daheim war, kam mein Bruder angerannt und schrie: „Hallo, ich habe einen Spatzen gesehen." – „Wo?", rief ich.
„Er kann nicht fliegen, er sitzt im Hof."
„Hol ihn herein!", erwiderte ich.
„Ich habe aber Angst."
„Dann gehe ich und hole ihn." Ich nahm eine Schachtel, ging in den Hof hinunter und setzte den Spatz hinein. Meine Mutter meinte: „Gib ihm Milch und Brot!" Ich tat es und er fraß. Dann gingen wir ins Bett.
Als ich am nächsten Morgen aufwachte, war der Spatz tot. Ich begrub ihn im Garten.

(Ilse, 10 Jahre)

Kirschendiebe

Missmutig stand mein Vater vor dem großen Kirschenbaum in unserem Garten. „Schau dir einmal die Kirschen an", sagte er zu meinem Bruder Gottlieb, „mir scheint, die werden mit jedem Tag weniger."

„Ich kann nichts dafür“, verteidigte sich Gottlieb, „ich war noch nie auf dem Baum.“ – „Das habe ich auch nicht behauptet. Aber wer nimmt sie dann ab? Abgefallen sind sie jedenfalls nicht, das würde man sehen.“
„Vielleicht waren es Amseln, die fressen gerne Kirschen.“ – „Nein, das glaube ich nicht“, meinte der Vater, „schau dir die Baumrinde einmal genauer an!“
Gottlieb untersuchte nun aufmerksam den Stamm, dann entgegnete er: „Donnerwetter, da sind ja lauter Kratzer zu sehen. Das muss heute Nacht gewesen sein. Ich will doch gleich nach der großen Leiter schauen.“ Dann rannte er hinter den Schuppen, kam aber sofort wieder nach vorne: „Die Leiter liegt am alten Platz und ist angekettet. Die haben sie nicht verwendet.“
„Was machen wir jetzt? Sollen wir vielleicht ein Plakat an der Gartentür anbringen und ‚Betreten verboten!‘ daraufschreiben?“
„Nein, du Schlaumeier“, lachte der Vater, „aber etwas ganz Anderes ist mir eingefallen.“ – „Da bin ich aber gespannt.“ – „Red keinen Unsinn! Hol mir lieber die Rolle mit Stacheldraht!“ – „Ein guter Gedanke!“
Dann umwickelte der Vater den Stamm mit Stacheldraht. „Da können sich die Diebe heute Nacht die Hosen zerreißen, wenn sie Lust auf die Kirschen haben“, meinte er vergnügt.

(Georg, 12 Jahre)

Forme den folgenden Aufsatz um, verwende dabei jedoch die wörtliche Rede! ○ **10**

Eine Panne

Als ich heute Mittag nach Hause ging, fuhr ein großer Laster an mir vorbei, hielt aber gleich darauf. Der Fahrer stieg aus, ging zu den Vorderrädern und trat mit dem Fuß gegen einen Reifen. Dann schimpfte er, holte aus dem Wageninneren einen großen Wagenheber und setzte ihn unter eine Eisenschiene am Fahrgestell. Ich blieb stehen und sah ihm bei der Arbeit zu.

Erst wollte er mich wegjagen, dann aber fragte er mich, ob ich ihm nicht eine Flasche Mineralwasser holen wolle. Das tat ich dann auch. Als ich wieder zurückkam, hatte er das Rad schon abmontiert und war damit beschäftigt ein anderes aufzusetzen. Dabei gab er laut seinen Ärger über die schlechten Straßen kund. Nachdem er mit der Arbeit fertig war, trank er aus der Flasche, bezahlte mich und brauste davon.
Nun musste ich rennen, um nicht zu spät zum Essen zu kommen.

(Herbert, 11 Jahre)

→ **L 10**

1.6 Baue deine Erzählung überlegt auf!

Die Schüler der dritten Klasse Hauptschule geben monatlich eine Klassenzeitung heraus, in der neben Neuigkeiten immer auch lesenswerte Aufsätze zur Unterhaltung zu finden sind. Erika, 12 Jahre, hat die folgende Geschichte für die Klassenzeitung beigetragen. Die Notizen in der rechten Spalte zeigen dir, wie sie ihren Aufsatz aufgebaut hat.

Der Sprung vom Dreimeterbrett	
Das schöne Wetter der letzten Tage verlockte meine Freundinnen und mich immer wieder zum Baden. Schon am frühen Nachmittag gingen Gabi, Petra und ich ins Schwimmbad. Stundenlang tobten wir im Wasser und konnten gar nicht genug bekommen.	*Einleitung (Vorgeschichte)*
Plötzlich sagte Petra zu uns: „Jetzt wollen wir einmal vom Dreimeterbrett springen." Ich erschrak sehr über diese Absicht. Noch nie waren wir höher als vom Einmeterbrett gesprungen. „Ich mag nicht",	*Beginn des Hauptteils (offene Situation)*

sagte ich deshalb und hoffte, dass Gabi mich unterstützen würde. Aber Petra und Gabi waren begeistert und eilten sofort zur Turmleiter. Zögernd folgte ich ihnen nach. „Du wirst doch kein Feigling sein!“, rief Petra mir zu, während sie flink auf den Sprungturm kletterte.

Verzögerung der Information durch Einzelheiten, wodurch die Spannung erhöht wird

Als ich endlich oben stand, wurde mir fast schwindlig, als ich ins Wasser hinunterblickte. Auch Petra und Gabi hatten es nun nicht mehr so eilig. „Wer will als Erster springen?“, fragte Gabi. „Petra soll springen, sie hat uns hinaufgelockt!“

Nach einer Weile lief Petra ans Ende des Brettes, glitt aus und platschte ins Wasser. Wir lachten sehr. Nun wagte sich auch Gabi vor und sprang mit den Füßen voran in die Tiefe. Jetzt kam ich an die Reihe. Mit klopfendem Herzen ging ich das Brett entlang. Ich wagte kaum noch auf das Wasser hinunterzuschauen.

„Spring doch schon!“, hörte ich Gabi rufen. Dann schloss ich die Augen und sprang in die Tiefe. Ich klatschte fürchterlich auf das Wasser und spürte, wie meine Haut zu brennen begann. Gleichzeitig war ich aber auch erleichtert, weil ich den Sprung hinter mir hatte.

Höhepunkt (Lösung, Wende)

Mit ein paar Stößen schwamm ich an den Rand des Beckens und kletterte hinaus.

Ende des Hauptteils (Schluss, Rückblick)

„Da bringt mich so schnell keiner mehr hinauf“, sagte ich zu meinen Freundinnen. Aber die verspürten wohl auch keine Lust mehr vom Dreimeterbrett zu springen. *(Ilse, 12 Jahre)*

Wenn eine Erzählung lesenswert sein soll, musst du sie überlegt aufbauen.

In der **Einleitung** wird die Vorgeschichte erzählt. Hier erfährt der Leser etwas über Zeit und Ort des Geschehens und über die an dem Geschehen beteiligten Personen. Die Einleitung darf aber nur kurz sein.

Im **Hauptteil** wird der Verlauf der Ereignisse ausführlich dargestellt. Er enthält den Geschehenskern, also was unter welchen Umständen geschehen ist.

Wird dabei eine **offene Situation** geschildert, so wird der Leser neugierig, wie es weitergeht, es wird die Erwartung nach dem Ausgang der Geschichte geweckt.

Durch das **Verzögern der Information** über den Ausgang durch die Schilderung von Einzelheiten („Zeitdehnung“) wird die Spannung des Lesers noch erhöht.

Gegen Ende des Hauptteiles kommt es zum **Höhepunkt der Handlung** und schließlich zur **(unerwarteten) Wende, der Lösung** des Problems.

Der kurze **Schluss** kann einen Rückblick enthalten und einen Bezug zum Thema schaffen.

Eine gute Erzählung folgt daher dem folgenden Schema:

Einleitung
(Vorgeschichte, kurz)

↓

Hauptteil
(Geschehenskern, offene Situation, ausführlich)

↓

Informationsverzögerung durch Einzelheiten
(Spannung)

↓

Höhepunkt der Handlung
mit (unerwarteter) Lösung

↓

Schluss
(kurz, Rückblick, Zusammenfassung)

11 *Notiere neben der nachfolgenden Erzählung am Rand den Aufbau!* ○

Fahrkarten, bitte!

Einmal fuhr ich mit meiner Mutter zu meinem Großvater. Er wohnt auf dem Land. Wir mussten daher mit der Bahn fahren. Als wir auf dem Bahnsteig ankamen, hörten wir schon den Fahrdienstleiter rufen: „Einsteigen, bitte! Der Zug fährt ab!“ Im letzten Moment kletterten wir in einen Wagon. „Da haben wir aber Glück gehabt“, meinte meine Mutter atemlos, als wir in einem Abteil Platz nahmen. Kurze Zeit später wurde die Tür des Abteils aufgeschoben und der Zugschaffner erschien. „Ihre Fahrkarten, bitte!“

Meine Mutter holte ihre Handtasche aus der Gepäckablage und suchte nach den Fahrkarten. Vergeblich. Sie durchwühlte alle Fächer der Tasche, die Fahrkarten waren nicht zu finden. Sie leerte schließlich die ganze Tasche aus, alles umsonst. Meine Mutter wurde immer nervöser. „Wo stecken bloß die Fahrkarten?“ Sie blickte auf den Boden, sie durchstöberte ihre Manteltaschen, sie durchsuchte auch den kleinen Koffer: Die Fahrkarten blieben verschwunden! Da griff sie an der Kostümjacke entlang und fuhr mit der Hand in die rechte Seitentasche. Und richtig: Da waren die Fahrkarten!

Erleichtert atmete sie auf und sank auf ihren Sitz. Das waren aufregende Minuten! *(Inge, 10 Jahre)*

→ L 11

Untersuche auch bei der folgenden Erlebniserzählung den Aufbau! ⊗ **12**

Wer nicht hören will, muss fühlen

Unsere Klasse hatte schon mehrere Säle der Burg Kreuzenstein besichtigt, als es uns fad wurde den Erklärungen des Lehrers weiter zuzuhören. Wir schlichen daher nach hinten. Der Lehrer war eben dabei ein Bild zu erklären, als mir meine Freundin winkte, in einen Seiteneingang zu kommen.
Unbemerkt lösten wir uns von der Gruppe und streiften auf eigene Faust herum. Plötzlich kamen wir zu einer kleinen Kammer, in der man kaum aufrecht stehen konnte. Die schwere Holztüre mit einem riesigen Eisenschloss stand weit offen. „Das war früher das Gefängnis", belehrte uns meine Freundin. „Kommt, wir wollen hineingehen. Wer wagt es zuerst?" – „Du!" – „Nein, du!" Jede hatte im Stillen Angst. „Aufhören mit dem Streiten, wir gehen alle miteinander hinein!", schlug ich vor. Und schon waren wir drinnen. Plötzlich ein Krach: Die Tür war ins Schloss gefallen.
Nur ein matter Lichtstrahl, der durch das vergitterte Fenster fiel, erhellte den Raum ein wenig. Es wurde uns unheimlich. Wir versuchten die Tür zu öffnen, doch es wollte nicht gelingen. „Ach, wären wir nur bei den anderen geblieben! Hoffentlich finden sie uns!", schluchzte ich. Wir rissen erneut an der Tür. Vergeblich! Unsere Angst steigerte sich. Nun begannen wir mit den Fäusten an die Tür zu hämmern. Das nützte! Nach einiger Zeit hörten wir Stimmen und die Tür öffnete sich. Der Lehrer stand vor uns und schaute uns streng an. Wie geschlagene Hunde krochen wir aus der Kammer. *(Silvia, 14 Jahre)*

Verfasse für die Schülerzeitung eine spannende Erlebniserzählung! Baue sie nach dem angeführten Schema auf! □ **13**

Einige **Themen** zur Wahl:

Verschlafen!
Lügen haben kurze Beine
So ein Pech
Glück gehabt!
Aufregende Minuten
Mit letzter Kraft
Geisterstunde
Feuer!

1.7 Wie Spannung entsteht

Fünf Minuten in der Wand

„Seil nachlassen!“, schreit Vati herunter. Wir befinden uns inmitten der Südwand der „großen Zinne“ in den Dolomiten. Die Felsen sind glatt. Ich suche krampfhaft nach einem festen Griff. Ich finde keinen. Die Wand ist zu sehr abgegriffen. Ich gleite immer ab. Im Spreizschritt und nur mit einer Hand, mit der ich einen festen Griff habe, hänge ich in der Wand. Wenn ich hinunterschaue, bekomme ich Angst. Nicht dass ich schwindlig wäre, aber die Wand fällt 400 Meter senkrecht ab. Wie leicht könnte ich in meiner Stellung abrutschen und die anderen mitziehen. Nicht auszudenken! Langsam beginnen meine Knie zu zittern. Der Schweiß tritt mir auf die Stirne. Was soll ich tun? Ich finde keinen Halt. Aber andere Leute sind auch schon hinaufgekommen. Jetzt habe ich einen Griff, aber nein, der Stein ist zu locker. Auf ihn kann man sich nicht verlassen. Jetzt! Nein, wieder nichts. Meine Knie zittern immer mehr. Ich sehe mich schon im Geist unten am Rand der großen Schutthalde liegen. Aber an so etwas darf ich nicht denken. Ich muss mich zusammennehmen, mich ganz auf die gegenwärtige Lage konzentrieren. Ich darf nicht an das denken, was passieren könnte. Das ist sehr schwer. Ich habe das Gefühl, als ob meine Füße an dem glatten Gestein abrutschen würden. Immer noch suche ich einen Griff. Doch jetzt, jetzt habe ich einen geeigneten gefunden. Ich ziehe mich hoch, und dann geht alles viel einfacher.
Wir nähern uns dem Gipfel. *(Cornelia, 14 Jahre)*

In der oben stehenden Geschichte wird eine **offene Situation** geschildert. Sie löst im Leser Gefühle der Neugierde, der Hoffnung, der Angst, der Freude aus. Der Leser will erfahren, wie das Ende ist. Dadurch entsteht Spannung.

Durch **Informationsverzögerung (Zeitdehnung)** kann diese noch erhöht werden. Man erreicht das, indem man weitere Einzelheiten erzählt, also was die Personen gedacht, gefühlt, gesagt haben oder was sonst noch im Einzelnen geschehen ist.

Ein sprachliches Mittel zur Erhöhung der Spannung ist der **Wechsel der Zeitform** am Spannungshöhepunkt (von der Mitvergangenheit in die Gegenwart).

Auch die **Andeutung der Lösung** am Beginn der Geschichte macht den Leser neugierig (... aber es sollte anders kommen ...).

Untersuche, auf welche Weise in den folgenden Beispielen Spannung erzeugt wird! ⊗ **14**

Kurzschluss

Einmal kam ich erst um fünf Uhr nach Hause. Es war schon ein wenig dunkel, daher brannte das Licht. Meine Mutter bügelte die Wäsche. Ich setzte mich an meinen Tisch und begann die Rechenaufgabe zu schreiben.
Da hörte ich plötzlich einen leisen Knacks und es wurde stockdunkel. „Kurzschluss", meinte meine Mutter. „Schau einmal nach, ob sich in den anderen Räumen das Licht einschalten lässt!" Ich betätigte alle Schalter: Nichts!
Mutter holte eine Kerze aus der Küchenlade und zündete sie an. Das war aber kaum ausreichend für das Schreiben und Bügeln. „Wir müssen irgendwo noch eine Sicherung haben", sagte meine Mutter und begann verschiedene Laden zu durchstöbern. „Richtig, da sind zwei", stellte sie befriedigt fest und holte die Hausleiter, um die Sicherungen auszutauschen. Eine war tatsächlich nicht in Ordnung. Das Kontrollplättchen war abgefallen. Mutter schraubte die schadhafte Sicherung aus der Fassung und die neue hinein. Das Licht flammte kurz auf, dann gab es wieder einen Knacks und finster war es.
Nun schalteten wir alle elektrischen Geräte ab und erneuerten wieder die Sicherung. Sofort erstrahlte das Zimmer in hellem Licht.

Als mein Vater am Abend nach Hause kam, stellte er fest, dass das Kabel des Bügeleisens beschädigt war und den Kurzschluss verursacht hatte. *(Karl, 11 Jahre)*

Wer anderen eine Grube gräbt

Meine Tante wohnt auf dem Land. Sie hat drei Kinder, zwei Söhne und eine Tochter. Andrea, so heißt das Mädchen, ist so alt wie ich. Weil ich mich mit Andrea gut verstehe, darf ich während der Ferien einige Wochen bei der Familie meiner Tante verbringen.
Da Andrea und ich gleich groß sind und wir einander ähnlich sehen, macht es uns Spaß Zwillinge zu spielen. Aus diesem Grund wünschen wir uns auch immer die gleiche Kleidung.
Heuer verbrachte ich auch die Osterferien bei meiner Tante. Dort ist es Brauch, dass der, welcher am Palmsonntag zuletzt aufsteht, „Palmesel" genannt und verlacht wird. Im vergangenen Jahr war ich der Palmesel. Ich hatte mich sehr darüber geärgert, daher beschloss ich, am diesjährigen Palmsonntag meiner Kusine Andrea einen Streich zu spielen, damit sie der Palmesel werde.
Ich grübelte und grübelte. Endlich hatte ich einen Einfall, wie ich das bewerkstelligen könne. Ich wollte am Abend vor dem Palmsonntag an Andreas Kleid den Halsausschnitt und die Öffnungen der Ärmel zunähen. Sie sollte, wenn sie am Morgen vor mir aufstünde, zum Anziehen so lange brauchen, dass ich schneller angezogen sein würde.
Gesagt, getan! Am Abend vor dem Palmsonntag zogen wir uns vor dem Schlafengehen aus und hängten unsere Kleider – sie waren ja voneinander kaum zu unterscheiden – über einen Sessel. Ich gähnte und legte mich ins Bett und tat so, als ob ich eingeschlafen wäre. Auch meine Kusine begab sich bald danach zu Bett und kurze Zeit später hörte ich schon ihre tiefen Atemzüge, die mir verrieten, dass sie bereits schlafe. Nun stand ich ganz leise auf, holte den vorsorglich unter dem Polster versteckten Zwirn, die Nadel und eine Taschenlampe hervor und nahm bei deren Schein ein Kleid vom Sessel.

Sorgfältig nähte ich die Ärmel und den Halsausschnitt zu. Dabei dachte ich: „Wie lustig wird es doch werden, wenn Andrea in ihr Kleid schlüpft und länger braucht als ich, sodass sie Palmesel wird."
Als ich fertig war, legte ich das Kleid wieder behutsam über die Lehne des Sessels und ging beruhigt schlafen.
Am nächsten Morgen hörte ich meine Kusine schon zeitig rumoren. Ich dachte vergnügt: Sie soll sich nur beeilen. Wenn sie merkt, was los ist, muss sie doch erst lange die Nähte auftrennen. Bis dahin bin ich schon längst angezogen.
Mittlerweile war Andrea mit dem Waschen fertig geworden und jetzt musste die Überraschung folgen. Nun musste sie in das zugenähte Kleid schlüpfen. Ich kicherte unter der Bettdecke vor Freude über das Gesicht, das sie machen würde. Aber was geschah? Andrea nahm ihr Kleid und – zog es ungehindert an. Ich traute meinen Augen nicht. War denn das die Möglichkeit? Mit beiden Beinen zugleich sprang ich aus dem Bett, stürzte zum Sessel und riss das zweite Kleid an mich. Da bemerkte ich die Ursache dafür, dass Andrea keine Schwierigkeiten mit dem Anziehen hatte: Ich hatte mein eigenes Kleid zugenäht!
Als Andrea merkte, was geschehen war, wieherte sie aus vollem Halse, lief aus dem Zimmer und berichtete allen, was vorgefallen war. Ich aber war wieder der „Palmesel" und musste, ob ich wollte oder nicht, die Naht selber auftrennen.

(Eva, 13 Jahre)

An dem folgenden Beispiel, verfasst von einem Schriftsteller, ist die Informationsverzögerung durch „Zeitdehnung" besonders deutlich zu erkennen.

Das Rennen

„Noch zwei Minuten bis zum Start!", verkündet der Lautsprecher.
Monteure mit ihren blauen, roten, gelben und grünen Overalls

sind um die Rennmaschinen bemüht. Hier setzt sich einer den Sturzhelm zurecht, dort putzt einer noch rasch die Brille. Die Musik ist verstummt und die Stimme aus dem Lautsprecher ermahnt jetzt die Zuschauer an der Strecke hinter den Strohballen zu bleiben.

„Noch eine Minute bis zum Start!"

Jetzt müsste man Nerven haben, wie dieser Coca-Cola-Verkäufer dort drüben unter dem Schatten spendenden Baum, der das Wechselgeld zählt, als ginge ihn das alles hier nichts an.

„Noch 30 Sekunden bis zum Start! Helfer, Funktionäre, Startplatz räumen!"

Jetzt wird es ernst. Onkel Theobald rückt aufgeregt auf seinem Tribünenplatz hin und her und saugt an der Zigarre, und sogar der Coca-Cola-Mann erklettert eine kleine Kiste, um hinübersehen zu können zum Startplatz.

Man möchte aufspringen, schreien oder gar hinunterlaufen und sie aufrütteln: „He, habt ihr nicht gehört? Nur noch 30 Sekunden!" Sie aber lehnen sich behäbig an die Maschinen und erwecken den Eindruck, als hätten sie es gar nicht eilig. Der eine hat seinen Sturzhelm noch nicht ganz verschnürt, der andere putzt noch immer an seiner Brille herum, der Dritte setzt sich auf seine Maschine, obwohl er sie doch in 30 – ach was – in 20 Sekunden anschieben soll.

„Noch 10 Sekunden!"

Das quälende Warten ist endlich vorbei. Jetzt ist es Zeit die Brille herunterzuziehen, den Gang einzudrücken und die Maschine auf den Kompressionspunkt zurückzuschieben.

Es ist eine fast gespenstische Stille, die über dem Startplatz liegt, und es ist ein ohrenbetäubendes Röhren und Dröhnen beim Start der Rennwagen.

Da – das letzte Zeichen zum Start: „Noch fünf Sekunden – vier – drei – zwei – eine!" Onkel Theobald fällt die Zigarre aus dem Mund und der Coca-Cola-Mann kippt just in diesem Augenblick von seinem Kistchen. ...

„Start!" *(C. F. Riedl, gekürzt aus „Tempo, Vollgas")*

1.8 So kannst du anfangen – so schließen!

Aller ***Anfang*** *ist schwer. Man kann aber lernen, wie man eine Erlebniserzählung beginnen kann. Es gibt verschiedene Möglichkeiten.* 15

Vergleiche die folgenden Beispiele!

1. (Geburtstagsparty)
   Gestern hatte ich meinen elften Geburtstag. Aus diesem Anlass lud ich meine Freunde zu mir ein ... (Regel ....)

2. (Nebel)
   Wenn ich jetzt im Herbst in der Früh ans Fenster trete, sehe ich meistens eine graue undurchsichtige Masse ... (Regel ....)

3. (Mein Schulweg)
   Auf dem Schulweg treffe ich immer meinen Freund Erich ... (Regel ....)

4. (Als ich einmal Zahnschmerzen hatte)
   Als ich gestern vom Rodeln heimkam, spürte ich plötzlich einen stechenden Schmerz im Unterkiefer. Das wiederholte sich alle paar Minuten ... (Regel ....)

5. (Ein Igel im Garten)
   „Vater, wir haben einen Igel gefangen!“, rief mein Bruder, als er neulich von seinem Freund nach Hause kam ... (Regel ....)

6. (Pech im Spiel)
   Noch nie hatte unsere Mannschaft so viel Pech gehabt wie bei dem Fußballmatch am Samstag ... (Regel ....)

7. (Ein Vogel im Klassenzimmer)
   Plötzlich flatterte ein Vogel durch das Klassenzimmer und prallte immer wieder gegen die Fensterscheiben. Es war eine Meise ... (Regel ....)

16 *Ordne die Antworten auf die folgenden Fragen den einzelnen Anfängen zu! Kennzeichne sie durch die angeführten Buchstaben!* ○

A Welcher Aufsatz beginnt mit Angaben über die **Zeit** des Geschehens?
B Welcher Aufsatz nennt am Beginn den **Ort** des Geschehens?
C Welcher macht am Anfang Angaben über die näheren **Umstände** des Geschehens?
D Welcher beginnt mit der **wörtlichen Rede?**
E In welchem Aufsatz wird am Beginn das Ereignis **angekündigt?**
F Welcher Aufsatz beginnt **unmittelbar** mit der Darstellung des **Hauptereignisses?**

→ **L 16**

Auch für den **Schluss einer Erlebniserzählung** bestehen mehrere Möglichkeiten:

A Du kannst das Geschehen **zusammenfassen.**
B Du kannst mit einem **Hinweis** auf das weitere Geschehen enden.
C Du kannst einen **Vorsatz** zum Ausdruck bringen.
D Du kannst mit einer **Rückerinnerung** schließen und das Ereignis in einem Satz **zusammenfassen.**
E Du kannst **ohne besonderen Schluss** enden.

17 *Ordne die folgenden Beispiele den oben genannten Schlüssen zu!* ○

1. (Wie ich einmal fürchterlich erschrocken bin)
... Ich hörte die Stimme meines Vaters: „Peter!" – „Ja", sagte ich, tief Luft holend, „ihr habt mir einen schönen Schrecken eingejagt". Dann schlief ich beruhigt ein. (Regel ....)

2. (So ein Feigling!)
... und Dieter, der von allen als Feigling bezeichnet worden war, nahm sich vor künftig seine Furcht zu überwinden. Aber das kann nur ein Vorsatz bleiben. (Regel ....)

3. (Alle neune getroffen!)
   Für mich war das ein großer Tag, denn ich hatte noch nie vorher auf einer Kegelbahn gespielt. (Regel ....)
4. (Beinahe wäre ein Unglück geschehen)
   ... Als Gerti nach einer Woche wieder in die Schule kam, fiel uns nur eine kleine Narbe am linken Ellbogen auf. (Regel ....)
5. (Begegnung mit einem Igel)
   ... So hatte ich wenigstens einmal einen Igel aus der Nähe betrachten können. (Regel ....)
6. (Da hatte ich aber Angst)
   ... An der Haustür erwartete mich schon meine Mutter und empfing mich mit den Worten: „Siehst du, Vater hatte doch Recht. Das Gewitter kam schneller, als du dachtest." Ich konnte nur stammeln: „Es hat in der Nähe eingeschlagen! Ganz in der Nähe!" (Regel ....)
7. (Ein erfundenes Märchen)
   ... Sie lebten in dem neuen Haus zufrieden und glücklich bis an ihr Ende. (Regel ....)

→ **L 17**

18

Im Folgenden ***Themen für Erlebniserzählungen***
Wende das bisher Gelernte an diesen Themen an! ☐

Ich wusste mir zu helfen
Von einem Gewitter überrascht
Durch Schaden wird man klug
Glück im Unglück
Da habe ich gelacht!
Ein spannendes Wettspiel
Als bei uns eingebrochen wurde
Das kam unerwartet!
Streit bei einem Spiel
Eine fröhliche Nachricht
Eine Tat, auf die ich stolz bin
Das kostete Schweiß!
Da kam Hilfe gerade zurecht
Mit letzter Kraft!
Das hätte schlecht ausgehen können
Zum Glück war ich nicht allein
Da bin ich aber erschrocken
Es ging um Sekunden
So ein Spielverderber!
Das war eine Überraschung!
Verdientes Lob
Als ich einmal Mut beweisen musste
Das war leichtsinnig!
Ertappt!

2. Schreiben nach Textvorgaben

2.1 Geschichten fortsetzen

19 *Wolfi und Herta fällt es schwer etwas zu schreiben, wenn nur das Thema angegeben ist. Sie sagen: Ich habe nichts Mitteilenswertes erlebt. Deshalb gibt ihnen die Lehrerin zur Anregung Teile von Erzählungen oder Erzählkerne vor, die sie fortsetzen bzw. erweitern können. Auf diese Weise gelangen auch sie zu guten Erfolgen.*

Setze wie Wolfi die folgende Geschichte fort!

Der Löwe ist los!

Am Rand der kleinen Stadt hatte ein Zirkus sein großes Zelt aufgestellt. Aus den Wagen, die rund um das Zelt standen, hörte man Löwen brüllen, Tiger fauchen, Elefanten trompeten, Pferde wiehern, Affen kreischen. Besonders bei der Fütterung ging es laut zu. Als der Tierwärter eben den Löwen Sultan füttern wollte und schon die Kette vom Käfig abgenommen hatte, wurde er ans Telefon gerufen. Seine Frau lag nämlich im Spital und erwartete ein Kind. Aufgeregt ließ er alles liegen und stehen und lief zum Wagen des Zirkusdirektors. Der Löwe Sultan, der schon recht hungrig war, schlug mit der Pranke gegen die Gittertür. Sie öffnete sich und Sultan sprang aus dem Käfig ...

→ **L 19**

20 *Auch die folgenden Geschichten sind unvollständig. Setze sie fort! Denke dir eine passende Überschrift aus!*

a) Als ich im letzten Sommer mit Brigitte und Edith Onkel Rudi besuchte, schliefen wir in der ersten Nacht in der Dachkammer. Sie hat schräge Wände und ein großes Fenster, durch das der Mond hereinschien. Von der Fahrt waren wir noch so aufgeregt, dass wir nicht einschlafen konnten. Brigitte wollte eine Spukgeschichte erzählen, bei der ich wohl eingeschlafen bin. Mitten in der Nacht wachte ich plötzlich auf. War da nicht ein leises Scharren? Bewegte sich nicht der Tisch in der Mitte des Zimmers? Nein, das ist doch nicht möglich! Oder doch? ...

b) Walter, Georg und Sabine ruderten in den Osterferien mit einem Leihboot auf den Ossiacher See hinaus. Als das Boot ein wenig zu schaukeln anfing, wurde Sabine ängstlich. Das machte Walter Spaß. Voller Übermut begann er das Boot zu schaukeln ...

c) Als Brigitte auf dem Heimweg die Hasnerstraße überquerte, blieb sie plötzlich wie angewurzelt stehen. Dort lag am Straßenrand ein schwarzer, viereckiger Gegenstand. Als sie näher trat, stellte sie fest, dass es eine lederne Brieftasche war ...

d) Erich und sein Freund Robert bummelten durch ein großes Kaufhaus. Schließlich gelangten sie auch in den zweiten Stock, wo es Herrenbekleidung gab. Da bemerkten sie einen Mann, der vor einem Spiegel einen neuen Mantel probierte. Den alten hatte er auf einen Haken zu den anderen käuflichen Mänteln gehängt. Verkäufer war keiner zu sehen. Die Buben wollten schon weitergehen, da flüsterte Erich seinem Freund zu: „Du, ich glaube, der will den Mantel stehlen!“ Der Mann ging nämlich auf einmal auf den Lift zu, als ob dies die natürlichste Sache der Welt sei. Seinen alten Mantel ließ er hängen.
„Schnell, hol einen Verkäufer!“, rief Robert. Doch wohin sie auch blickten, kein Verkäufer war zu sehen. – „Wir müssen etwas tun!“, jammerte Erich ganz ratlos ...

Bei dieser Geschichte fehlt der Anfang. Ergänze ihn! ☐ **21**

... Plötzlich stieß Martin einen gellenden Schrei aus. Kurz darauf trat der Vater in das Vorzimmer und knipste das Licht an. Welcher Anblick! Da stand der ertappte Sünder schreckensbleich an der Küchentür und hielt ein riesiges Stück Torte in der Hand. Mit der Tasche seines Schlafanzugs war er im Dunkeln an der Klinke hängen geblieben. Das war also die „Geisterhand“ gewesen!

22 *Schwieriger ist es, den folgenden Text der österreichischen Dichterin Ilse Aichinger fortzusetzen. Achte dabei darauf, Stil und Erzählart beizubehalten!* △

Wo ich wohne

Ich wohne seit gestern einen Stock tiefer. Ich will es nicht laut sagen, aber ich wohne tiefer. Ich will es deshalb nicht laut sagen, weil ich nicht übersiedelt bin. Ich kam gestern Abend aus dem Konzert nach Hause, wie gewöhnlich Samstag abends, und ging die Treppe hinauf, nachdem ich vorher das Tor aufgesperrt und auf den Lichtknopf gedrückt hatte.
Ich ging ahnungslos die Treppe hinauf – der Lift ist seit dem Krieg nicht in Betrieb – und als ich im dritten Stock angelangt war, dachte ich: „Ich wollte, ich wäre schon hier!" und lehnte mich für einen Augenblick an die Wand neben der Lifttür. Gewöhnlich überfällt mich im dritten Stock eine Art von Erschöpfung, die manchmal so weit führt, dass ich denke, ich müsste schon vier Treppen gegangen sein.
Aber das dachte ich diesmal nicht, ich wusste, dass ich noch ein Stockwerk über mir hatte. Ich öffnete die Augen wieder, um die letzte Treppe hinaufzugehen, und sah in demselben Augenblick mein Namensschild an der Tür links vom Lift.
Hatte ich mich doch geirrt und war schon vier Treppen gegangen? Ich wollte auf die Tafel schauen, die das Stockwerk bezeichnete, aber gerade da ging das Licht aus.
Da der Lichtknopf auf der anderen Seite des Flurs ist, ging ich die zwei Schritte bis zu meiner Tür im Dunkeln und sperrte auf. Bis zu meiner Tür? Aber welche Tür sollte es denn sein, wenn mein Name daran stand? Ich musste eben doch schon vier Treppen gegangen sein.
Die Tür öffnete sich auch gleich ohne Widerstand, ich fand den Schalter und stand in dem erleuchteten Vorzimmer, in meinem Vorzimmer, und alles war wie sonst: die roten Tapeten, die ich längst hätte wechseln wollen, und die Bank, die daran gerückt war, und links der Gang zur Küche. Alles war wie sonst. In der Küche lag das Brot, das ich zum Abendessen nicht mehr gegessen hatte, noch in der Brotdose. Es war alles unverändert.

Ich schnitt ein Stück Brot ab und begann zu essen, erinnerte mich aber plötzlich, dass ich die Tür zum Flur nicht geschlossen hatte, als ich hereingekommen war, und ging ins Vorzimmer zurück, um sie zu schließen.
Dabei sah ich in dem Licht, das aus dem Vorzimmer auf den Flur fiel, die Tafel, die das Stockwerk bezeichnete. Dort stand: Dritter Stock.
Ich lief hinaus, drückte auf den Lichtknopf und las es noch einmal.
Dann las ich die Namensschilder auf den übrigen Türen. Es waren die Namen der Leute, die bisher unter mir gewohnt hatten. Ich wollte dann die Stiegen hinaufgehen, um mich zu überzeugen, wer nun neben den Leuten wohnte, die bisher neben mir gewohnt hatten, ob nun wirklich der Arzt, der bisher unter mir gewohnt hatte, über mir wohnte, fühlte mich aber plötzlich so schwach, dass ich zu Bett gehen musste.
Seither liege ich wach und denke darüber nach, was morgen werden soll.

→ **L 22**

2.2 Erzählkerne ausbauen, Geschichten erweitern

Baue die folgenden Erzählkerne zu einer Geschichte aus! ☐ **23**

a) Wolfgang findet im Kühlschrank ein Stück Germ. Er hält es für Käse und streicht es auf ein Stück Brot. Danach legt er sich auf dem Balkon in die Sonne. Die Germ bläht Wolfgang auf, ohne dass dieser es vorerst bemerkt. Als seine Eltern sein verändertes Aussehen feststellen, sind sie sehr besorgt. Doch Wolfgang wird immer umfangreicher.

b) Rudi findet auf dem Dachboden in einer Hutschachtel einen alten Dreispitz. Er setzt ihn auf und will seinem Bruder zeigen, wie ihm der Hut passt. Dabei muss er zu seiner Überraschung feststellen, dass dieser ihn nicht sehen kann. Der Dreispitz macht Rudi unsichtbar. Das nützt er aus und treibt mit seiner Tarnkappe viel Unsinn.

24 ***Till Eulenspiegel*** *führt alles, was man ihm anschafft, wörtlich aus, obwohl seine Auftraggeber etwas ganz Anderes gemeint hatten.*

Nimm an, Eulenspiegel ist bei einem Kaufmann als Verkäufer tätig. Dieser gibt Till den Rat: „Du kannst viel Geld verdienen, wenn du die Kunden aufs Eis führst.“ Er meint damit, Till solle den Kunden schlechte Ware zu überhöhten Preisen andrehen. Als Till einmal allein im Geschäft ist, nimmt er sich vor, diesem Rat zu folgen ...

Baue diesen Erzählkern nach den folgenden Erzählschritten zu einer Geschichte aus! ○

1. Schritt: Auftrag, der wörtlich ausgeführt wird;
2. Schritt: Ausführung des Auftrages (Till verspricht den Käufern auf dem zugefrorenen Teich eine Überraschung);
3. Schritt: Folgen (die Kunden stürzen auf dem Eis, brechen sich die Knochen, bleiben aus);
4. Schritt: Rechtfertigung Tills dem Auftraggeber gegenüber.

→ **L 24**

25 *Manche Schüler lassen sich durch Stichworte anregen eine Geschichte zu schreiben. Denke dir zu den Stichworten „verschwundene Geldbörse – Turnstunde – ein Neuer in der Klasse“ einen Text aus.* □ → **L 25**

26 *Forme den folgenden Zeitungstext zu einer Erlebniserzählung um! Denke dir Einzelheiten aus!* ○

Gestern gelang es Martin L., einem elfjährigen Buben, den Täter der wiederholten Kleiderdiebstähle in seiner Schule zu fassen. Die Polizei nahm den mehrfach vorbestraften Dieb, der mit einem Springmesser bewaffnet war, fest. → **L 26**

2.3 Geschichten verändern, nachgestalten

Geschichten kann man nacherzählen, aber auch verändert erzählen oder nachgestalten. Es gelten dieselben Grundsätze wie für die Erlebniserzählung. Solche Texte werden auch Parallelgeschichten genannt.

27 *Lies dir die folgende Schildbürgergeschichte aufmerksam durch und versuche den Grundgedanken herauszufinden! Dann erzähle die Geschichte mit eigenen Worten nach!* ☐

Wie die Schildbürger ihre Glocke versenkten

Einmal erreichte die Schildbürger die Nachricht, dass im Lande ein großer Krieg sei. Sie sorgten sich daher um ihr Hab und Gut und fürchteten, dass es ihnen geraubt werden könnte. Besonders fürchteten sie um ihre Glocke, die im Rathausturm hing. Sie dachten, diese könnten die Krieger haben wollen, um sie einzuschmelzen und Waffen daraus zu schmieden. Sie berieten daher, wo sie die Glocke verstecken könnten. Schließlich einigten sie sich darauf, die Glocke im See zu versenken. Wenn der Feind abgezogen wäre, könnten sie sie ja wieder herausziehen und aufhängen.
Also bestiegen sie ein Schiff und fuhren mit der Glocke auf den See. Als sie aber die Glocke versenken wollten, stellte einer von ihnen die Frage, wie sie den Ort wiederfinden könnten, wo sie die Glocke versenkt haben. Das war gewiss ein großes Problem. Da sagte der Bürgermeister: „Da lasst euch keine grauen Haare darüber wachsen!“ und schnitt mit dem Messer eine Kerbe in den Bootsrand an der Stelle, wo sie die Glocke in den See versenkten. „Hier, bei diesem Einschnitt“, sprach er, „werden wir sie bestimmt wiederfinden.“ Dann wurde die Glocke versenkt.
Nach einem Jahr, als der Krieg vorüber war, fuhren sie wieder auf den See die versenkte Glocke zu holen. Den Kerbschnitt an der Wand des Bootes fanden sie bald wieder. Aber die Stelle, wo die Glocke versenkt worden war, konnten sie auf diese Weise nicht finden.
So hatten sie die schöne Glocke doch im Krieg eingebüßt.

Die Schildbürgergeschichten sind alle nach der gleichen Art aufgebaut:
- Die Schildbürger haben ein Problem.
- Sie beraten, wie das Problem gelöst werden kann.
- Einer macht einen Vorschlag, der auf einem Denkfehler beruht.
- Sie führen diesen Vorschlag aus, was zur Folge hat, dass sie wieder vor demselben Problem stehen.

28 *Denke dir nach diesem Schema eine andere Schildbürgergeschichte aus! Wähle z. B. die Überschrift „Wie die Schildbürger ein Schiff bauen“. Sie könnte so aufgebaut werden:* O

Die Schildbürger bauen an Land ein Schiff.
Sie bohren Löcher in den Rumpf, damit das Regenwasser ablaufen kann.
Beim Stapellauf versinkt das Schiff im See.

29 *Christl, 11, hat das Märchen von den Bremer Stadtmusikanten verändert:*

Es war einmal ein Esel, der gerne musizierte. Das gefiel dem Müller nicht, dem der Esel gehörte. Er nahm sich daher vor, den Esel zu verkaufen. Als der Esel davon hörte, lief er davon und dachte: „Ich gehe nach Bremen und werde dort Stadtmusikant.“ Unterwegs traf er einen Hund. „Hallo, Hund! Du heulst ja so schön. Was ist denn los mit dir? Willst du nicht mit mir nach Bremen gehen und dort Stadtmusikant werden?“ Der Hund war einverstanden, denn er wollte ohnedies nicht in die Hundeschule gehen, wo er immer geschlagen wurde.
Nach einiger Zeit trafen die beiden eine Katze. Sie lag lustlos in der Sonne. „Komm doch mit uns. Wir wollen in Bremen Stadtmusikanten werden“, riefen die zwei. „Du kannst doch so herrlich miauen.“ – „Toll, ich habe ohnedies keine Lust mehr nach Mäusen zu jagen, es gibt doch Mausefallen“, antwortete die Katze.

So gingen sie nun zu dritt weiter. Nach einiger Zeit trafen sie eine beleidigte Leberwurst. Es war der Hahn, der nicht mehr Wecker spielen wollte. „Es gibt doch Digitaluhren mit einer Weckvorrichtung, daher bin ich überflüssig“, meinte er. Da sagte die Katze: „Komm doch mit uns nach Bremen! Als Stadtmusikanten geht es uns dort sehr gut.“
Dem Hahn gefiel dieser Vorschlag und er kam mit. Zu viert machten sie sich auf den Weg nach Bremen.

Was sich weiter ereignete, kannst du dir ja selber ausdenken. O

Isoldes Lehrer stellte seinen Schülerinnen und Schülern die Aufgabe, ein altes Märchen umzugestalten und dabei möglichst viele Firmennamen, wie man sie täglich im Fernsehen und auf Plakaten zu sehen und zu hören bekommt, zu verwenden. Isolde, 13, hat daraufhin die folgende ***Märchenparodie*** *verfasst.* **30**

(Eine Parodie ist eine komische, übertreibende Darstellung eines dichterischen Werkes.) Beurteile den Text!

Rotkäppchen heute

„Rotkäppchen!“, rief die Mutter, „du musst der Großmutter KAISERS BRUSTKARAMELLEN und die Flasche COCA COLA LIGHT bringen, denn sie ist so schrecklich verkühlt!“ „Gern“, sagte das Rotkäppchen, „aber ich nehme auch eine Packung SOFTI-Taschentücher mit.“
Als Rotkäppchen kurze Zeit später mit ihren neuen ELEFANTIS-Schuhen von DELKA, frisch geputzt mit PICOBELLO, durch den Wald zur Großmutter eilte, begegnete ihm der Wolf. Er fuhr auf einem neuen Citybike, das er kürzlich von einem Onkel zum Geburtstag geschenkt bekommen hatte, und war sehr hungrig. Er hatte nämlich beim Frühstück seine Dose CHAPPI-Wolfsfutter nicht öffnen können. Sein FACKELMANN-Dosenöffner war kaputt.
Der Wolf begleitete das Mädchen bis zum HANSE-Fertigteilhaus der Großmutter und schlug ihm vor, noch ein paar

SMARTIES beim ADEG-Kaufmann zu holen, er werde bei der Großmutter auf sie warten.
Inzwischen schlich der Wolf durch die sicherheitsverstärkte DANA-Tür an der REGINA-Küche vorbei ins KIKA-Schlafzimmer und fraß die Großmutter samt und sonders auf.
Als Rotkäppchen nach kurzer Zeit zurückkam, lag der Wolf, bekleidet mit dem ADIDAS-Jogginganzug der Großmutter, im JOKA-Bett. Ohne Umstände verschlang er nun auch das Rotkäppchen.
Der Jäger, der eben mit seinem SUBARU-Allradwagen am Haus der Großmutter vorbeifuhr, hörte die Hilferufe Rotkäppchens. Sofort hielt er an und betrat das Haus. Er fand den schnarchenden Wolf im Bett der Großmutter. Böses ahnend, öffnete der Jäger mit seinem Schweizer Allzweckmesser IMMERSCHARF den Bauch des Wolfes und war sehr überrascht, als nicht nur das Rotkäppchen, sondern auch die Großmutter in ihrem PALMERS-Schlafanzug zum Vorschein kam.
Zu dritt füllten sie nun den Bauch des Wolfes mit THERMOPLUS-Hohlraumziegeln und nähten ihn mit der PFAFF-Automatik-Nähmaschine wieder fein säuberlich zu.
Als das Rotkäppchen wieder zu Hause war, eilte es sogleich zum PHILIPS-Farbfernseher, um die neueste MINIZIB zu hören. Dort konnte es zu seiner Genugtuung erfahren, dass der Wolf trotz der Einnahme von DARMOL-Abführtabletten die Hohlblockziegel nicht loswerden konnte und sich einer Operation unterziehen lassen musste. Er schwebt in der Intensivstation des AKH in Lebensgefahr. An seinem Aufkommen wird ärztlicherseits gezweifelt. *(Isolde, 13 Jahre)*

31 *Gestalte auf ähnliche Weise das Märchen „Der Wolf und die sieben Geißlein“ um!* ⊗

32 *Versuche den Aufbau der folgenden **Fabel** festzustellen:* ⊗

Die Maus und der Frosch

Eine Maus schloss zu ihrem Verderben mit einem Frosch Freundschaft und lud ihn zum Mahle ein. Der Frosch band den Fuß der Maus an seinen eigenen an, und so gingen sie

zuerst zu einem Ort, wo viele Speisen vorhanden waren. Der Frosch stillte hier seinen Hunger und beschloss, die Maus, der er das gute Leben leidete, zu verderben.
Als sie an den Rand eines Sees kamen, zog er sie in das tiefe Wasser. Die unglückliche Maus kam im Wasser um und schwamm in demselben, an den Fuß des Frosches gebunden, umher.
Da erblickte ein Falke die Maus und fasste sie mit seinen Krallen. Weil sich der Frosch nicht losmachen konnte, entführte er ihn gleichfalls in die Luft.
Dort verspeiste er zuerst die Maus, dann den Frosch.

(Äsop, 6. Jh. v. Chr.)

Wenn du die Fabel untersuchst, kannst du feststellen, dass sie aus drei Teilen besteht:
Handlung – Gegenhandlung – Ergebnis (Lehre)

Nach dieser Erkenntnis hat ein Schüler diese Fabel verfasst: **33**

Das Pferd und der Esel

Ein Bauer hatte ein Pferd und einen Esel. Jedes Tier zog einen Wagen mit Korn. Eines Tages beschwerte sich der Esel bei seinem Herrn: „Das Pferd trabt so flink mit dem Wagen dahin, ich kann jedoch nur mühsam hinterher trotten. Wahrscheinlich hast du dem Pferd eine leichtere Last aufgebürdet. Das ist ungerecht! Spann uns beide vor denselben Wagen und gib uns gemeinsam die Last, die wir bisher getrennt ziehen mussten. Du wirst sehen, ich werde genauso schnell laufen wie das Pferd.“
Der Bauer war mit dem Vorschlag des Esels einverstanden. Was glaubt ihr aber, was geschah? Trabte der Esel so flink wie das Pferd? Keineswegs!
Ein Esel bleibt ein Esel. Wenn man jedoch ein Pferd an einen Esel bindet, zwingt man es ebenso träg und langsam zu sein wie ein Esel. *(Alexander, 13 Jahre)*

Denke dir ebenfalls eine Fabel aus, z. B. „Der Hai und die Sardine“. ⊗ → **L 33**

2.4 Geschichten nacherzählen

Im Leben kommt man häufig in die Lage Gelesenes mündlich oder schriftlich nachzuerzählen. Je nach den Absichten kann der Text gekürzt, erweitert, von einem anderen Standpunkt aus nacherzählt oder umgeformt werden.

Für die ***Nacherzählung*** *gelten dieselben Regeln wie für die Erlebniserzählungen. Beachten musst du jedoch, dass alles, was für den Zusammenhang der Geschichte wichtig ist, mit eigenen Worten in der richtigen Reihenfolge nacherzählt werden muss.*

Bewährt hat es sich, vor dem Nacherzählen die Geschichte in Erzählschritte zu zerlegen und sie erst dann aufzuschreiben.

Nachfolgend einige Texte zum Nacherzählen:

Mensch und Maschine

Ein Arbeiter sitzt in einer großen Maschinenfabrik an einem Stahlmesser, das Eisenplatten zerschneidet. Da kommt die Maschine ins Stocken. Er klappt die Schutzvorrichtung zurück, um nach dem Rechten zu sehen. Wie er den Kopf tief vorwärts beugt, setzen die Räder sich plötzlich wieder in Gang. Das Stahlmesser berührt schon seinen Nacken, er kann aber den Kopf nicht mehr zurückziehen. Sein Schrei gellt durch den Maschinenraum.
In demselben Augenblick kommt ein Lehrbub vorüber, mit einem Stahlhammer auf der Schulter. Blitzschnell erkennt er die Situation und schleudert den Stahlhammer in das Räder-

werk, die Räder beißen sich fest, die Maschine steht. Der ohnmächtig gewordene Arbeiter wird aus seiner furchtbaren Lage befreit.
Da stürzt der Werkmeister herbei, packt den Lehrbuben an beiden Schultern und schreit: „Die Maschine! Die Maschine! Du hast die Maschine kaputt gemacht, die Hunderttausende gekostet hat!“ Ein Murren geht durch den Saal. Da ist der Betriebsleiter in den Saal getreten und nimmt dem Werkmeister die Hände von dem Buben weg: „Wenn du die Geistesgegenwart gehabt hast, deinem Kameraden das Leben zu retten, dann verstehe ich nur nicht, warum du dem Mann hier nicht die Antwort gibst, die er verdient.“ Der Werkmeister ging hinaus und wurde im Betrieb nicht mehr gesehen.

(Otto Dibelius, aus „Der Berliner Bär“)

Erzähle die Geschichte in der Mitvergangenheit nach! Lass aber den verunglückten Arbeiter erzählen! ○ **34**

→ **L 34**

Die Zauberstäbe

In einer Schule war einmal ein kleiner Geldbetrag entwendet worden. Für den Diebstahl kamen fünf Achtjährige in Frage. Sie waren während der Pause in der Klasse gesehen worden. Aber alle leugneten und die Untersuchung ergab nichts.
Da nahm der Lehrer schließlich fünf gleich lange hölzerne Stäbe aus der Lade seines Schreibtisches.
„Das sind Zauberstäbe“, sagte er ernst, indem er jedem der fünf Verdächtigen einen davon überreichte. „Nehmt sie bis morgen mit nach Hause! Der Stab des Diebes wird dann um einen Finger breit gewachsen sein.“
Als der Lehrer am nächsten Tag die Stäbchen einsammelte, fand er den einen um Fingerbreite verkürzt. Er wusste sogleich, bei wem das Geld zu suchen war. Der Dieb hatte es nämlich zu Hause mit der Angst bekommen und seinen Stab heimlich um das Stück verkleinert, das er wachsen sollte.

(Willi Fehse, aus „Lächelnde Justitia“)

Lass den Lehrer von dem Vorfall erzählen! ○

Gefährliches Spiel

Eines Tages rief mich mein Bruder Martin auf den Hof. Dort standen ein paar fast erwachsene Burschen aus der Nachbarschaft um eine Butte Wasser. Martin zeigte auf ein Geldstück im Wasser und sagte zu mir, wenn ich es mir mit der Hand herausfischte, könnte ich es behalten.
Ich schaute zwar misstrauisch im Kreis herum, denn es waren fünf Mark, die da durch das Wasser silbrig heraufschimmerten. – Und dafür bekam man damals schon sehr viel. Und schon vergaß ich mein Misstrauen und griff in das Wasser, fuhr aber im selben Augenblick mit einem Schrei zurück. Es war, als ob mich tausend Mäuse gebissen hätten. Durch meinen ganzen Leib war ein Kribbeln und eine jähe Hitze gefahren, dass ich ganz verwirrt war und nichts sagen konnte. Ich glaubte, meine Hand müsse bluten. Aber ich entdeckte nichts.
Die anderen lachten mich aus und ich lief zur Mutter, um ihr zu erzählen, was mir die Burschen angetan hatten. Vater, der am Abendtisch von der Sache hörte, war sehr aufgebracht und sagte zu Martin, dass er es nicht wagen sollte, solchen Unfug noch einmal anzustellen. Das sei lebensgefährlich.
Jetzt erfuhr ich, dass das Wasser mit einem Draht elektrisch gemacht worden war. *(Stefan Andres, aus „Der Knabe im Brunnen")*

35 *Erzähle das folgende **Märchen vom Rumpelstilzchen** gekürzt nach!*
Lass aber das Rumpelstilzchen erzählen! ⊗

Es war einmal ein Müller, der war arm, aber er hatte eine schöne Tochter. Nun traf es sich, dass er mit dem König zu sprechen kam. Um sich ein Ansehen zu geben, sagte er zu ihm: „Ich habe eine Tochter, die kann Stroh zu Gold spinnen."
Der König sprach zum Müller: „Das ist eine Kunst, die mir wohl gefällt. Wenn deine Tochter so geschickt ist, wie du sagst, so bring sie morgen in mein Schloss. Ich will sie auf die Probe stellen."
Als nun das Mädchen ins Schloss kam, führte es der König in eine Kammer, die ganz voll Stroh lag, gab ihm Rad und

Haspel und sprach: „Jetzt mach dich an die Arbeit! Und wenn du diese Nacht bis morgen Früh dieses Stroh nicht zu Gold versponnen hast, musst du sterben."
Darauf schloss er die Kammer selbst zu. Es blieb allein darin. Da saß nun die arme Müllerstochter und wusste keinen Rat. Sie verstand nichts davon, wie man Stroh zu Gold spinnen konnte, und ihre Angst wurde immer größer, sodass sie schließlich zu weinen anfing.
Da ging auf einmal die Tür auf und ein kleines Männchen trat herein und sprach: „Guten Abend, Jungfer Müllerin, warum weinst du so sehr?"
„Ach", antwortete das Mädchen, „ich soll Stroh zu Gold spinnen und verstehe nichts davon."
Da sprach das Männchen: „Was gibst du mir, wenn ich dir's spinne?"
„Mein Halsband", sagte das Mädchen.
Das Männchen nahm das Halsband, setzte sich vor das Spinnrad und schnurr, schnurr, schnurr, war die Spule voll. Dann steckte es eine andere auf und schnurr, schnurr, schnurr, dreimal gezogen, war auch die zweite voll. Und so ging's fort bis zum Morgen. Da war alles Stroh versponnen und alle Spulen waren voll Gold.
Schon bei Sonnenaufgang kam der König. Als er das Gold erblickte, staunte er und freute sich. Aber sein Herz wurde noch goldgieriger. Er ließ die Müllerstochter in eine andere Kammer voll Stroh bringen, die noch viel größer war, und befahl ihr das auch in einer Nacht zu spinnen, wenn ihr das Leben lieb wäre.
Das Mädchen wusste sich nicht zu helfen und weinte. Da ging abermals die Tür auf und das kleine Männchen erschien und sprach: „Was gibst du mir, wenn ich dir das Stroh zu Gold spinne?"
„Meinen Ring", antwortete das Mädchen. Das Männchen nahm den Ring, fing wieder mit dem Rad zu schnurren an und hatte bis zum Morgen alles Stroh zu glänzendem Gold versponnen.
Der König freute sich über alle Maßen bei dem Anblick des Goldes. Nun ließ er die Müllerstochter in eine noch größere

Kammer voll Stroh bringen und sprach: „Die musst du noch in dieser Nacht verspinnen. Gelingt es dir, sollst du meine Gemahlin werden.“ – „Wenn’s auch eine Müllerstochter ist“, dachte er, „eine reichere Frau finde ich in der ganzen Welt nicht.“
Als das Mädchen allein war, kam das Männlein zum dritten Mal wieder und sprach: „Was gibst du mir, wenn ich dir diesmal wieder das Stroh spinne?“
„Ich habe nichts mehr, das ich dir geben könnte“, antwortete das Mädchen.
„So versprich mir, wenn du Königin wirst, dein erstes Kind!“
„Wer weiß, wie das noch geht“, dachte die Müllerstochter und wusste sich nicht anders zu helfen. Sie versprach also dem Männchen, was es verlangte. Das Männchen spann dafür noch einmal das Stroh zu Gold.
Als am Morgen der König kam und alles fand, wie er gewünscht hatte, hielt er Hochzeit mit ihr. Die schöne Müllerstochter wurde eine Königin.
Nach einem Jahr brachte sie ein schönes Kind zur Welt und dachte nicht mehr an das Männchen. Da trat es plötzlich in ihre Kammer und sprach: „Nun gib mir, was du versprochen hast!“
Die Königin erschrak und bot dem Männchen alle Reichtümer des Königreichs an, wenn es ihr das Kind lassen wollte.
Aber das Männchen sprach: „Nein, etwas Lebendes ist mir lieber als alle Schätze der Welt.“
Da fing die Königin zu jammern und zu weinen an, dass das Männchen Mitleid mit ihr hatte. „Drei Tage will ich dir Zeit lassen“, sprach es. „Wenn du bis dahin meinen Namen weißt, sollst du dein Kind behalten.“
Nun dachte die Königin die ganze Nacht über alle Namen nach, die sie je gehört hatte, und schickte einen Boten aus, der sich erkundigen sollte, was es noch für Namen gäbe.
Als am nächsten Morgen das Männchen kam, fing sie an mit Kaspar, Melchior, Balthasar und sagte alle Namen, die sie wusste. Aber bei jedem sprach das Männlein: „So heiß ich nicht.“
Am zweiten Tag ließ sie in der Nachbarschaft herumfragen und sagte dem Männlein die ungewöhnlichsten Namen:

„Heißt du vielleicht Rippenbiest oder Hammelschwanz oder Schnürbein?“ Aber das Männlein antwortete immer: „So heiß ich nicht.“
Am dritten Tag kam der Bote wieder zurück und erzählte: „Neue Namen habe ich keine finden können, aber als ich um eine Waldecke bog, wo Fuchs und Has' sich gute Nacht sagen, sah ich ein kleines Haus. Vor dem Haus brannte ein Feuer und um das Feuer sprang ein kleines Männchen, hüpfte auf einem Bein und schrie: ‚Heute back ich, morgen brau ich, übermorgen hol ich der Königin ihr Kind! Ach, wie gut, dass niemand weiß, dass ich Rumpelstilzchen heiß!“
Da könnt ihr euch denken, wie sich die Königin freute, als sie diesen Namen hörte. Als bald danach das Männlein hereintrat und sagte: „Nun, Frau Königin, wie heiß ich?“, fragte sie erst: „Heißt du Kunz?“ – „Nein!“ – „Heißt du Heinz?“ – „Nein!“ – „Heißt du vielleicht Rumpelstilzchen?“
„Das hat dir der Teufel gesagt, das hat dir der Teufel gesagt!“, schrie das Männlein und stieß mit dem rechten Fuß aus Zorn so tief in die Erde, dass es bis an den Leib hineinfuhr. Dann packte es in seiner Wut den linken Fuß mit beiden Händen und riss sich selbst mitten entzwei. *(Brüder Grimm)*

→ **L 35**

Erzähle die Geschichte „Vor Gericht“ von Herbert Kranz nach! Lass den Retter erzählen! ○ **36**

Ein englischer Dockarbeiter sah, als er mitten in der Arbeit war, dass ein Mann und seine drei Hunde, die während der Ebbe auf eine Sandbank spaziert waren, von der Flut überrascht wurden. Er ließ die Arbeit sein, stürzte sich ins Wasser und rettete dem Mann, der nicht schwimmen konnte, in letzter Minute das Leben, während seine drei Hunde keinen Helfer brauchten und von selbst an Land schwammen.
Der Arbeiter war natürlich pudelnass geworden, lief daher rasch nach Hause, rieb sich trocken, zog sich um und kehrte an seinen Arbeitsplatz zurück. Als er aber am Ende der Woche seine Lohntüte bekam, sah er, dass er weniger Lohn ausbezahlt bekommen hatte, weil er „unerlaubterweise“, wie

die Firma sagte, anderthalb Stunden lang der Arbeit fern geblieben war.
„Das schlägt dem Fass den Boden aus", dachte der Lebensretter, der nicht wie der Gerettete drei Hunde, sondern drei Kinder zu versorgen hatte, ging zum Chef und, als das nichts half, zum Arbeitsgericht. Doch auch das wies ihn ab. Empört sagte er, wenn sich der Richter zufällig einmal auf jener Sandbank verspäten sollte, so möchte er es ihm nicht übel nehmen, wenn er ihn ersaufen ließe, denn Leben retten käme ihm zu teuer, er müsste an seine drei Kinder denken. Worauf der Richter kühl antwortete, er für seine Person sei ein guter Schwimmer. *(Aus „Die Fundgrube")*

3. Geschichten erfinden

Bei erfundenen Geschichten kommt es auf den guten Einfall an. Dieser muss glaubwürdig sein und in den angenommenen Rahmen passen.

Dabei gibt es verschiedene Möglichkeiten.

- Man kann Pflanzen, Tiere oder Gegenstände wie Menschen sprechen und handeln lassen.
- Man kann die Geschichte in ferner Zukunft spielen lassen.
- Man kann sich wunderbare, fantastische Begebenheiten ausdenken.
- Man kann zu Stichworten eine Geschichte schreiben.
- Man kann aber auch Alltagserlebnisse erfinden, also ein Ereignis so darstellen, wie es gewesen sein könnte.

Für einen Vorlesewettbewerb haben sich die Schüler und Schülerinnen die folgenden Geschichten ausgedacht. Welche gefällt dir am besten?

a) Trauerrede an ein Paar alter Schuhe

Da liegt ihr nun, ihr Treuen, ausgetreten, unansehnlich, mit löchrigen Sohlen! Aber wie schön wart ihr doch, als ich euch gekauft habe! Richtig verliebt war ich in euch, obwohl ihr nicht billig gewesen seid. Ich habe lange sparen müssen, um euch zu erwerben. Beim Probieren habt ihr euch richtig bockig gezeigt. Auch die ersten Wochen musste ich mich erst an euch gewöhnen. Dass ich dabei ein Hühnerauge bekam, sei euch verziehen. Aber dann habt ihr euch an meine Füße liebevoll angepasst und habt sie vor Regen und Staub geschützt. Was habt ihr doch alles erleiden müssen! Wie oft wurde auf euch im Gedränge der Straßenbahn herumgetrampelt. Ihr habt es still ertragen. Wenn ich euch gereinigt und mit Schuhcreme eingerieben habe, habt ihr vor Freude gestrahlt und geglänzt.

Ich trug euch im Winter und im Sommer, in der Schule und bei Spaziergängen, ja sogar Fußball habe ich gelegentlich mit euch gespielt. Ihr habt alles tapfer ausgehalten. Und nun, nachdem ihr alt und schadhaft geworden seid, werdet ihr dem Flammentod übergeben. Ich werde euch ein treues Andenken bewahren. Lebt wohl! *(Richard, 13 Jahre)*

b) Die Satzgliederfamilie

Die Sommersonne blinzelt in das Klassenzimmer. Es ist leer, weil Ferien sind. Die Tische und Sessel sind verschoben. In einigen Fächern der Tische liegen noch die Reste von Wurstsemmeln oder Papierreste, in denen das Jausenbrot eingepackt war. Vorne auf dem Lehrertisch steht ein Kalender. Er ist schon lange nicht umgeblättert worden. In der Ecke des Tisches träumt traurig ein vergessenes Schulheft.
Plötzlich hebt sich der Deckel des blauen Heftes, und wer trippelt da hervor? – Es ist Papa Subjekt. Er ist immer vornehm blau gekleidet, denn in allen Schulheften haben ihn die Kinder mit einem blauen Buntstift kennzeichnen müssen. Außerdem ist Blau die Farbe der Treue. Und bleibt Papa Subjekt nicht jedem Satz treu?
Noch einmal hebt sich der Deckel. Nun hüpft Mama Prädikat in den Sonnenschein. Sie ist sich ihrer Bedeutung als Satzkern bewusst und trägt immer rote Roben. Hinter ihr laufen ihre Kinder einher. Sogleich eilt sie auf Papa Subjekt zu und umarmt ihn liebevoll. Die beiden sind unzertrennlich. Die Kinder versuchen sich gleich selbstständig zu machen. Der älteste der beiden Buben ist Hänschen Objekt, ein eitler Bursche, der, je nach dem Fall, einen anderen Anzug trägt. Aber auch Konrad Adverb, sein jüngerer Bruder, liebt Abwechslung. Er ist furchtbar neugierig und belästigt seine Eltern ständig mit den Fragen nach dem Wann, Wo, Wie, Warum. Er trägt eine grüne Hose, ein grünes Hemd und grüne Schuhe.
Dann gibt es da noch das kleine Adoptivkind Attribut. Es ist völlig unselbstständig und geht gern an der Hand von Papa Subjekt. Seine braune Hose ist schon oft geflickt worden. Es wirkt ein bisschen vernachlässigt.

Jetzt stehen alle in der Sonne, die durch das Klassenfenster hereinscheint. „Wir gehen gemeinsam in den Park“, bestimmt Mama Prädikat. Sie tun alles gemeinsam, denn so ergeben sie sinnvolle, vollständige Sätze. Manchmal vergessen die Schüler das eine oder andere Satzglied, dann wird der Satz von den Lehrern korrigiert. Das macht sich gar nicht gut in den Heften. Gemeinsam jedoch ergeben sie ein hübsches Bauwerk, den Satz. Mit anderen Sätzen entsteht dann ein schöner Text. *(Gabi, 12 Jahre)*

c) Ein Tag im 60. Jahrhundert

„Uaah!“, gähnt Ri, wie sie von dem Eisenarm aus dem Bett gehoben wird. „Bitte, bitte, liebe Robby, lass mich noch ein bisschen schlafen!“, raunzt sie. Aber der Eisenarm, der einem Roboter gehört, ist unerbittlich. „Heute ist es nichts mit dem Faulenzen“, schnarrt es im Inneren des Eisenkastens. Mit viel Geseufze und Gestöhne lässt sich nun Ri aus dem Bett heben. Sie braucht sich nicht zu waschen und nicht zu kämmen, das besorgt alles der Roboter. Als sie nun frisch geputzt in ihrem Minno, das ist Hose und Leibchen in einem, dasteht, sieht sie recht hübsch aus. Allerdings stehen die aus drei Haaren geflochtenen Zöpfchen vom Kopf unschön weg. Aber diese Haartracht ist im Jahre 6000 große Mode.
Nun drückt Ri auf einen Knopf und nach wenigen Minuten steht das Frühstück auf dem Tisch. Jetzt heißt es schnell sein. Sie schlingt das Essen hinunter, dann läuft sie auf das flache Dach ihres 356 Meter hohen Hauses und setzt sich in eine Metallrutsche. In wenigen Minuten ist sie im Schulhaus angelangt. Mit einem von Raketen angetriebenen Lift saust sie in das 600. Stockwerk. Die Lehrerin teilt den Schülerinnen mit, dass es heute auf den Mond geht. Nach kurzer Zeit sitzen die Schüler auf einem Mondhügel und bewundern die herrliche Mondlandschaft. Die Lehrerin erklärt ihnen die Mondsteine und was es sonst noch alles auf dem Mond zu sehen gibt.
In der nächsten Stunde ist Geografie. Alle Kinder der 23c steigen in ein Flugzeug und mit 3.000 Stundenkilometern geht es

zum Südpol. Am Nachmittag haben sie Leibesübungen. Selbstverständlich erfolgt das Muskeltraining nur an speziellen Geräten. Das treibt den Schülern den Schweiß aus den Poren. Aber Roboter trocknen sie durch ein Gebläse ab.
Am Abend zu Hause dreht Ri den Fernsehapparat auf und unterhält sich mit der Sprecherin. Als ihr gegen zehn Uhr die Augen schon fast zufallen, bringt sie Robby ins Bett. Ein Traummännlein verschafft ihr schöne Träume. *(Judith, 12 Jahre)*

d) Der Riese und der Reißnagel
(Nach den Reizwörtern „Fledermaus – Riese – Reißnagel“)

Ein Riese wollte einmal eine tote Fledermaus an der Wand seiner Höhle befestigen. Aber er wusste nicht wie. Da sah er auf der Landstraße einen Schneidergesellen seines Weges ziehen. Er eilte zu ihm und fragte ihn um Rat. Der Schneider wollte mit dem ungeschlachten Tölpel nichts zu tun haben und schenkte ihm einen Reißnagel. Hoch erfreut eilte der Riese nach seiner Höhle und machte sich an das schwere Werk.
Aber wie er es auch mit seinen dicken, klobigen Fingern versuchte, immer rutschte der Reißnagel wieder weg. Schweißtropfen rannen ihm schon über die Stirn und die Augen. Nun versuchte er es mit Gewalt. Aber da drückte er sich das spitze Ding in die Nagelgrube des rechten Zeigefingers. Vor Schmerz schrie er auf. Fluchend schleuderte er den Nagel auf die Erde und stampfte mit dem nackten Fuß darauf herum. Weil der Nagel aber auf den Kopf gefallen war, saß er nun fest in der Ferse des Riesen. Das bereitete ihm große Schmerzen. Schließlich gelang es dem Riesen, den Reißnagel aus dem schmerzenden Fuß zu ziehen. Die Fledermaus aber gab er seiner Katze zum Fressen. *(Patrick, 11 Jahre)*

e) War das eine Überraschung
(Eine erdachte Geschichte zum Rahmenthema „Ein Erlebnis mit einem Tier“)

An meinem zwölften Geburtstag lag ich am Nachmittag im Garten im Gras und dachte darüber nach, was ich von meiner

Mutter zum Geburtstag bekommen würde, wenn sie am Abend aus dem Geschäft nach Hause kommt. Endlich war es sechs Uhr. „Jetzt muss meine Mutter jeden Augenblick kommen“, dachte ich und sprang auf. Da ertönte auch schon die Klingel an der Eingangstür. Ich lief ihr bis zum Gartentor entgegen. Ich half ihr aus den Arbeitskleidern. Dann wollte ich diese, wie üblich, gleich ins Schlafzimmer tragen, doch ich fand die Tür versperrt.
„Lass nur!“, meinte meine Mutter, „die Kleider werde ich später selbst ins Schlafzimmer bringen. Hol mir jetzt bitte einige Erdäpfel aus dem Keller!“ Ich kam ihrem Wunsch sogleich nach, dann kleidete ich mich für die Geburtstagsfeier um, denn ich war im Garten im Badeanzug gelegen.
„Wenn ich bloß wüsste, was Mutti im Schlafzimmer verbirgt!“, ging es mir durch den Kopf.
Als ich angekleidet war, hörte ich meine Mutti zu jemandem sprechen. Wer könnte das sein? Sie war doch allein gekommen. Meine Schwester kann es nicht sein, sie kommt erst sehr spät nach Hause.
Dann wurde ich endlich ins Wohnzimmer gerufen. Ich wagte vorerst gar nicht einzutreten. Langsam schritt ich zum Tisch. Was es da alles gab: eine Torte mit zwölf Kerzen und dazu noch viele Päckchen. Am Boden stand ein Korb, dessen Inhalt mit einem Tuch zugedeckt war. Da raschelte es plötzlich und ein brauner Hundekopf guckte aus dem Korb hervor. Meine Mutter rief: „Lady, komm!“ Und schon sprang ein lieber junger Setter aus dem Korb. „Das ist das schönste Geschenk, das ich je bekommen habe“, sagte ich zu meiner Mutter. „Jetzt habe ich einen Freund, jetzt bin ich nicht mehr so allein.“ *(Hilde, 13 Jahre)*

Auch Dichter denken sich manchmal Fantasieerzählungen aus. Zur Anregung ein Beispiel:

Woher die Sterne kommen

Als der liebe Gott die Welt erschaffen hatte, sah er, dass alles sehr gut war, aber sie war noch ganz dunkel. Da dachte er, er müsse ihr auch Licht geben. Und er brachte aus seinem

Himmelspalast drei goldene Schalen. In der einen war helles, klares Feuer, in der zweiten helles, klares Wasser, in der dritten süße Milch, wie sie die kleinen Engel alle morgens tranken.

Der liebe Gott rief den Erzengel Raphael und gab ihm die erste goldene Schale und sagte zu ihm, er solle sie an den Himmel setzen. Und der Erzengel tat es und sie leuchtete prachtvoll und übermächtig auf die grüne Erde hin und zuckte ihr feuriges Leben in alle Geschöpfe. Das war die Sonne.

Darauf rief der liebe Gott den Erzengel Gabriel und hieß ihn die zweite goldene Schale an den Himmel setzen. Diese leuchtete sanft und mild und das war der Mond. Er träufelte von seinem klaren Wasser herab auf die schlummernde Erde und das war der Tau.

Dann rief der Herr den Erzengel Michael und hieß ihn die dritte Schale an den Himmel setzen. Der Erzengel Michael aber war der jüngste und lebhafteste von den Engeln und damals noch klein und er lief in seinem Eifer, stolperte und fiel hin, und die Schale zerbrach in tausend und abertausend Scherben. Die Milch daraus ergoss sich in weitem Strom. Da weinte der Erzengel Michael. Die beiden anderen aber hoben ihn auf, trockneten ihm die Tränen und trösteten ihn. Sie sammelten alle Scherben und Stückchen von der Schale und meinten, an den Himmel müssten sie nun einmal, der liebe Gott würde schon nichts davon merken, wenn sie nur jedes einzeln an den Himmel setzten. Das war eine große Müh und Plag. Aber die drei Engel waren unermüdlich fleißig und bis zum Abend hatten sie die ganze Arbeit gemacht. Als der liebe Gott nachsehen kam, da glänzte der ganze Himmel wunderbar von den Tausenden von Sternchen und mitten durch ging die Milchstraße. Als der liebe Gott die ganze Bescherung sah und die Engel ängstlich an seinem Mund hingen, ob jetzt am Ende ein großes Donnerwetter losbräche, da dachte er bloß daran, wie fleißig sie gewesen, und wenn es auch ganz anders gekommen war, als er sich's gedacht hatte, so ließ er es dabei, lächelte gütig und sagte: „Es ist schon gut so." Und daher kommen die Sterne.

(Max Mell, aus „Barbara Naderer und andere Erzählungen")

Themen für erfundene Geschichten

Arbeite einige aus!

37

Im Reich der Ameisen
Ich bin einen Tag lang unsichtbar
Meine Schulsachen beklagen sich
Warum sich der Frosch aufbläht
Warum die Rose Stacheln hat
Wie die Himmelschlüssel zu ihrem Namen kam
Trauerrede an meine alten Jeans
Der erste Luftverkehrspolizist berichtet
Mein erster Besuch auf dem Mond
Alter Hausrat erzählt
Im Land der Zwerge
Probefahrt mit dem ersten Atomauto
Marsmenschen gelandet!
Eine wunderbare Erfindung
Wenn ich drei Wünsche hätte
Taschendieb – erwischt
Warenhaus – Einkauf – Überraschung
Ausflug – Höhle – verirrt
Segelboot – Nebel – Angst – Hafen
Warum der Elefant einen langen Rüssel hat
Warum das Veilchen blau ist
Woher die Sterne am Himmel kommen
Eine verrückte Erfindung
Ein Hund wird gesprächig
Ein Tag im Schlaraffenland
Auf einem anderen Planeten
Als Ritter auf einer Burg
In den Tiefen des Meeres
Wenn ich einen Zauberstab hätte
Als ich einmal durch die Wand gehen konnte
Was ich als Maus hörte und sah
Ein sonderbarer Traum
Dunkelheit – Geräusch – Freund
Hund – Katze – Maus
Alarmsignal – Aufregung – gutes Ende
Ferien – Fischerboot – Nacht
Los – Preis – Flugzeug – Weltreise

4. Texte in Wechselrede verfassen

*Ein besonderer Programmpunkt eines bunten Abends ist das Theaterspiel. Dazu eignen sich vor allem lustige kurze Stücke, so genannte **„Sketches“**. Das Wort bedeutet auf Deutsch „Skizze“. Ein Beispiel:*

Im Café

(Beim Aufgehen des Vorhangs sitzt Herr Leubusch bereits an einem Tisch. Vor ihm steht eine Tasse Kaffee, daneben liegt eine Semmel, in einem Körbchen ein Kipferl.)

Leubusch (ungeduldig auf den Tisch klopfend, ruft laut):
Josef, Josef!

Josef (Ober, kommt):
Sie wünschen, Herr Leubusch?

Leubusch:
Was haben Sie mir da serviert? Der Kaffee ist schwach, die Semmel ist alt.

Josef (ihn unterbrechend, frech):
Na und? Sie werden auch einmal alt und schwach werden.

Leubusch (schreit ihn an):
Der Kaffee ist nicht zu trinken. Holen Sie mir den Chef!

Josef:
Das hat keinen Zweck, Herr Leubusch, der trinkt ihn auch nicht.

Leubusch:
Eine Frechheit! Ich werde nie mehr in dieses Tschecherl kommen.

Josef (ungerührt):
Danke!

Leubusch (empört):
Sie! Was sind das für Antworten!

Josef:
Na, glauben Sie, der Chef wird sich's Ihretwegen mit der Köchin verderben? Gäste kriegen wir genug, aber Köchinnen nicht. Jetzt haben wir seit zwei Tagen die dritte und die kocht mit dem Hut auf dem Kopf, weil sie noch nicht weiß,

ob sie dableibt. Wir leben in einer Demokratie, Herr Leubusch, da darf sich der Unternehmer nicht alles erlauben und stark sein.

Leubusch:

Der Unternehmer nicht, aber der Kaffee! Schauen Sie sich das G'schlader an! Das soll ein Espresso sein? Das ist ein zum Kaffee gequältes Abwaschwasser. Der Kaffee ist doch so schwach, dass ich nicht weiß, wo er die Kraft hergenommen hat, aus der Kanne zu rinnen. Und die Semmel? (Drückt sie, um zu zeigen, wie zäh sie ist.)

Josef:

Ich hab Ihnen eh ein Kipferl gebracht.

Leubusch:

Das ist steinhart.

Josef:

Das weiß ich. Das haben nämlich zwei Gäste vor Ihnen auch schon gesagt ...

(Hugo Wiener, gekürzt aus „Doppelconférence")

Bei solchen Szenen wird der Zuschauer dadurch zum Lachen gebracht, dass von den zwei mitspielenden Personen eine Person einfältig fragt und eine andere unerwartete Antworten gibt.
Wird das Gespräch aufgezeichnet, wird am linken Rand jeweils angekündigt, wer im Folgenden spricht. Zwischen Klammern werden Anweisungen für das Verhalten der Spieler gegeben.

Eine Schülerin hat nach diesem Vorbild den folgenden Text in Wechselrede verfasst: **38**

Deutsch ist schwer

Lehrer:

Heute wollen wir die Konjugation des Verbs üben.

Schüler:

Ich verstehe nicht, was Sie meinen. Das müssen Sie uns näher erklären!

Lehrer:

Konjugieren heißt Wörter abwandeln. Manche Wörter verändern beim Gebrauch im Satz ihre Form. Zum Beispiel: Ich wandle ab – du wandelst ab – er wandelt ab ...

Schüler:

Verstehe: Das Wort Pfeifentabak wird dann so abgewandelt: Ich pfeife Tabak – du pfeifst Tabak – er pfeift Tabak ...

Lehrer:

Nein, das ist Unsinn, nur Verben, also Zeitwörter, kann man konjugieren, abwandeln.

Schüler:

Ist das Wort Kochlöffel nicht ein Zeitwort? Ich koch Löffel – du kochst Löffel – er kocht Löffel.

Lehrer:

Falsch!

Schüler:

Oder vielleicht das Wort Geleise: Ich geh leise – du gehst leise – er geht leise.

Lehrer:

Wieder falsch!

Schüler:

Aber Weinsäure: Ich wein Säure – du weinst Säure – er weint Säure – wir weinen Säure ...

Lehrer (verärgert):

Schluss jetzt mit dem Unsinn!

Schüler:

Mausgraue Schuhe: Ich maus graue Schuhe – du maust graue Schuhe – er maust graue Schuhe.

Lehrer (erregt):

Das sind alles keine Verben! Diese Wörter lassen sich nicht konjugieren.

Schüler:

Verstehe: Ich konn you gieren – du konnst you gieren – er konn you gieren ...

Lehrer (greift sich an den Kopf). *(Elisabeth, 14 Jahre)*

Denke dir einen ähnlichen Sketch aus! ⊗

Auch ***Interviews*** *sind Texte in Wechselrede. In einem Interview wird jemand durch einen Reporter befragt.* **39**

Interview mit einem Schneemann

Reporter:
Meine Damen und Herren, es freut mich Ihnen heute einen Schneemann vorstellen zu können. Herr Schneemann, seit wann stehen Sie hier auf dem Schneefeld?

Schneemann:
Seit dem letzten Schneefall, also seit vorgestern. Da haben mich die Kinder aus drei Schneekugeln gebaut.

Reporter:
Ist Ihnen nicht kalt?

Schneemann:
Keineswegs. Ich habe ja die Schneedecke, eine Schneehaube und Schneeschuhe.

Reporter:
Darf ich fragen, womit Sie sich ernähren?

Schneemann:
Meine Lieblingsspeisen sind Schneehasen und Schneehühner, serviert auf einem Schneebrett und garniert mit Schneerosen. Als Nachspeise esse ich gerne Schneebeeren.

Reporter:
Worüber freuen Sie sich am meisten?

Schneemann:
Über Neuschnee. Da tanze ich mit den Schneeflocken umher. Besonders bei Schneetreiben macht mir das großen Spaß.

Reporter:
Fürchten Sie sich vor etwas?

Schneemann:
Ja, vor einer Schneeräumung mit der Schneefräse oder einem Schneepflug.

Reporter:
Wie ist Ihr Tagesverlauf?

Schneemann:
Ich werde schon zeitig am Morgen durch das Läuten der Schneeglöckchen aufgeweckt. Dann reibe ich mir ein paar

Schneesterne in die Augen und gucke, ob nicht vielleicht Neuschnee zu erwarten ist. Im Laufe des Tages kommen dann oft Kinder vorbei und machen eine Schneeballschlacht. Wenn die Sonne lacht, verliert der Schnee seine schneeweiße Farbe und wird zum Schneematsch. Die Schneeschmelze ist die größte Gefahr für die Schneemänner. Nur auf dem Schneeberg ist das anders. Dort können sie bis zum Frühjahr leben.

Reporter:

Vielen Dank für das Gespräch, lieber Schneemann. Ich wünsche Ihnen viel Neuschnee. *(Katrin, 13 Jahre)*

Denke dir ein Interview mit einem Wassermann aus! Verwende die Wörter Wasserzeichen, Wasserwaage, Wasserrechnung, Wasserfall, Wasserkur, Wasserzähler, Wasserlilien, Wasserspinne, Wasserschloss, Wasserwellen, Wasserhahn, Wasserhosen, Wasserstoff, Wasserklosett, Wasserspiele, Wasserball, Wasserflasche ... ⊗

40 *An einem Freitag stehen Klaus, Peter und Hans während der Pause in einer Ecke des Schulhofes und beratschlagen, was sie am Wochenende unternehmen könnten. Schreib diesen Dialog auf!* ☐

Manche Geschichten lassen sich unschwer in **Spielszenen** umgestalten. Dabei musst du Folgendes überlegen:

1. Was ist der **Inhalt** des Textes? Welche Erzählabschnitte kannst du feststellen?
2. Was will der Verfasser dem Leser mit dem Text sagen?
3. Welche **Personen** kommen in dem Text vor, wie müssen sie in einem Spiel dargestellt werden?
4. Auf welchen **Schauplätzen** handelt die Geschichte? Wo wechselt der Schauplatz?
5. Welche **Gegenstände** braucht man für das Spiel?

Den Spieltext musst du in **Form einer Wechselrede** aufschreiben und die Rede jeder Person am Zeilenbeginn ankündigen.

Arbeite die folgende Kalendergeschichte von Johann Peter Hebel (1760–1826) in eine Spielszene um! Nimm aber an, zwei Autofahrer begegnen einander auf einer schmalen Bergstraße. Du kannst dir auch weitere Einzelheiten dazudenken und den Inhalt etwas abändern. ⊗ **41**

Die beiden Fuhrleute

Zwei Fuhrleute begegneten einander mit ihren Wagen und konnten nicht ausweichen. „Fahre mir aus dem Weg!", rief der eine. „Ei, so fahre du mir aus dem Weg!", rief der andere.
„Ich will nicht!", sagte der eine. „Und ich brauche es nicht!", sagte der andere. Weil keiner nachgab, kam es zu einem heftigen Zank und Scheltworten.
„Höre du", sagte endlich der Erste, „jetzt frage ich dich zum letzten Mal: Willst du mir aus dem Weg fahren oder nicht? Tust du es nicht, so mache ich es mit dir, wie ich es heute schon mit einem gemacht habe."
Das schien dem andern doch eine bedenkliche Drohung. „Nun", sagte er, „so hilf mir wenigstens deinen Wagen ein wenig beiseite schieben. Ich habe ja sonst nicht Platz, um mit dem meinigen auszuweichen."
Das ließ sich der Erste gefallen und in wenigen Minuten war die Ursache des Streites beseitigt.
Ehe sie schieden, fasste sich der, der aus dem Wege gefahren war, noch einmal ein Herz und sagte zu dem andern: „Höre, du drohtest doch, du wolltest es mit mir machen, wie du es heute schon mit einem gemacht hättest. Sage mir doch, wie hast du es mit dem gemacht?"
„Ja, denke dir", sagte der andere, „der Grobian wollte mir nicht aus dem Wege fahren, da – fuhr i c h ihm aus dem Wege."

→ **L 41**

5. Mit der Sprache spielen (experimentieren)

Mit der Sprache kann man auch „spielen“, das heißt verschiedene sprachliche Ausdrucksmöglichkeiten erproben.

5.1 Aus Buchstaben eine Geschichte entstehen lassen

42 *Bei der folgenden Übung sollen die Buchstaben von Mädchennamen als Anfangsbuchstaben von Wörtern verwendet werden, die gleichzeitig zum Ausdruck bringen, wie die Namensträgerinnen sind.*

Edith

↓ **E** IFRIG
D URCHHALTEND
I NTELLIGENT
T IERLIEBEND
H ILFSBEREIT

Marlis

↓ **M** ITFÜHLEND
A BERGLÄUBISCH
R UHIG
L IEBEVOLL
I NTELLIGENT
S ÜSS

(Marlis, 11 Jahre)

Versuche ebenso, dich selbst mit deinem Namen zu charakterisieren! ☐

43 *Etwas schwieriger ist die Aufgabe, aus den untereinander geschriebenen Buchstaben des Wortes* ***Robert*** *einen zusammenhängenden Text entstehen zu lassen. Jeder Buchstabe des Wortes wird als Anfangsbuchstabe für das erste Wort eines Satzes verwendet. Alle Sätze zusammen sollen jedoch einen sinnvollen Text ergeben.*

R obert heißt mein bester Freund.
O ft treffen wir uns und spielen miteinander.
B eim letzten Mal kam es allerdings zu einer Rauferei.
E rnst war es aber nicht gemeint.
R obert ist nämlich stärker als ich.
T rotzdem haben wir unsere Kräfte gemessen und ich habe diesmal gesiegt. *(Karli, 11 Jahre)*

Verfasse nach diesem Verfahren einen Text, verwende das Wort ABENTEUER! ○ → **L 43**

5.2 Reißverschlussgeschichten schreiben

Bei einer so genannten „Reißverschlussgeschichte“ geht es darum, in einem vorgegebenen Text jeweils den folgenden Satz zu ergänzen. Alle Sätze müssen zum Thema (zur Überschrift) passen und inhaltlich zusammenhängen. **44**

Gefährliche Rodelfahrt

Es hatte die ganze Nacht geschneit.
? ______________________________
Erwartungsvoll lief sie mit der Rodel zur Forststraße.
? ______________________________
Die Straße geht leicht bergab.
? ______________________________
„Bahn frei!“, rief sie und sauste die Straße hinunter.
? ______________________________
Doch vergeblich.
? ______________________________
Zum Glück war gestreut und das sich nähernde Auto konnte rechtzeitig bremsen. → **L 44**

Verfasse eine ähnliche Reißverschlussgeschichte! ○ **45**

5.3 In den Wind reimen

46 *Das folgende Gedicht stammt von Eva Rechlin. Es fängt so an:*

Stellt euch vor,
wir hätten keine Eichenblätter mehr!
Womit blättern wir danach die Eichen?

Stellt euch vor,
wir hätten keine Zeichenstifte mehr!
Womit stiften wir danach die Zeichen?

Stellt euch vor,
wir hätten keine Ziegelsteine mehr!
Womit steinen wir danach die Ziegel?

Stellt euch vor,
wir hätten keine Spiegeleier mehr!
Womit eiern wir danach die Spiegel?

Stellt euch vor,
wir hätten keinen Flaschenöffner mehr!
Womit öffnen wir danach die Flaschen?

(Eva Rechlin, aus Gatti, „Schüler machen Gedichte")

Spiele weiter mit den Wörtern Strohballen, Eisenbahnen, Rauchfangkehrer, Suppenschüsseln, Butterblumen, ... ○

→ **L 46**

47

Auch das nachstehende Gedicht lässt sich leicht nachmachen.

Eine Frau und 22 Tiere

Es war mal eine Frau,
die hatte einen Pfau.
Der Pfau wir ihr zu bunt,
da nahm sie einen Hund.
Der Hund war ihr zu brav,
da nahm die Frau ein Schaf.
Das Schaf schrie nach
dem Schäfer,
da nahm sie einen Käfer.
Der Käfer kroch zu fleißig,
da nahm sie einen Zeisig.
Der Zeisig sang zu viel,
da kam ein Krokodil.
Das Krokodil war roh,
da nahm sie einen Floh.
Der Floh stach sie ins Bein,
da kaufte sie ein Schwein.
Das Schwein wir ihr zu faul,
da nahm sie einen Gaul.
Der Gaul wir ihr zu forsch,
da nahm sie einen Dorsch.
Der Dorsch war ihr zu nass,
da kam ein kleiner Has'.
Das Häschen war zu bange,
da nahm sie eine Schlange.
Die Schlange war nichts
nütz,
da nahm sie einen Spitz.
Der Spitz war ihr zu weiß,
da nahm sie eine Geiß.
....
....

(James Krüss, aus „Der fliegende Teppich")

Verfasse ein ähnliches Gedicht! Es könnte z. B. folgendermaßen beginnen: ○

Es war einmal ein Mann,
der hatte eine Kann'.
Die Kann' war ihm zu groß,
da baute er ein ...

48 *Eine Schülerin verfasste das folgende Gedicht:*

Ich bin nun einmal so

I, a, o,
ich bin nun einmal so.
Und wem das nicht gefällt,
der wird ins Eck gestellt.
Ich bin zwar dick und klein,
doch trotzdem noch kein Schwein.
Und manchmal schwimm ich weit
in sehr geringer Zeit.
Im Springen bin ich schlecht,
das ist mir gar nicht recht.
Mehr kann ich jetzt nicht sagen,
denn mir knurrt schon der Magen.

(Marlis, 11 Jahre)

Versuche auf ähnliche Weise in den Wind zu reimen!
Du kannst ebenfalls mit „I, a, o, ich bin nun einmal so" beginnen. ○

49 *Was fällt dir an dem folgenden Gedicht auf?*

O unberachenbere Schreibmischane,
was bist du für ein winderluches Tier?
Du tauschst die Bachstuben
günz nach Vergnagen
und schröbst so scheinen Unsinn aufs Papier!
Du tappst die falschen Tisten, luber Bieb!
O sige mar, was kann da ich dafür?

(Josef Guggenmos, aus
„Was denkt die Maus am Donnerstag?"

Tausche in einem kurzen Gedicht auf ähnliche Weise Selbstlaute aus! Dann lies das Gedicht deinen Freunden vor! ○

Das folgende Gedicht stammt von Hans Georg Lenzen: **50**

Tiger-Jagd

Wer Lust hat, kann an Regentagen
auch hierzulande Tiger jagen.

Es lohnt zum Beispiel der Versuch
der Tigerjagd im Wörterbuch.

Dort spielt der Tiger mit den Jungen
im Quellgebiet der Steigerungen:

Ein Lus-Tiger, ein Präch-Tiger,
ein Läs-Tiger, ein Mäch-Tiger,

ein Hef-Tiger, ein Gran-Tiger,
ein Bors-tiger, ein Kan-Tiger,

ein Kräf-Tiger, ein Saf-Tiger,
ein ganz und gar Wahrhaf-Tiger,

ein Ar-Tiger, ein Bär-Tiger,
und manchmal ein Verfer-Tiger.

(Gekürzt aus Gatti, „Schüler machen Gedichte")

Sicher findest du noch mehr „Tiger". Verwende z. B. die Wörter Rost, Gewalt, Einfalt und bastle anschließend mit den „Tigerwörtern" eine Geschichte! Sie könnte etwa so beginnen: ○

Ein Apfel und eine Birne stritten miteinander, wer saf-tiger wäre. Der Apfel wurde bei dem Streit immer hef-tiger, da aber die Birne mäch-tiger und kräf-tiger war, entstand ein gewaltiger Wirbel ...

5.4 Unsinntexte verfassen

51 *Unsinntexte (Nonsenstexte) zu lesen macht Spaß. Ein Beispiel:*

Niemand

Es war jemand, der hieß Niemand. Niemand hätte ihn für jemand anderen gehalten als Niemand, denn Niemand war niemandem unbekannt. Und wenn Niemand auf der Straße jemandem begegnete oder gar, wenn Niemand jemanden grüßte, was selten vorkam, denn Niemand freundete sich nur zögernd mit jemandem an, so konnte man jemanden den Hut ziehen sehen und sagen hören: „Habe die Ehre, Herr Niemand." Und so konnte es vorkommen, dass Niemand, der, weil er kurzsichtig war, nie jemand zu erkennen vermochte, seinerseits jemanden grüßte, der vor Niemand gar nicht den Hut gezogen hatte.

(Rudolf Otto Wiemer, in Steffens „Praxis des Aufsatzunterrichts in der Sekundarstufe")

Katja, 12, hat einen ähnlichen Niemandtext verfasst:

Neulich hatten wir Niemand in Deutsch, aber niemand hatte seine Deutschsachen für Niemand mitgebracht. Niemand wurde wieder einmal böse. Niemand kann Niemand leiden, denn Niemand gibt zu viele Strafsachen auf, weil Niemand sich nicht durchsetzen kann. Niemand holte ein Buch heraus und wollte lesen, aber niemand hörte Niemand zu. Niemand wollte dann ein Diktat mit der Klasse schreiben. Doch niemand hatte Lust dazu. Niemand setzte sich hin und niemand in der Klasse war ruhig. Dann klingelte es, Niemand war empört und wollte nie mehr in die Klasse kommen. Niemand wollte sich beim Direktor beschweren. Niemand war jetzt noch unbeliebter als er schon war.

Verfasse einen weiteren Text über „Niemand im Kaufhaus" oder „Niemand auf dem Bauernhof"! ○ → **L 51**

52 *Zum Schluss noch einige Stilblüten zum Verbessern:* ⊗

Meine Eltern sind katholisch und verheiratet mit einem Kind. Das Kind bin ich.
Vor der Tür stand ein Vertreter in Nylonsocken.
Neulich wurden unsere zwei Kirchenglocken eingeweiht. Der Herr Pfarrer und der Bürgermeister hielten eine Rede. Danach wurden sie aufgehängt.
Seitdem ist es in unserem Dorf viel schöner.
Meine Oma hat so starke Gelenksschmerzen, dass sie ihre Arme kaum noch über den Kopf heben kann. Mit den Beinen geht es ihr genauso.
Ich betrat das Zimmer mit dem Kachelofen, in dem mein Onkel wohnte.
Ich sende dir herzliche Grüße vom Dachstein samt Eltern.
Zum Glück konnten die Bewohner noch vor der Feuerwehr in Sicherheit gebracht werden.
Ich bitte um Zuweisung von mehr Kohlen, denn ich werde den Schnupfen nebst meiner Frau nicht mehr los.
Ich habe eine Tochter und vier Söhne und wir sind alle beschränkt, da wir nur zwei Betten haben.
Mein Mann braucht für die Tätigkeit als Musiker unbedingt eine neue Hose, weil er mit der alten keine Musik mehr machen kann.
Hiemit stelle ich den Antrag auf ein gebrauchtes Bett mit Inhalt.

→ **L 52**

6. Schreiben nach Bildvorlagen

Auch Bilder können bisweilen zum Schreiben anregen. Es gibt verschiedene Möglichkeiten:

1. Der Inhalt von Bildfolgen (das dargestellte Geschehen) wird in Worten wiedergegeben. Dabei entsteht eine **Bildgeschichte**.

2. Ein einzelnes Bild wird beschrieben und seine Aussage gedeutet. So entstehen **Bildbeschreibungen** und **Bilddeutungen**.

3. Schließlich kann ein einzelnes Bild auch dazu anregen etwas zu schreiben. Ausgehend vom Bildinhalt werden die Gedanken, die der Schreiber beim Betrachten des Bildes hat, festgehalten, ohne dass das Bild beschrieben oder gedeutet wird (**Schreiben nach optischen Impulsen**).

6.1 Bildgeschichten verfassen

53 *Versuche zu der folgenden Bilderreihe von E. O. Plauen (aus „Vater und Sohn") eine Geschichte zu schreiben.* ☐

Darauf kommt es bei einer Bildgeschichte an:

1. Betrachte vorerst die einzelnen Bilder genau und mach dir die Zusammenhänge klar. Wenn nötig, bringe die Bilder in die richtige Reihenfolge.
2. Nun versuche das Geschehen von jedem einzelnen Bild in Worte zu kleiden. Fehlendes kannst du ergänzen.

3. Daraufhin erzähle die Geschichte ausführlich und lebendig. Beschreibe die Gedanken und Gefühle der handelnden Personen, die Gründe ihrer Handlungen, ihre Gebärden und Mienen. Benütze auch die wörtliche Rede, wenn es die Situation erlaubt. Am Schluss suche eine passende Überschrift.
4. Erzähle in der Mitvergangenheit (im Präteritum).

→ **L 53**

54 *Erzähle nun die Geschichte der folgenden vier Bilder! Gezeichnet hat sie Oscar Jacobsen (aus Gerth: „Bildergeschichten“). Der kleine Mann heißt Adamsson.* ☐

→ **L 54**

6.2 Bilder beschreiben und deuten

Bei einer Bilddeutung kannst du dich durch folgende Fragen leiten lassen:

1. Was stellt das Bild dar? Was geschieht auf dem Bild? Was ist das Wesentliche des Bildes? Was bildet also den Bildmittelpunkt (an Größe, Anordnung und Farbe erkennbar)?
2. Wie hat der Künstler den Bildinhalt, die Landschaft, die Personen, das Geschehen dargestellt?
3. Welcher bildnerischen Technik hat er sich bedient (Ölfarbenmalerei, Wasserfarbenmalerei, Kreidezeichnung, Bleistiftzeichnung, Holzschnitt u. dgl. m.)?
4. Welche Farben herrschen vor? Wie passen die Farben zueinander? Wie verlaufen die Linien im Bild? Wie ist das Bild aufgebaut (was steht im Vordergrund, was im Hintergrund)?
5. Was wollte der Künstler mit dem Bild zum Ausdruck bringen? Wollte er bloß abbilden oder Zeiterscheinungen spiegeln?
6. Wer war der Künstler? Wann hat er gelebt? Welcher Stil herrschte zu dieser Zeit vor? Welche Anschauungen hatten die Menschen zu Lebzeiten des Künstlers?
7. Wie wirkt das Bild auf dich? Welchen Gesamteindruck hast du?

55 *Beschreibe und deute nun das Bild „Die Stadt“ von Frans Masereel! Der flämische Künstler lebte von 1889 bis 1972 und bevorzugte die Technik des Holzschnittes. Seine Bilder zeigen kräftige Gegensätze zwischen Schwarz und Weiß. In seinen Arbeiten setzte er sich mit seiner Umwelt kritisch auseinander.* △

→ **L 55**

Beschreibe und deute das Ölgemälde „Mädchen auf der Brücke“, das der norwegische Maler Edvard Munch gemalt hat. Er lebte von 1863 bis 1944 und hielt sich lange Zeit in Frankreich, Italien und Deutschland auf. **56**

Edvard Munch (1863–1944): Vier Mädchen auf der Brücke

→ **L 56**

6.3 Schreiben nach optischen Impulsen

Bei dieser Art des Erzählens dient das vorgegebene Bild nur als Anregung (Impuls) für eigene Gedanken zu dem dargestellten Thema.

57 *Matthias, 10, hat sich zu der nachstehenden Zeichnung von Zeller-Zellenberg eine Geschichte einfallen lassen.*

„Geh, bleib mir mit deinem lauwarmen Waschlappen vom Gesicht! Mach lieber das Essen!"

Als ich einmal herzlich lachen musste

Im letzten Sommer haben meine Eltern und ich auf einer Almwiese campiert. Auf der Wiese weideten auch Kühe. Während meine Mutter das Mittagessen vorbereitete, legte sich mein Vater ins Gras und ließ sich die Sonne auf seinen dicken Bauch scheinen. Dabei muss er eingeschlafen sein. Ich suchte in der Nähe Grillen. Da beobachtete ich, dass sich meinem Vater eine Kuh näherte. Neugierig beäugte sie den Liegenden, dann steckte sie plötzlich ihre große Zunge heraus und begann das Gesicht des Vaters abzuschlecken.
Aber statt die Augen aufzumachen und nach der Ursache der Störung zu forschen, hörte ich ihn sagen: „Bleib mir mit deinem lauwarmen Waschlappen vom Gesicht. Mach lieber das Essen!"

Verfahre ebenso mit der folgenden witzigen Zeichnung von **58**
Zeller-Zellenberg! ○

„Sag, Kleiner, regnet's bei euch immer?" – „Nein, im Winter schneit's!"

Isolde, 14, hat sich zu einer Karikatur einen satirischen (spöttischen) Text ausgedacht. △

Homecomputer
„Wie lange habt ihr euren Homecomputer denn schon?"

Der Computer – mein Freund und Helfer

Wenn Sie sich einen Computer kaufen, können Sie alle schweren Situationen des Lebens meistern. Sie können das neue, etwa ein Kilogramm schwere Gerät überallhin mitnehmen. Da inzwischen schon ungefähr die Hälfte der Weltbevölkerung den neuen, leichten Personalcomputer immer mit sich schleppt, wird jede Art von mündlicher Kommunikation unnötig. Sie müssen die Person, mit der Sie Kontakt aufnehmen wollen, einfach nur über den Computer anpiepsen. Besonders hilfreich für Sie ist das in Situationen, die man früher als Streitereien bezeichnet hat, jetzt aber disharmonische Kommunikationsprozesse nennt. Sie müssen sich jetzt nicht mehr das Geschimpfe der anderen Person anhören. Wenn Ihnen das, was Ihr Kommunikationspartner schreibt, lästig wird, starten Sie einfach das Programm QX3, das in jedem neuen Computer eingebaut ist. Sofort wird der gegnerische Bildschirm mit allen möglichen Schimpfwörtern bombardiert und Sie haben für eine Weile Ihre Ruhe. Sie sehen, von nun an wird eine mündliche Kommunikation zunehmend unnötig.
Da Sie mit dem Gesprächspartner nicht in körperlichen Kontakt kommen, besteht auch keine Gefahr sich mit Krankheiten anzustecken.
Ein anderer großer Vorteil Ihres Computers besteht darin, dass er die gesamte Organisation des Haushaltes übernehmen kann. Sie müssen nur die diversen Elektrogeräte mit dem Computer verbinden und dann die Zeiten eingeben, zu denen die Geräte in Betrieb genommen werden sollen. So ersparen Sie sich unter Umständen auch das Heiraten. Haben doch viele von Ihnen nur geheiratet um sich den Gefahren des Haushaltes nicht mehr aussetzen zu müssen. Manch einer ist schon auf Grund der veralteten Technologien, wie z. B. dem Bügeln, mit schwersten Verbrennungen im Krankenhaus gelandet. Auch das Kochen und die gesamte Haushaltsführung, die sonst Ehemänner besorgt haben, können Sie nun ruhig dem Computer überlassen. Es wird keinen Streit mehr darüber geben, wer z. B. das Geschirr abwaschen oder das Frühstück machen soll. Der digitale Partner passt sich in einem Ausmaß Ihren Vorstellungen an, das Sie von Ihrem menschlichen Le-

bensgefährten niemals erwarten können. Der einzige Nachteil liegt darin, dass Sie Ihren „Computerpartner“ nur am Bildschirm sehen und hören können.
Sie können Ihren Computer auch einkaufen lassen. So ersparen Sie sich viel Zeit, die Sie besser vor Ihrem Computer verbringen können. Das Einkaufen funktioniert so: Sie tippen über die Tastatur ein, was Sie brauchen. Diese Daten werden dann an das nächste Geschäft übermittelt, das dann die Waren unmittelbar ins Haus liefern lässt. Sie ersparen sich auch teure Kleidung, denn nun müssen Sie ja beim Einkaufen niemandem mehr gefallen. Ihr Computer nimmt Sie so, wie Sie sind. Ihn stört es nicht, ob Sie aus Ihrem Mund riechen oder den ganzen Tag im Pyjama herumlaufen. Er übt auch niemals Kritik an Ihnen. Sie bekommen von diesem Wunderwerk nur positive Verstärkungen zu hören. Dadurch wird auch Ihr Selbstbewusstsein gehoben. Sie werden sehen: Wenn Sie sich einen Computer kaufen, werden Sie in wenigen Tagen ein völlig neuer Mensch. Denn wer braucht schon Kontakt zu seinen Mitmenschen, wenn man einen einfühlsamen Computer besitzt.

Lass dich von der folgenden Zeichnung zum Verfassen eines satirischen Textes anregen! △ **59**

Der Sinn für Naturschönheiten und Ähnliches ist bei Besitzern von Kraftfahrzeugen stark ausgebildet. Weisen Sie daher während der Fahrt unverzüglich auf Sehenswürdigkeiten aller Art hin. Das wirkt höflich und verkürzt die Fahrzeit.

7. Genau beobachten und anschaulich schildern

In Werken von Dichtern findet man oft Textstellen, die auf genauer Beobachtung des Geschehens beruhen und die mit treffenden Worten wiedergegeben werden.

Ein Beispiel:

Am Tümpel

Während die Kröte noch langsam schmatzend den Wurm fraß und ihr Leib bis in die Warzen der Haut von wiederkehrender Kraft durchrollt wurde, regte sich der Boden des Tümpels an vielen Stellen, und an vielen Ecken des Uferrandes regte sich das Schilf und der seichte Schlamm. Die schwarzen Kohleaugen einer Unke funkelten schon räuberisch nach den niedrig tanzenden Mücken, ein magerer Bergmolch schleppte sein faltig überspanntes Skelett an Land und schoss plötzlich wild hinter einer lahm kriechenden Schnecke her. Ein großer Grasfrosch wagte die ersten Sprünge auf zitternden Schenkeln und überwinterte Kaulquappen, Wasserkäfer, Blutegel kreuzten wie prüfend in der braunen Flut hin und her. Plötzlich löste sich vom harten Stängel eines Schilfrohrs, dicht unter der Wasserfläche, ein Geschöpf, das wie ein Stück vertrockneter Weidenrinde daran geklebt hatte, reckte sich kurz, riss furchtbare fahle Gespensteraugen auf, entrollte grässliche Fangkrallen und ein gezahntes, skorpionartiges Scherengebiss: die Riesenlarve einer Libelle.

(Carl Zuckmayer, aus „Die Geschichte vom Tümpel")

60 *Unterstreiche die treffenden Ausdrücke in der Schilderung des Dichters! Mit welchen bildhaften Wendungen und Zeitwörtern versteht er es, seine Beobachtungen zu veranschaulichen?* ○

7.1 Über Beobachtungen berichten

Wer anschaulich schildern will, muss genau beobachten.
Beobachte vorerst nur einen kurzen Zeitabschnitt, also einen Ausschnitt eines Geschehens!
Anschließend schreib deine Beobachtungen in der zeitlich richtigen Abfolge mit allen Einzelheiten auf!
Benenne die Tätigkeiten und Eigenschaften mit treffenden Ausdrücken!
Verwende als Zeitform die Gegenwart (das Präsens)!

Nach diesen Anleitungen verfassten die Schüler und Schülerinnen der 2a ihre Beobachtungen in schriftlicher Form:

Der Igel

Jetzt ist es schon spät am Abend, aber noch recht hell. Ich werfe einen Blick aus dem Fenster und entdecke einen kleinen Igel. Langsam schleicht er im Garten herum und schnuppert am kühlen Gras. Seine Augen glitzern fröhlich und seine harten Stacheln sind aufgestellt. Nun hat er unseren Salat erreicht. Er schnuppert mit seiner kleinen Schnauze an den Salatblättern. Nach einer Weile entdeckt er eine kleine Nacktschnecke. Schmatzend verschlingt er sie und leckt sich danach mit seiner rosa Zunge über die Schnauze.
Plötzlich wird es hell. Ein Auto fährt knatternd vorbei. Erschrocken rollt sich der Igel zu einer Kugel zusammen. Sein Körper bebt. Er hat anscheinend Angst. Doch das Auto ist rasch wieder verschwunden. Eine Weile liegt der Igel ruhig da, dann rollt er sich langsam aus und schaut sich ängstlich um. Alles ist still. Es stinkt zwar noch ein bisschen nach Benzin, aber das beeindruckt ihn nicht besonders. Leise schleicht er zum nächsten Salat, der nicht weit entfernt ist. Dort findet er wieder eine Nacktschnecke. Sie ist braun und viel größer als die letzte. Erfreut verschlingt er sie und leckt sich danach seine Schnauze ab.
Nun verschwindet er raschelnd in unserer Ligusterhecke.

(Gerlinde, 11 Jahre)

Ein Wolkenbruch

Plötzlich ist der Himmel schwarz geworden. Schwere Tropfen fallen auf die Erde. Bald gießt es in Strömen. Eine Frau, die aus einem Gemüsegeschäft kommt, macht kehrt und läuft in den Laden zurück. Ein Mann springt gebückt, die Jacke über den Kopf gezogen, aus seinem Auto.
Millionen Regentropfen trommeln, knattern, platschen auf die Autodächer, die Straße, die Pfützen.
Schon schießen Bäche über die Straße. Die Kanäle können das viele Wasser nicht so rasch aufnehmen, es kommt zu kleinen Überschwemmungen. Ein Hund, der vor Nässe ganz mager wirkt, jagt mit eingezogenem Schwanz über den Platz. Die meisten Passanten haben sich irgendwo untergestellt. Nur wenige eilen unter einem Regenschirm raschen Schrittes ihrem Ziel zu.
Von Autos, die langsamer als sonst fahren, spritzt mannshoch das Wasser zur Seite. Donnerschlag folgt auf Donnerschlag. In den Geschäften und Wohnungen brennt Licht, so dunkel ist es geworden. Bald lässt der Regen nach. Es blaut auf.

(Erich, 11 Jahre)

Ich beobachte meinen Vater bei der Arbeit

Mein Vater ist Graveur. Für mich ist er ein Zauberkünstler. Auf seinem Arbeitstisch steht auf einem seltsamen hohen Messinggestell die Lampe. Ihr Schirm bewirkt, dass nur die Arbeitsfläche grell beleuchtet wird.
Vor meinem Vater liegt eine wie Gold glänzende Platte. Es ist aber kein Gold, sondern Messing. Nun setzt mein Vater ein schmales, feines Werkzeug an, einen Meißel. Mit kurzen, kräftigen Schlägen eines zierlichen stählernen Hammers treibt er ihn in die Messingplatte, treibt ihn Schlag um Schlag vorwärts und zuletzt wieder aus der Tafel heraus. An der Spitze des langsam vordringenden Meißels bildet sich ein zarter Span, der sich zu einer schimmernden feinen Spirale zusammenrollt. Unablässig klopft der zierliche Hammer auf den

Meißel. Immer wieder setzt der Vater neu an, immer wieder rollt das goldene Ringlein unter der Meißelspitze hervor. Wie gebannt sehe ich dem zauberhaften Spiel zu, wie hier aus der glatten, blanken Fläche sich Figur um Figur, eine so zierlich und wohlgestaltet wie die andere, bildet. Das ist etwas so Wunderbares, das kann auf der ganzen Welt nur mein Vater vollbringen. *(Wolfgang, 12 Jahre)*

Beobachte fünf Minuten lang ein Geschehen, einen Vorgang! Notiere dir dabei die Einzelheiten des Geschehens! Erst danach verfasse einen zusammenhängenden Beobachtungsbericht für die Klassenzeitung! ○ **61**

Themen für Beobachtungsberichte:

Meine kleine Schwester (mein kleiner Bruder) beim Spielen
In der langen Pause
Wie meine Katze eine Maus fängt
Zwei raufende Hunde
Wie mir der Frisör die Haare schneidet
Ein Handwerker bei der Arbeit
An einer Tankstelle
Beim Zahnarzt
Eine Straße wird asphaltiert
Mein Bruder reinigt sein Fahrrad
Mein Vater wäscht unser Auto
Auf einer verkehrsreichen Kreuzung
Wie mein Laubfrosch Fliegen fängt
Fünf Minuten am Fenster
Ich beobachte ein Tier

7.2 Persönliche Eindrücke und Stimmungen schildern

Tauwetter

Leise klirrte das Fenster, die trostlose Stille zerbrach. Ein zweiter Stoß – und nun war auch der wabernde Laut zu hören, der diesem Winde zu eigen ist. In immer stärkeren Schwüngen fuhr er über den Garten her, schlug gegen das

Haus. Wie ein Geigenstrich hatte er begonnen und nun bebte die Luft gleich einer Saite von Gebirge zu Gebirge gespannt, sie schwang und sang und erfüllte das Tal mit Brausen: Föhn war eingebrochen.
Nach einer Stunde schon war der Himmel schwarz und die Sterne zitterten im Sturm. Die Fensterläden klapperten, die Lampe flackerte, wenn jemand ins Zimmer trat. Von Stunde zu Stunde wuchs die Gewalt des Windes. Er durchrüttelte das kleine Haus, schrie und tobte, riss den verschlafensten Nerv aus der Ruhe und war bald Herr den ganzen Leib hinab.
Am Morgen stand ein blanker, sehr heller Himmel über dem Tal. Nur im Süden schlug brandendes Gewölk über die Berge in dicken, weißgrauen Wülsten. Von den Graten flogen die Schneefahnen hoch. Noch stand die Sonne hinter dem Gebirge und so brauste der Wind wie zerstäubtes Silber in den Himmel, dessen Blau sich vertiefte, je mehr es Tag wurde. Unversehens kam um eine Straßenecke ein lauer Strich auf einen zu. Man fuhr zusammen unter der atmenden Berührung. Mittags sprangen die Traufen, von den Dächern tropfte es. Ein Glitzern und Funkeln war in der Luft, als lache die Stadt aus allen Fenstern, aus jeder Pfütze, jedem nassen Pflasterstein. *(Josef Leitgeb, aus „Das unversehrte Jahr“)*

62 *In dem Text hat ein Dichter seine Eindrücke geschildert. Was unterscheidet diese Schilderung von einer Erzählung? Unterstreiche die anschaulichen Wendungen!* ⊗

Bei einer **Schilderung** steht nicht das äußere Geschehen im Mittelpunkt, sondern die Wiedergabe der persönlichen Eindrücke, die Stimmung. Der Verfasser malt die Situation anschaulich aus. Die Handlung wird zur Nebensache.
Das gelingt durch Verwendung treffender Zeitwörter, kennzeichnender Eigenschaftswörter und ausdrucksstarker Vergleiche.
Schilderungen sind gewöhnlich eingebunden in Erzählzusammenhänge. Als Zeitform wird zumeist die Gegenwart verwendet.

Beispiele:

Prüfungsangst

Ich bin im höchsten Maße gespannt. Wenn mich der Professor prüft, werde ich versagen. Ich sitze da, das Heft in der Hand, jede Sekunde werde ich nervöser. Heute ist die vorletzte Stunde in diesem Schuljahr. Ich weiß nicht, ob er alle prüfen wird. Er hat so spät zu prüfen begonnen. Das letzte Semester habe ich eine gute Note gehabt.
Soeben wird wieder einer abgefertigt. Langes Blättern im Katalog folgt. Oje, er blättert nach hinten!
„Wer war noch nicht dran?“
Ich zeige schüchtern auf. Er schaut in meine Richtung, zu meiner Bankreihe: „Gut, komm gleich heraus!“, und deutet auf meine Nachbarin, von der ich bisher kein Aufzeigen bemerkt habe. Ich seufze auf, dann richte ich mich auf meine Pflicht ein: ihr einzusagen. „So, du sagst mir jetzt etwas über die Trockenklimate!“ Meine Sitznachbarin beginnt mit der Sahara – begreiflich, man weiß ja sonst nie genau, wo, vom Äquator aus gesehen, die Trockenklimate beginnen. In der Sahara ist das eindeutig. Wieso weiß sie jetzt nicht weiter? Du meine Güte, die Rossbreiten sind schuld! Dabei hat sie mich eine Stunde lang darüber ausgefragt.
„Rossbreiten! Ross – breiten!“, zische ich ihr zu. Darauf sie: „Ach ja, weil dort die Rossbreiten sind.“
Auf solche Antworten reagieren Professoren oft sauer. Ich ärgere mich. Ich zeige ihr mit den Händen den Westwindgürtel und die Passatwinde, aber sie begreift nicht.
Ach, wenn er doch jetzt zu mir sagen würde: „Erklär du das!“ Aber er tut es nicht. Er wartet, wartet auf eine Antwort. Alles ist still. Da kann ich nicht einmal mehr flüstern, sonst bekäme ich sofort eine Strafe und sie einen „Fleck“. Diese Methode kennt man. Also warte ich, bis es wieder lauter wird. Dann erkläre ich ihr die Sache noch einmal. Zum Glück blickt sie mich gerade an. Diesmal bringt sie so viel hervor, dass der Professor nachhelfen kann. Dann hat sie es geschafft.
Wieder fällt mir ein Stein vom Herzen. Und wieder stelle ich mir die Frage: Wird er auch mich prüfen? Oder prüft er nur die

Schlechten? Wird er leichte Fragen stellen? Hat er gemerkt, dass ich nicht genügend weiß?
„Wie spät ist es?“, frage ich im Umkreis. „Gleich wird es läuten!“, versichert man mir. Auch der Professor blickt auf die Uhr: „Ihr dürft jetzt langsam einpacken!“
Gott sei Dank! Langsam lässt die Spannung nach, ich nehme mir vor, endlich doch etwas zu lernen. *(Irene, 15 Jahre)*

Winterliche Mondnacht

Tröstend verbreitet die Straßenlaterne ihren wohligen Schein in der Finsternis. Sanft streicht der Wind durch die kahlen, mit Schnee bedeckten Bäume, die ihre Äste wie verdammte Seelen zum Himmel emporstrecken. Aus den Bäumen drohen, wie auf dem Buckel einer Hexe, die unscharf-düsteren Konturen der Krähen. Manchmal kann man ein leises, heiseres Krächzen vernehmen. Doch dieses wird gleich von der Dunkelheit verschluckt. Hoch am Himmel blinzelt der Mond zwischen den Wolken hervor und lässt alles in einem fröstelnden Licht erschauern. Ein unbändiger Windstoß lässt die Schneeflocken wie Federn aufwirbeln und dann langsam, wie Nebel, über die Straße flirren. Ein massiv-grauer Wolkenturm schiebt sich langsam vor den Mond, als ob er ihn verschlucken wollte, und bald tanzen die ersten Schneeflocken wie Konfetti vom Himmel herab. *(Isolde, 14 Jahre)*

In der U-Bahn-Station

Der Sekundenzeiger der Bahnsteiguhr hastet über das Zifferblatt. Zwischen den Pfeilern der U-Bahn-Station Karlsplatz verlieren sich einige Fahrgäste. Die poppigen Fliesen der Wände spiegeln das kalte Licht und die Bewegung der Leute geisterhaft wider. In der Luft hängt Zigarettenrauch. Ein Luftzug kündet einen Zug an. Ein Geräusch des Gleitens, ein schrilles Quietschen, der Zug steht. Die Türen werden zurückgeschoben und speien eine Masse Menschen aus, die den kahlen Bahnsteig mit einem Schlag in einen Ameisenhaufen verwandeln. Eine rauhe Stimme schnauft durch den

Lautsprecher: „Zurücktreten! Der Zug fährt!" Automatisch schnappen die Türen zu und der silberne Zug verschwindet in der Röhre. Ein paar Sekunden noch glotzen die Schlussleuchten wie Katzenaugen heraus, dann ist es ganz schwarz im Tunnel. Nur ein Luftzug bleibt zurück, der die Papierfetzen hochwirbelt. Inzwischen wälzt sich der Menschenstrom die ächzenden Rolltreppen hinauf. *(Werner, 14 Jahre)*

Fußgängerzone im Regen

Plötzlich hat es zu regnen begonnen. Wie Pilze schießen Schirme aus dem Boden. Einige Leute flüchten sich in die Wärme der Kaufhäuser. Manche, die sich von der Rolltreppe aus der U-Bahn-Unterführung herauftragen lassen, stülpen sich den Mantelkragen hoch und rennen, sich an die Häuserwände drückend, davon. Bepackt mit bunten Plastiksäcken hasten die Leute aus den Kaufhäusern zur U-Bahn. Grellfarbige Regenmäntel durchbrechen das triste Grau. Ein Kind mit roten Gummistiefeln springt lachend in eine Pfütze. Unter den Geschäftsmarkisen drängen sich nasse Mäntel. Ein Bettler sitzt, den alten, verbeulten Hut tief ins Gesicht gezogen und in den abgenutzten Mantel eingemummt, unter einem bunten Ladenvordach, das ihn etwas vor dem Regen schützt. Der Regen trommelt auf die Planen der Stände. Lichtreklamen verschwimmen im Regen. Fürsorgliche Damen führen ihre Hunde im schicken Regenanzug spazieren. „Sauwetter!", hört man sagen. *(Patrick, 15 Jahre)*

In Schilderungen kommen manchmal auch Selbstgespräche (innere Monologe) des Verfassers vor. Versuche deine Gedanken und Gefühle bei dem Thema „Allein zu Hause" auf diese Weise zu schildern. Lies den Text deinen Mitschülern vor! △ **63**

Schreib den folgenden Text des steirischen Dichters Peter Rosegger (1843–1918) ab und wähle unter den eingeklammerten Ausdrücken jene aus, die am treffendsten sind! ⊗ **64**

→ **L 64**

Ein Ostermorgen

Mild ist die Auferstehungsnacht, und der helle Vollmond (ergießt, sendet) seine Silberstrahlen in das (stille, ruhige) Schlafgemach. Plötzlich (ertönt, knallt) draußen ein Böllerschuss, und nun erwacht um die Mitternachtsstunde das Leben im Tal und auf den (Höhen, Bergen). Das ganze Hausgesinde verlässt seine (Betten, Lagerstätten) und (eilt, rennt) ins Freie. Es schließen sich die Nachbarsleute an und nun (gehen, wandern) sie, lustig (redend, plaudernd) und singend, aufwärts gegen die Kreuzkuppe. Selbst der kranke Bauer richtet sich im Bett auf, (sieht, blickt, schaut) durch die klaren Scheiben hinaus, weckt dann gar sein Weib und sagt: „Alte, das ist eine wahre Herrlichkeit, was die heute treiben, da draußen, schau dir einmal diese Menge Osterfeuer an!“ Er hat wohl Recht, es ist eine wahre Herrlichkeit. Da hinter dem Walde (leuchtet, blinkt) es auf, als ob ein ganzes Haus in Feuer stünde; unten im Tale (leuchten, scheinen, flammen) drei rotglühende Pyramiden, und jenseits über den ganzen Hang hinauf liegt ein riesengroßes, flammendes Kreuz. Und weiter hinter den (heimischen Bergen, Höhen), wo sich am Tage der blaue Horizont hinzieht, sieht man's (funkeln, leuchten) wie Sterne. Die Bäuerin (blickt, schaut, lugt) lange durch das Fenster, dann (sagt, meint) sie: „Jetzt mag ich nicht mehr schlafen“, und kniet auf dem Betschemel zum Tisch. Der Ostermorgen (ist angebrochen, hat begonnen).

> Bei Schilderungen besteht die Gefahr, in den Kitsch abzugleiten. Verwende daher nicht schmückende Eigenschaftswörter, sondern kennzeichnende! Vermeide auch die Dinge zu verniedlichen! Nimm dir vielmehr Schilderungen von Dichtern zum Vorbild!

65 *Versuche ein Stimmungsbild verkitscht darzustellen!* → **L 65**

66 *Unterstreiche in dem folgenden Dichtertext die treffenden Zeitwörter und die bildhaften Wendungen! Was fällt dir am Satzbau auf?*

Im Hamburger Hafen, sechs Uhr Früh

Nebel steigt vom Wasser hoch und hängt dick in den Straßen. Der Tag lässt noch lange auf sich warten. Zuerst tropft da und dort ein Mensch auf die Straße, zehn Minuten später schon fließen Menschenscharen die Straßen hinunter. Ein grauer Strom, der an den Landungsbrücken von einer riesigen Senke geschluckt wird.
Im 50 Meter tiefen Schacht des Elbtunnels schaffen „Förderkörbe" die Fracht nach unten. Zusammengepfercht, Kopf an Kopf, wer drin steckt, empfindet die körperliche Nähe als Wärme. Neben den Förderkörben laufen zur Entlastung Förderbänder: Fahrtreppen mit dreifacher Geschwindigkeit. Wie eine Wand schiebt sich der Inhalt der Förderkörbe durch den etwa 800 Meter langen Tunnel. Rund 4000 Werftarbeiter werden hier täglich durchgeschleust. Die Falltüren gehen viel zu langsam hoch, die Ersten ziehen die Köpfe ein, die Hinteren drängen schon, die Stempeluhren drücken auch bei der geringsten Verspätung kein Auge zu, sie stempeln die Zeit automatisch. Gedränge in den Umkleidesälen. Spinde kaum schulterbreit. Warten, bis der Spindnachbar so weit ist. Gereiztheit, kleinliche Reibereien.

(Günter Wallraff, aus „Industriereportagen")

Themen für Schilderungen:

Mein erster Flug
Spaziergang im Frühling
Ein Gewitter naht
Fünf Minuten vor Abfahrt des Zuges
Park im Herbst
Krank im Bett
Ein Sonnenuntergang
Ein trüber Morgen
Ein Abend im Freien
Besinnliche Stunden daheim
Im Theater ehe die Vorstellung beginnt
Im Hochgebirge
Nebel
Im Zirkus
In fremder Umgebung
Hier möchte ich gern wieder meine Ferien verbringen
Warten
Langeweile
Ich stöbere in einer alten Truhe
Wenn der Regen an die Scheiben klopft
Ich kann nicht einschlafen

8. Menschen schildern, charakterisieren

Anni, 15, schreibt in einem Brief an ihre Freundin:

... Übrigens haben wir seit einigen Wochen einen neuen Klassenvorstand. Er heißt Wurzinger. Er ist ziemlich jung und sieht recht gut aus. Er hat braunes gepflegtes Haar und einen Zweitagebart. In den ersten Stunden fragte er uns, was wir bei ihm im Unterricht machen wollten. Das fanden wir Klasse. Wir diskutierten, stimmten ab, aber hinterher hatte ich – und nicht nur ich – das Gefühl, dass er doch das machte, was er von vornherein vorgehabt hatte.
Er will den Unterricht locker gestalten. Da unterscheidet er sich wirklich angenehm von manchen anderen Lehrern. Aber dann passiert es eben auch, dass die Klasse laut wird und ihm auf der Nase herumhüpft. Da ist er meiner Meinung nach zu nachgiebig und zu großzügig. Er betont immer wieder, er wolle gerecht sein. Und es stimmt, dass er auch den Schwächeren eine Chance gibt und ihnen hilft. Er bespricht ausführlich die Arbeiten, begründet die Noten und hört sich geduldig unsere Meinung an. Er hat aber auch einige Lieblinge in der Klasse, und ich muss gestehen, dass ich offenbar auch dazu gehöre.
Was ich ganz großartig finde, ist, dass er für uns immer Zeit hat, auch in den Pausen und nach dem Unterricht.
Manchmal allerdings ist er wie umgewandelt. Wir merken das sofort, wenn er reinkommt. Er kann dann wütend werden und schreien.
Peter hat neulich zurückgeschrien und ihm die Meinung gesagt. Ich hatte richtig Angst um Peter. Aber da reagierte der Lehrer ganz überraschend. Er stellte nicht den Stärkeren heraus, sondern ließ die Sache auf sich beruhen. Sicher werde ich noch öfter von ihm berichten. Für heute aber genug.

Herzlichst deine Anni

67 *Verfasse einen Brief an deinen Freund oder deine Freundin und schildere darin die Wesensart eines deiner Lehrer oder einer deiner Lehrerinnen!* ⊗

Bei einer **Charakteristik** soll der persönliche Eindruck wiedergegeben werden, den der Verfasser von der Person, die er schildert, hat. Schildere neben dem äußeren Erscheinungsbild das Auffallende, Kennzeichnende des Menschen, sein Verhalten, sein Wesen und, soweit erkennbar, seine Interessen und Überzeugungen!

Weitere Beispiele von Schülern, beurteile sie! ⊗ **68**

Wie ich mich sehe

Mein Name ist Willi. Ich bin 11 Jahre alt und 1,50 m groß. Ich gehe erst in die erste Klasse der Hauptschule, weil ich in der vierten Klasse der Volksschule sitzen geblieben bin. Dass ich nicht besonders gut aussehe, weil ich abstehende Ohren habe, ist mir egal. Trotzdem habe ich viele Freunde. Wen meine Sommersprossen stören, der soll wegsehen. Auch bin ich kein guter Schüler, ich bin aber der Stärkste in der Klasse. Am liebsten spiele ich Fußball. Ich möchte einmal Fußballer werden. *(Willi, 11 Jahre)*

Versuch einer Selbsteinschätzung

Heute will ich versuchen über mich selbst zu schreiben. Das ist schwerer, als ich ursprünglich angenommen habe, denn seine eigenen Vorzüge und Schwächen kennt man am wenigsten.
Vorerst mein Äußeres: Ich bin 1,60 m groß, schlank, habe dunkle Augen und blonde Haare. Meine Eltern sagen, dass ich für mein Alter kräftig sei, denn wenn ich ihnen bei den Arbeiten auf dem Feld helfe, stelle ich immer meinen „Mann". Doch zumeist bleibt mir für solche Tätigkeiten wenig Zeit, muss ich doch viel für die Schule lernen. Aber wenn ich meine Hausübungen geschrieben habe, eile ich in den Stall zu den Pferden. Da ist eine junge Stute, die Lisl, die habe ich besonders gern. Einmal am Tag darf ich mit ihr für eine Stunde ausreiten.

Ansonsten ist meine Lieblingsbeschäftigung das Lesen. Besonders Tierbücher „verschlinge“ ich, wie meine Mutter immer sagt.
Meine Freunde meinen, dass ich gutmütig sei, weil ich meistens nachgebe. Aber ich habe schon manchem bewiesen, dass ich zwar Sinn für Humor habe, aber auch meine Zähne zeigen kann.
Schwierigkeiten habe ich manchmal mit meinen Eltern wegen meines Aussehens. Sie meinen, dass ich immer ungewaschen herumlaufe und zumindest in der Schule nett angezogen erscheinen sollte. Aber ich lege auf gute Kleidung gar keinen Wert. Blue Jeans und ein T-Shirt, im Winter ein Pullover darüber, das genügt.
Gerne habe ich auch die Musik. Seit einem Jahr lerne ich Ziehharmonika spielen und mache gute Fortschritte.
In der Schule sind meine Lieblingsfächer Mathematik, Biologie und Musik. Dort bin ich auch sehr erfolgreich. Etwas Schwierigkeiten habe ich in Englisch.
Besonders liebe ich meine kleine Schwester. Sie ist drei Jahre alt und heißt Marlis. Mit ihr zu spielen bereitet mir große Freude.
Und meine Fehler? Über die schreibe ich lieber nicht. Sonst lernt ihr mich zu gut kennen ...

(Katrin, 14 Jahre)

Der Zeitungsverkäufer

Auf meinem Schulweg gehe ich jeden Morgen an einem Zeitungsverkäufer vorbei. Ich kann ihn schon von weitem an seinem gelben Regenumhang mit der Aufschrift einer bekannten Tageszeitung erkennen. Er ist ein mittelgroßer, hagerer Mann mit schwarzen Haaren und lebhaft blickenden Augen. Er stammt aus der Türkei.
Für jeden Vorübergehenden hat er ein freundliches Wort und muntert dadurch so manchen missmutigen Passanten auf. Unermüdlich spricht er jeden mit den jeweiligen Schlagzeilen seiner Tageszeitung an. Ohne es zu beabsichtigen ver-

langsamt so mancher seinen Schritt und sieht unwillig auf. Doch sobald er in das gutmütige, immer freundliche Gesicht dieses Zeitungsverkäufers blickt, nimmt er sich Zeit in die Tasche zu greifen und eine Zeitung zu kaufen. Sich herzlich bedankend überreicht der Zeitungsverkäufer mit einer schwungvollen Handbewegung die gefaltete Zeitung und blickt erwartungsvoll der nächsten Kundschaft entgegen.

(Rudi, 14 Jahre)

Mein Vater

Mein Vater ist groß, schlank, fast ein bisschen zu schlank. Sein Haar ist schon schütter und beginnt leicht zu ergrauen. Doch seine braunen Augen haben noch nichts von ihrer Lebhaftigkeit und Wärme verloren. Ein kleines Grübchen am Kinn betont seine Lachfalten.

Doch seine Stirn kann sich auch bedrohlich in Falten werfen, wenn er zum Beispiel angestrengt nachdenkt oder Ärger über irgendetwas verspürt. Das ist aber nur selten der Fall.

Mein Vater ist von Beruf Lehrer. Er wäre ein Hauptschullehrer wie viele andere auch, wenn er nicht eine überaus große Geduld besäße. Schwierige Situationen meistert er mit Fröhlichkeit und Humor. Andere hätten dabei längst die Nerven verloren. Zum Beispiel, wenn Vati mit mir Mathematik lernt. Ich begreife manche Rechnungen nicht leicht, doch er erklärt mir auch die schwierigsten Beispiele so lange, bis mir endlich „ein Licht aufgeht".

Das ist auch der Grund, dass ihn alle Schüler gern haben und verehren. Auch ich schätze dies besonders und nehme mir Vaters Fröhlichkeit zum Beispiel. Oft schon konnte ich durch Freundlichkeit mehr erreichen als durch Trotz oder Unbeherrschtheit.

Was ich an ihm außerdem bewundere? Er ist nicht nur Lehrer, sondern auch ein vortrefflicher Handwerker. Viele Möbelstücke in unserer Wohnung hat er selbst angefertigt und konnte auf diese Weise viel Geld einsparen. Könnte ich es doch auch zu solch einer Fertigkeit bringen!

Von vielen wird er auch wegen seines musikalischen Könnens bewundert, kann er doch ebenso gut Violoncello wie auch Klavier spielen.
Trotzdem ist mein Vater immer bescheiden und nicht hochmütig oder stolz. Er ist nur darauf bedacht, seinen Beruf zur Zufriedenheit aller auszuüben und die ihm anvertrauten Kinder zu guten und rechtschaffenen Menschen zu erziehen.
Vater ist in allem mein Vorbild. Er lebt mir das Ideal eines guten Familienvaters vor und eines Mannes, der mit beiden Beinen im Leben steht und alles mit Ruhe und Überlegung meistert. *(Waltraud, 15 Jahre)*

69 *Eine Schilderung gewinnt, wenn du dich mit treffenden Worten ausdrücken kannst. Schreib Ausdrücke für Charaktereigenschaften auf!* ⊗ → **L 69**

70 *Ordne die nachstehend angeführten Wörter nach ihrer Sinnverwandtschaft:* ○

aufgebracht, erzürnt, verstimmt, falsch, wütend, kühn, zornig, arbeitsscheu, scheinheilig, unerschrocken, vorlaut, mutig, verwegen, naseweis, bequem, ausgelassen, ängstlich, lustig, fleißig, faul, unermüdlich, eifrig, verlegen, vorsichtig, erschrocken, feige, unverschämt, frech, traurig, melancholisch.

71 *Suche Wörter für das körperliche Aussehen des Menschen!* ○ → **L 71**

72 *So schildern Dichter Personen. Du kannst dir die Texte zum Vorbild nehmen. Unterstreiche die besonders anschaulichen Stellen!* ○

Unsere Mutter

Die Mutter war eine ganz kleine Frau, hatte ein rundes weißes Gesicht und schwarzes, glatt gescheiteltes Haar, ein wenig Sommersprossen unter den dunklen Augen und trug immer dunkle Kleider. Im Sommer band sie wohl ein weißes Tuch um die Stirne. Sobald die Sonne schien, litt sie unter Kopfschmerzen. Im Winter hustete sie viel. Wenn sie eine kleine Last trug, ging ihr Atem schnell und heftig. Sie hatte sieben Kinder. Wenn wir die Küche mit unbeschreiblichem Lärm erfüllten, so kam manchmal vom Waschtrog oder Kochherd leise und ruhig das Wort „Kinder!". Solche durchströmende Kraft ging von Mutters Sprache aus, dass wir nicht nur gebändigt, gehorsam, sondern auch still und ruhig wurden. Mit dem einzigen Wort „Kinder!", in vielfältiger Betonung, aber immer gütig und mild, hat Mutter uns erzogen.

(Heinrich Lersch)

Die Dienstmagd

Sie hieß mit ihrem christlichen Namen Crescentia Finkenhuber, war 39 Jahre alt und stammte aus einem kleinen Gebirgsdorf im Zillertal. (...) Etwas unverkennbar Pferdhaftes lag in dem Ausdruck der schwer fallenden Unterlippe, dem gleichzeitig länglichen und harten Oval des gebräunten Gesichtes, dem dumpfen, wimperlosen Blick und besonders dem filzigen, dicken, mit Fett an die Stirn angesträhnten Haar. (...) Alles an ihr war hart, hölzern und schwer. Sie dachte mühselig und begriff langsam. Jeder neue Gedanke troff nur dumpf wie ein dickes Sieb in ihren innern Sinn. Hatte sie aber einmal etwas Neues endlich in sich gezogen, so hielt sie es zäh und habgierig fest. Sie las nie, weder Zeitungen noch im Gebetbuch. Schreiben bereitete ihr Mühe und die ungelenken Buchstaben in ihrem Küchenbuch erinnerten dann merkwürdig an ihre eigene klobige, überall spitz ausfahrende Gestalt, die aller handgreiflichen Formen der Weiblichkeit sichtlich entbehrte. Ebenso hart wie Knochen, Stirn, Hüften und Hände war ihre Stimme, die trotz der dicken tirolischen Kehllaute immer eingerostet knarrte.
Und niemand hatte sie jemals lachen sehen. Auch darin war sie vollkommen tierhaft. *(Stefan Zweig, aus „Leporella")*

73 *Auch im Berufsleben werden manchmal Charakteristiken verfasst, wie es das folgende Beispiel zeigt.* △

Betriebliche Beurteilung des Lagerarbeiters Josef Kainz

Herr Kainz ist mir seit vier Jahren persönlich bekannt. Er wurde in unserem Ersatzteillager mit allen vorkommenden Arbeiten betraut.
Kainz ist ein heiterer, unkomplizierter Mann. Das wirkt sich auf sein Verhältnis zu Mitarbeitern und Vorgesetzten aus. Schnell findet er Kontakt ohne aufdringlich zu wirken. Eigene Kritik trägt er zurückhaltend vor, berechtigte Kritik an seiner Arbeit nimmt er einsichtig entgegen.
Er scheint eine relativ gute Allgemeinbildung zu besitzen. Privat liest er viel, meine Unterhaltungen mit ihm ergaben, dass er einschlägige Fachzeitschriften aufmerksam studiert.
Er erscheint stets pünktlich zur Arbeit, ist unbedingt zuverlässig und behält selbst in Stoßzeiten den Überblick. Während seiner Tätigkeit bei uns habe ich immer wieder seine Ordnungsliebe und Findigkeit anerkennen müssen. Auch verwickelten Situationen zeigt er sich gewachsen. Sein heiterer Sinn und seine Ruhe lassen ihn im Umgang mit schwierigen Kunden sachlich bleiben. Ich schlage diesen zuverlässigen Mann als meinen Nachfolger vor.

Hans Hausner
Leiter des zentralen Ersatzteillagers

Themen für Charakterschilderungen:

Ein merkwürdiger Mensch
Meine beste Freundin
Meine Mutter / mein Vater
Eine seltsame Begegnung
Mein älterer Bruder
Eine Verkäuferin
Eine nette Bekanntschaft
So ein Aufschneider
Mein Vorbild
Meine ältere Schwester

9. Briefe schreiben

9.1 Briefe verlangen eine bestimmte Form

Briefe gehören wohl zu den am meisten verwendeten Formen des schriftlichen Sprachgebrauchs. Sie dienen in erster Linie der Information des Lesers. Je nach dem Zweck und dem Empfänger können sie persönlich oder sachlich abgefasst werden. Daher unterscheiden sich **persönliche Briefe** in Inhalt und Form von den **sachlichen Geschäftsbriefen** und den **Briefen an Behörden.**

In einem **persönlichen (privaten) Brief** kannst du dem Empfänger zwanglos mitteilen, was du erlebt, gedacht, gefühlt hast. Schreib jedoch nur Inhalte, von denen du annehmen kannst, dass sie den Leser interessieren, also Inhalte, über die er informiert werden sollte. Er will ja Neuigkeiten erfahren.
Wenn du mit der Hand schreibst, achte darauf, dass die Schrift gut lesbar ist.

Beispiele:

Herbert (11) und Sabine (9) sind Geschwister. Kürzlich haben sie von ihrem Großvater einen Brief bekommen:

Oberwölz, 17. 3. 20..

Liebe Kinder!

In wenigen Wochen sind Osterferien. Ihr würdet mich sehr glücklich machen, wenn ihr während dieser Zeit zu mir aufs Land kommen könntet,

auch wenn eure Eltern die Stadt aus beruflichen Gründen nicht verlassen können. Ich werde euch vom Bahnhof abholen. Die beiden Gästezimmer habe ich schon aufgeräumt und alles für eure Ankunft vorbereitet.
Fragt eure Eltern und gebt mir Antwort.
Im Garten fängt jetzt alles zu grünen an. Die Krokusse und Narzissen blühen schon. Die Wiese ist gelb von Primeln. Vielleicht wollt ihr mir ein wenig bei der Gartenarbeit helfen. Auch die Schaukel habe ich im Garten schon aufgehängt. Bei schönem Wetter könnt ihr auf der Wiese mit den Nachbarkindern spielen oder mit mir in den Wald gehen und die Rehe und Hirsche beobachten. Rexi, unser Vorstehhund, fängt immer gleich vor Freude mit dem Schwanz zu wedeln an, wenn ich ihm sage, dass ihr vielleicht kommen werdet.
Für heute sende ich euch viele herzliche Grüße.

Euer Großvater

74 *Was könnten die Geschwister antworten? Verfasse einen solchen Brief!* ☐

Noch einige **Ratschläge für das Briefschreiben:**

Nimm sauberes Papier! Lass die Ränder frei!

Vergiss nicht auf dem oberen rechten Rand Ort und Datum zu schreiben!

Als **Einleitung** kannst du nach der Anrede schreiben:

Endlich komme ich dazu dir wieder zu schreiben ...
Für deinen Brief danke ich dir sehr ...
Gestatten Sie, dass ich ...
Darf ich Sie bitten, dass ...
Ihren Brief habe ich erhalten und teile Ihnen mit, dass ...
Ich bestätige den Erhalt Ihres Briefes und ...

Die Einleitung darf auch wegbleiben. In diesem Fall beginne ohne Umschweife mit dem, was du dem Empfänger mitteilen willst.

Beispiel:

St. Pölten, am 3. Juni 20..

Hallo Anita!

Das ist schön, dass du mir nach so langer Zeit wieder einmal geschrieben hast. Ich dachte schon, du hättest mich vergessen. Sehr gefreut habe ich mich über das Rezept, das du mir geschickt hast. Ich werde es morgen gleich ausprobieren. Bis jetzt bin ich noch nicht dazu gekommen.
Du schreibst ja gar nichts mehr von deinen Sorgen mit Englisch. Da nehme ich an, dass sie nicht mehr so schlimm sind. Gerade jetzt vor dem Zeugnis hättest du sicher darüber geschrieben.
Ich habe zum Glück meine Noten gesichert, die Arbeiten sind geschrieben und ich freue mich bereits auf die Ferien. Wir wollen dieses Jahr ans Meer. Meine Eltern haben in Poreč (Kroatien)

gebucht. Da soll es sehr schön sein. Ich schreibe dir auch einmal von dort. Denkst du auch an mich, wenn du in den Bergen herumsteigst? Ich hoffe von dir aus eurem Ferienort auch einmal zu hören, und zwar in einem ganz langen Brief.

Mach's gut!

Deine Andrea

Vermeide Briefanfänge wie:

Am Anfang meines Schreibens ...
Mit Freuden ergreife ich die Feder ...
Wie geht es dir? Mir geht es gut, was ich auch von dir hoffe ...

Anredeformen und Schlusswendungen sollten sich nach dem Empfänger richten und dem Herkommen entsprechen. **An Freunde und Verwandte** kannst du schreiben:

Hallo Erika!
Lieber Walter!
Liebe Eltern!
Lieber Onkel, liebe Tante!
Liebe Frau Berger!
Liebe Gudrun!

Fernstehende Personen solltest du **anreden** mit:

Sehr geehrter Herr Oberleitner!
Sehr geehrte Frau Bürger!
Sehr geehrte Frau Oberschulrat!

Vermeide veraltete Anreden wie:

Werter Herr!
Euer Wohlgeboren!
Euer Hochwohlgeboren!

Einen Brief an **Freunde oder Verwandte** kannst du **schließen** mit:

Sei herzlich gegrüßt von deinem …
Viele liebe Grüße sendet dir dein(e) …
Mit herzlichen Grüßen dein(e) …
Lass bald wieder von dir hören und sei herzlichst gegrüßt von deinem …
Mit den besten Wünschen verbleibe ich dein …

Von **Fernstehenden empfiehlt man sich** mit den Worten:

Mit freundlichen Grüßen Ihr(e) …
Mit höflichem Gruß …
Mit besten Empfehlungen …
Mit vorzüglicher Hochachtung …
Hochachtungsvoll …

Das Wort „Ihr“ sollte bei persönlich Unbekannten wegbleiben.

Vermeide überflüssige Ankündigungen wie:

Nun will ich schließen und verbleibe …
Nun will ich mein Schreiben beenden und grüße dich als dein …

75 Aufgaben:

Wie würdest du anreden: ☐

den Vater eines Mitschülers, der Arzt ist?
deinen Großvater?
deinen Wohnungsnachbarn?
deinen Lehrer / deine Lehrerin?

Wie würdest du Briefe schließen: ☐

an deinen Freund / deine Freundin?
an deinen Onkel / deine Tante?
an deinen Lehrer / deine Lehrerin?
an einen Unbekannten? → **L 75**

76 *Schreib einen Brief an deinen erkrankten Schulfreund/deine erkrankte Schulfreundin und teile ihm/ihr mit, was in der Schule während seiner/ihrer Abwesenheit durchgenommen wurde!* ☐

77 *Verfasse vom Schulschikurs/Schullandheim an deine Eltern einen Brief! Berichte darin über die Unterbringung, den Tagesablauf und über mitteilenswerte Vorfälle!* ☐

78 *Nimm an, du hättest einen Brieffreund/eine Brieffreundin im Ausland! Informiere ihn/sie in einem Brief über deine Schule, deine Interessen, dein Zuhause, deine Probleme!* ☐

Für die Beschriftung von Briefumschlägen sollten die **Beförderungsrichtlinien der Post** berücksichtigt werden:

In der Mitte rechts, 4 cm von oben, steht im Anschriftfeld die **Anrede** (Herrn, Frau, Familie).

In der Zeile darunter folgt der **Vor- und Familienname des Empfängers.** Hat der Empfänger einen Titel (Doktor, Magister, Oberstudienrat u. dgl.), sollte dieser vor den Namen gesetzt werden.

Es folgt die **Straße mit der Haus- und Türnummer.** In der letzten Zeile darunter **Postleitzahl** und **Ort.** Der Ortsname sollte in Blockschrift geschrieben werden. Bei Briefen ins Ausland und aus dem Ausland muss vor die Postleitzahl noch der Buchstabe des Landes geschrieben werden (z. B. A für Österreich, D für Deutschland, CH für die Schweiz u. dgl.).

Name und Adresse des Absenders werden gewöhnlich fortlaufend auf der Rückseite des Briefumschlages (oben) geschrieben, bei maschingeschriebenen Briefen können sie aber auch auf der Vorderseite links oben stehen. Nach den Richtlinien der Post sollen Adressen in Blockschrift geschrieben werden.

Frau
Eva Riedmüller
SCHÜTTAUSTRASSE 18/3
1220 WIEN

Herrn
Hofrat Dr. Franz Gruber
SACKGASSE 29/1/8
8010 GRAZ

Walter Wollein
VILSHOFENER STRASSE 8
D-8080 MÜNCHEN

Frau
Professor Ilse Hausner
WÄHRINGER STRASSE 182/16
A-1180 WIEN

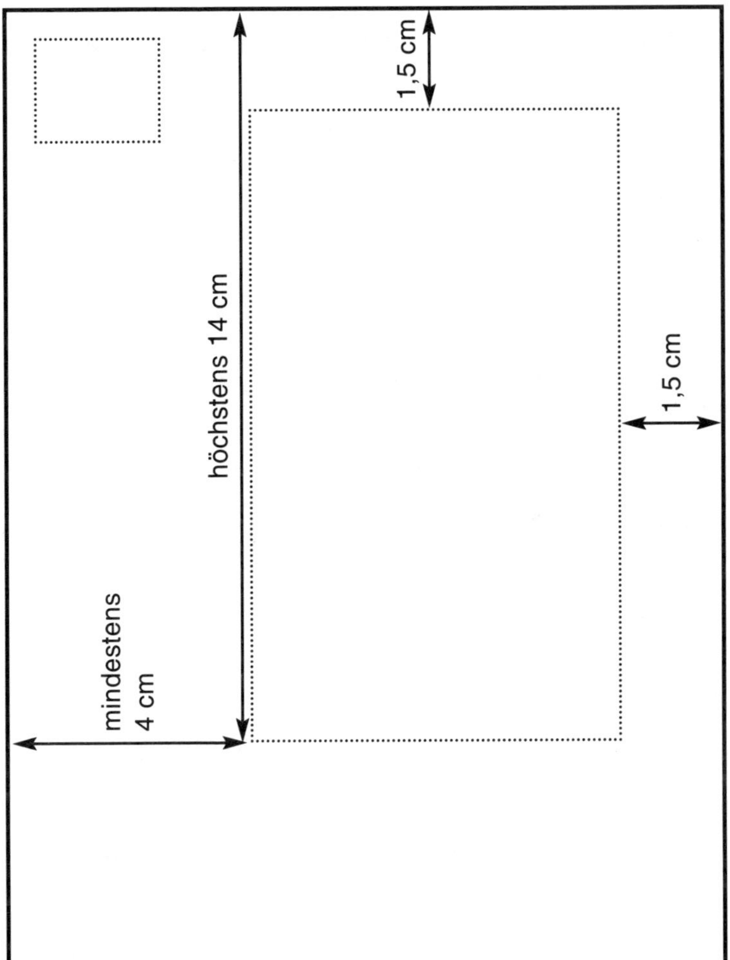
1,5 cm
höchstens 14 cm
1,5 cm
mindestens
4 cm

79 *Beschrifte einen Briefumschlag mit dem Namen und der Adresse deines Vaters / deiner Mutter!*

9.2 Etwas mitteilen, eine Nachricht hinterlassen

Häufig kommt es vor, dass man unerwartet weggehen muss und den Eltern eine Nachricht hinterlassen will, um sie nicht zu beunruhigen.

Liebe Mutti!

Ich bin bei meiner Schulfreundin Ulrike (Tel. 236 63 23). Ulrike hat einen kleinen Dackel bekommen, den ich mir ansehen möchte. Um sechs bin ich bestimmt zu Hause.

Cornelia

Liebe Mutti, lieber Vati!

Bin bei Gerhard in der Fabrikstraße 13. Wir machen gemeinsam die Aufgaben. Nachher wollen wir uns einen lustigen Film im Fernsehen ansehen.

Euer Herbert

80 *Nimm an, deine Eltern kommen erst nach 17 Uhr nach Hause. Sobald du mit der Aufgabe fertig bist, möchtest du zu einem Freund / einer Freundin gehen und bei ihm / bei ihr bis 19 Uhr bleiben. Benachrichtige deine Eltern über deinen Verbleib! Gib zur Sicherheit auch die Adresse und die Telefonnummer an, wo du zu erreichen bist!* ☐

9.3 Jemanden einladen, eine Absage formulieren, sich entschuldigen

Burgis Eltern sind aus der Stadt auf das Land gezogen und wohnen jetzt in einem Dorf in einem anderen Bundesland. Ihr Vater hat dort eine Reparaturwerkstätte für Autos und Landmaschinen eröffnet. Burgi bewohnt mit ihren Eltern das Zweifamilienhaus der Großmutter. Es hat einen schönen Garten. Trotzdem fühlt sich Burgi einsam und hat Heimweh nach der Stadt. Sie hat daher ihre Eltern gefragt, ob sie für einige Wochen während der Ferien zwei Freundinnen einladen darf. Nachdem ihre Eltern zugestimmt haben, verfasst sie den folgenden ***Brief:***

Liebe Brigitte!

Nun wohne ich fast schon ein Jahr auf dem Land und habe mich noch immer nicht an das Leben hier gewöhnt. Ich muss oft an unsere alte Schule in Wien und an die vielen lustigen Streiche denken, die wir gemeinsam ausgeheckt haben. Gewiss habe ich auch hier bereits mit einigen Mädchen und Buben Freundschaft geschlossen, aber manchmal habe ich das Gefühl, dass sie mich noch immer als „Zugereiste" betrachten. Das beginnt schon damit, dass ich nicht ihre Mundart spreche. Dann weiß ich auch wenig über die Gegend hier, über die Leute und über das Leben auf dem Land. Ich würde mich daher sehr freuen, wenn ich wieder wie in alten Zeiten mit dir plaudern könnte. Wir waren doch immer der gleichen Meinung – oder nicht?

Darum habe ich meine Eltern gefragt, ob du während der Ferien zu uns kommen darfst. Sie waren mit meinem Vorschlag einverstanden. Bitte schreibe mir, ob du kommen möchtest und es deinen Eltern recht wäre. Nur für die Fahrtkosten müsstest du selbst aufkommen.

Ich werde auch Waltraud einladen. Es wäre herrlich, wenn wir wieder wie früher gemeinsam spielen könnten. Vergiss auch nicht, das Badezeug mitzunehmen, denn der Attersee ist nicht weit.

Bis dahin sei herzlich gegrüßt von deiner Freundin Burgi

81 *Brigitte ist von dem Vorschlag ihrer Freundin begeistert und auch ihre Eltern haben nichts dagegen, wenn sie zu Burgi reist. Daher schreibt Brigitte einen Brief an Burgi. Verfasse einen solchen Antwortbrief!* ☐ → **L 81**

*Von Waltraud bekommt Burgi jedoch eine **Absage**:*

Liebe Burgi!

Über deinen Brief habe ich mich sehr gefreut und ich danke dir herzlich für die Einladung.
Leider kann ich aber nicht kommen, da meine Eltern mit mir die Ferien in Poreč in Kroatien am Meer verbringen wollen. Wie du wahrscheinlich weißt, ist mein Vater Lehrer und hat so lange Ferien wie ich. Und da reisen wir mit unserem Wohnwagen jedes Jahr ans Meer. Ich werde dir gewiss von dort schreiben.
Bitte entschuldige daher, dass ich diesmal nicht kommen kann, aber vielleicht geht es während der Osterferien im kommenden Jahr. Diesen Vorschlag habe ich meinen Eltern schon gemacht und sie haben nicht Nein gesagt.
Liebe Grüße von deiner

Waltraud

Aufgaben:

82 *Verfasse ein persönliches Schreiben an einen Freund, der an Diphterie erkrankt ist und tröste ihn! Gib ihm die Gründe an, warum du ihn nicht im Spital besuchen kannst!* ☐

83 *Entschuldige dich in einem Brief an einen Verwandten, dass du ihm das entliehene Buch so lange nicht zurückgegeben hast! Begründe dein Versäumnis!* ☐

84 *Verfasse im Namen deiner Eltern ein Entschuldigungsschreiben an deinen Klassenvorstand wegen deines Fernbleibens von der Schule! Nimm an, du hast acht Tage wegen einer Grippe im Bett liegen müssen. Ein ärztliches Zeugnis wird beigelegt.* ⊗ → **L 84**

9.4 Um etwas bitten, für etwas danken

Ferdi möchte bei seiner Geburtstagsfeier auch Musik machen. Leider hat er keinen CD-Spieler. Seine Mutter empfiehlt ihm seinen Onkel Hans zu bitten, ihm seinen zu leihen. Er verfasst folgenden Brief:

Kaltenleutgeben, 16. Mai 20 . .

Lieber Onkel Hans!

Ich will meinen Geburtstag mit Freunden feiern. Dabei möchte ich auch Musik machen. Leider habe ich keinen CD-Spieler. Daher meine Bitte: Würdest du mir deinen CD-Spieler für diesen Tag leihen? Ich weiß, wie man ihn bedient, und verspreche dir, gut auf das Gerät aufzupassen. Meine Mutter würde ihn am Samstag Nachmittag mit dem Auto von dir abholen und ihn am nächsten Tag wieder zurückbringen. Bitte teile uns telefonisch bis Donnerstag mit, ob du mir den Spieler borgen willst.
Liebe Grüße und vielen Dank im Voraus,

dein Ferdi
(13 Jahre)

Verfasse ein Schreiben, in dem du jemanden bittest, die Pflege deines Papageis (Meerschweinchens u. dgl.) während deines Urlaubsaufenthaltes zu übernehmen. Die Kosten möchtest du mit deinem Taschengeld abdecken. Wie könnte der Brief lauten? ☐ **85**

→ **L 85**

Waltraud (10) schickt ihrer Großmutter das folgende ***Dankschreiben:***

Liebe Großmutter!

Vielen Dank dafür, dass du mir den größten Wunsch erfüllt hast und mir zum Geburtstag einen Fotoapparat geschickt hast. Ich hab mit ihm sehr viel Freude. Nun kann ich endlich alles, was mir gefällt, fotografieren. Gleich nachdem ich den Apparat ausgepackt hatte, habe ich die Gebrauchsanleitung studiert und einige Bilder geknipst. Wegen der eingebauten Automatik und dem Blitz ist das gar nicht schwer.
Die Entwicklung der Farbbilder werde ich mit meinem Taschengeld bezahlen. Ich werde dir die ersten Aufnahmen zusenden. Selbstverständlich auch ein Bild von mir.
Nochmals herzlichen Dank und viele Grüße!

Deine Enkelin Waltraud

86 *Wie könnte der Brief gelautet haben, in dem Waltraud ihre Großmutter informiert hat, dass sie sich zum Geburtstag einen Fotoapparat wünscht? Verfasse diesen Brief!* ☐

87 *Verfasse ein* ***Dankschreiben****, in dem du dich bei deinen Großeltern für die finanzielle Unterstützung bedankst, die es dir möglich macht, den Schikurs zu besuchen!* ☐

Franzi besucht die erste Klasse der Hauptschule in Wien. Er war während der Ferien für drei Wochen bei seinem Cousin in Bad Kleinkirchheim in Kärnten zu Besuch. Wieder in Wien, fordert ihn seine Mutter auf, dem Onkel und der Tante zu schreiben und für die freundliche Aufnahme zu danken. Verfasse ein solches Dankschreiben! ○ **88**

Dankschreiben sollen immer Bezug auf ein Geschehen, eine Handlung nehmen (eine Einladung, ein Geschenk, ein Entgegenkommen, eine Hilfe) und in höflicher Form den Dank und die persönlichen Gefühle des Absenders zum Ausdruck bringen.

Aufgaben:

Frau Erika und Herr Jörg Schmidt wurden von einem befreundeten Ehepaar zu einem Besuch mit Abendessen eingeladen. Wie könnten sie für die Einladung danken? Formuliere ein solches Schreiben! ○ **89**

Werner aus Graz hat von seinen Großeltern, die in Baden in Niederösterreich leben, zum 12. Geburtstag einen tragbaren Radioapparat mit Kassettenrecorder und Kopfhörern geschenkt bekommen. In einem Brief dankt er für dieses Geschenk. Verfasse diesen Brief! ○ **90**

9.5 Jemanden beglückwünschen, trösten

Zu manchen Festtagen und zu Familienfeiern ist es üblich Glückwunschschreiben zu versenden, sei es in Form von Briefen oder Karten. Für alle Glückwunschschreiben gilt folgende Empfehlung:

Je weniger die üblichen Floskeln benutzt werden, desto origineller und daher besser wird das Schreiben. Es kommt nicht darauf an, wie viel du schreibst, sondern darauf, dass deine Wünsche ehrlich gemeint sind und von Herzen kommen.

Beispiele:

Lieber Martin!

Zu deinem 28. Geburtstag gratulieren wir dir herzlich. Wir haben für dich ein Fotoalbum mit Fotos aus deiner Jugend zusammengestellt und uns erlaubt, die Bilder zu kommentieren. Vielleicht macht es dir Freude gelegentlich darin zu blättern. Wir wünschen dir, dass du auch in den kommenden Jahren so viel Glück und Erfolg haben mögest wie bisher.

Viele liebe Grüße!

Deine Eltern

Liebe Mutter!

Zu deinem 45. Geburtstag die allerherzlichsten Glückwünsche. Auf die Feier und das Wiedersehen freue ich mich schon sehr. Ich fühle mich nirgends so wohl wie bei dir und werde dir immer dankbar sein für das, was du für mich getan hast. Ich liebe dich!

Deine Ilse

Aufgaben:

91 *Verfasse ein Glückwunschschreiben zu einer bestandenen Prüfung an der Universität!*

Verfasse ein Glückwunschschreiben an ein Brautpaar zur bevorstehenden Hochzeit! ⊗ → **L 92** **92**

Walter hat auf die letzte Mathematikschularbeit ein Nichtgenügend bekommen. Jetzt ist er völlig mutlos. „Es hat gar keinen Sinn, dass ich weiter die AHS besuche, ich krieg ja doch wieder einen Fünfer. Am liebsten würde ich an dem Tag, an dem die Schularbeit gemacht werden muss, gar nicht zur Schule gehen.“ Sein Onkel erfährt davon und schreibt ihm einen Brief, in dem er ihn tröstet und Mut zuspricht. Wie könnte der Brief lauten? ⊗ → **L 93** **93**

Sabine hat ein Halskettchen verloren, das sie von ihrer verstorbenen Großmutter bekommen hat. Sie ist darüber sehr traurig. Sie berichtet ihrer Tante in Klagenfurt von diesem Verlust. Diese tröstet sie in einem Brief und verspricht ihr ein neues Halskettchen. Verfasse einen solchen Brief! ⊗ **94**

Wenn jemand gestorben ist und man an dem Begräbnis nicht teilnehmen kann, ist es üblich, auf schriftlichem Weg sein Beileid auszudrücken. Man sollte dabei nicht zu Floskeln greifen, sondern seinen eigenen Gefühlen in schlichten Worten Ausdruck verleihen.

Beispiele für solche Beileidschreiben (Kondolenzbriefe):

Liebe Frau Hutter!

Wegen des Todes ihres Gatten sind wir sehr traurig. Wir haben mit ihm einen guten Freund verloren, der an unserem Leben immer freundlichen Anteil genommen und uns Rat und Trost gespendet hat. Wir werden ihn nie vergessen.
In herzlichem Gedenken

Ihre Familie Weinwurm

Sehr geehrter Herr Feldner,

zum Tode Ihrer Mutter sprechen wir Ihnen unsere herzliche Anteilnahme aus. Wir fühlen mit Ihnen. Wir werden Ihre Mutter stets als einen gütigen Menschen in Erinnerung behalten und ihr ein ehrendes Andenken bewahren.
Mit herzlichen Grüßen

Ihre Familie Schnack

Sehr geehrte Frau Schmidthofer,

gestern haben wir vom Tod Ihres Gatten erfahren. Wir sind sehr betroffen darüber und fühlen uns in Ihrer Trauer mit Ihnen verbunden. Wir hoffen, dass Sie in Ihrer großen Familie jene teilnehmende Unterstützung erfahren, die Ihnen hilft über den schmerzlichen Verlust hinwegzukommen.
Mit stillem Gruß

Franziska und Herbert Ritz

9.6 Kartengrüße senden

Was für Briefe gilt, gilt im Allgemeinen auch für **Postkarten**. Man sollte allerdings bedenken, dass Karten von jedermann gelesen werden können. Vertrauliche Mitteilungen gehören daher nicht auf Karten.

Beispiel einer Postkarte:

Türnitz, 6. August 20..

Liebe Eltern!

Euer Paket habe ich erhalten. Ich danke euch herzlich dafür. Mir gefällt es hier im Ferienheim recht gut. Wir machen viele Wanderungen oder spielen Korbball. Das Essen ist sehr gut und reichlich. Trotzdem freue ich mich schon auf zu Hause.

Euer Karli

Beispiel einer Ansichtskarte:

Bregenz, 17. Juni 20..

Liebe Mutti,

vom Bodensee die herzlichsten Grüße! Es ist ganz wunderbar hier. Ich habe schon viel gesehen. Bei schönem Wetter gehen wir jeden Tag baden.

Deine Irene

Beispiel einer Weihnachtskarte:

Wien, 20. Dezember 20..

Liebe Tante Gerti,

gesegnete Weihnachten und Glück und Gesundheit im neuen Jahr wünscht dir von ganzem Herzen

Robert

Verfasse einen bewundernden oder ironischen (spöttischen) Brief an einen Popsänger! Mach dich über seine Kleidung, seine Großtuerei, seinen heiseren Gesang usw. lustig! ⊗ **95**

10. Über Erlebnisse und Erfahrungen berichten

Durch einen Bericht wird der Leser über ein Ereignis oder einen Tatbestand informiert. Im Gegensatz zur unterhaltenden Erzählung oder Schilderung soll er nur Tatsachen wiedergeben. Die Form des Berichtes hängt vom Zweck und vom Empfänger ab. Einzelheiten, die für den Zweck unwesentlich sind, sollten wegbleiben. Berichte daher nur über das Wesentliche!

Beim Verfassen des Berichtes helfen dir folgende Fragen:

WAS IST GESCHEHEN?
WANN IST ETWAS GESCHEHEN?
WO HAT SICH DER VORFALL EREIGNET?
WER WAR AN DEM GESCHEHEN BETEILIGT?
WIE IST DER VORFALL ABGELAUFEN?
WAS WAREN DIE **URSACHEN** UND DIE **FOLGEN**?

Berücksichtige dabei immer auch, welchem **ZWECK** der Bericht dient und an **WEN** er sich richtet!

10.1 Erlebnishaft berichten

96 *Vergleiche die beiden folgenden Texte! Wodurch unterscheiden sie sich?* ⊗

Liebe Katrin,

du fragst, ob ich während der Zeit, wo du im Erholungsheim bist, mit dem Haushalt zurechtkomme. Damit gibt es keine Schwierigkeiten. Aber bei meiner Arbeit hatte ich heute unwahrscheinliches Glück.

Du weißt ja, dass es zu meinen Aufgaben im Tiergarten gehört, die Krokodile zu füttern und das Krokodilhaus zu reinigen. Dabei hat es bisher noch nie Probleme gegeben. Die Tiere liegen ja meist faul im warmen Wasser oder auf den Fliesen daneben. Sie bewegen sich nur, wenn ich ihnen Futter zuwerfe. Wenn ich am Nachmittag komme, um das Krokodilhaus zu reinigen, beachten sie mich kaum.
Aber heute war es anders. Ich war eben dabei, den Kot der Tiere mit dem Reisbesen aufzukehren, als Maximus, der große Alligator, mit dem Schwanz eine Bewegung machte. Im nächsten Augenblick spürte ich einen Schlag, der mich fast umriss. Als ich mich vom Schrecken erholt hatte, musste ich feststellen, dass ich nur die obere Hälfte des Besenstiels in der Hand hielt. Die zweite Hälfte lag auf dem Boden. Das Krokodil hatte mit dem Schlag seines Schwanzes den Besenstiel auseinander gebrochen. Wenn der Schwanz mich getroffen hätte, wäre ich wahrscheinlich ins Bassin gefallen und nicht mehr am Leben. Was das Tier veranlasst haben mag, diese Bewegung zu machen, weiß ich nicht, da mich die Tiere sonst nie angegriffen haben.
Ansonsten ist alles in Ordnung. Ich freue mich schon auf deine Rückkehr.
Viele liebe Grüße dein Otto

Tierpfleger von Krokodil angegriffen

Zu einem Aufsehen erregenden Zwischenfall kam es gestern im Tiergarten Schönbrunn in Wien. Als der 50-jährige Tierpfleger Otto Bräuner, der seit zehn Jahren im Tiergarten beschäftigt ist, am Nachmittag die Fliesen des Krokodilhauses mit dem Reisbesen kehrte und dabei an den Rand des Wasserbeckens kam, in dem die Krokodile träge dösten, schlug plötzlich das größte Tier mit seinem Schwanz den Besen glatt in zwei Teile. Der Wärter kam mit dem Schrecken davon. Was die ungewöhnliche Reaktion des Tieres hervorgerufen hatte, kann niemand erklären.

Welchen Text kann man als Erlebnisbericht bezeichnen, welchen als Sachbericht? O

97 *Forme den folgenden Zeitungsbericht zu einem Erlebnisbericht in Briefform um!* ○

Baum stürzt auf Auto

Klagenfurt, 10. Jänner 20 . . – Mit zwei Kolleginnen fuhr Dienstag Früh die 23-jährige Ingrid S. mit ihrem Auto von Bach zu ihrer Arbeit nach Villach. Kurz vor Radenthein musste sie ihren Wagen anhalten, da ein Baum durch die Schneelast auf die Straße gestürzt war. Männer der Straßenmeisterei räumten gerade den Stamm und die Äste weg, um die Fahrbahn frei zu bekommen. Plötzlich hielt ein zweiter Baum der schweren Schneelast nicht mehr stand und krachte auf das anhaltende Auto. Die Lenkerin und eine der beiden Mitfahrerinnen wurden in dem total zertrümmerten Fahrzeug eingeklemmt und leicht verletzt. Die dritte Insassin blieb unverletzt. Als die Gendarmerie am Unfallort eintraf, fiel noch ein dritter Baum knapp neben dem Dienstfahrzeug der Beamten auf die Fahrbahn.

Lass die Mitfahrerin ihrer Kusine Herta von dem Unfall berichten! → **L 97**

98 *Berichte erlebnishaft über einen Unfall im Turnunterricht!* ○ → **L 98**

99 *Christine, 14, berichtet darüber, wie sie ihrem Vater während der Ferien in der Tischlerwerkstatt geholfen hat:*

Ein Blick in die Welt der Arbeit

Mein Vater hat eine Tischlerei. Während der Sommerferien war ich bei ihm als „Lehrling“ tätig. Ich lernte dabei nicht bloß das Tischlergewerbe kennen, sondern musste auch andere Tätigkeiten verrichten.
Ich trug eine ganz kurze Bubenfrisur und steckte während der Arbeit in einem blauen Arbeitsanzug, der mir allerdings viel zu groß war.
Zuerst musste ich große Transportkisten zusammennageln. Bei dieser Arbeit schlug ich mir am Anfang auf die Finger, denn auch der Umgang mit Nagel und Hammer will gelernt sein.

Als nächstes musste ich ein Regal unter Anleitung eines Gehilfen zu einem schönen Kasten verarbeiten. Ich musste die Furniere mit einem Spezialkleber an die Regalwände kleben, was nicht so einfach ist, denn das Furnier springt sehr leicht ab. Aber ich lernte dabei auch, wie man solche kleine Schäden wieder überdeckt. Fast an jedem Stück, mag es für einen Laien noch so makellos aussehen, sind ein paar „Pfuscher".
Im Anschluss daran musste ich das Bodenlegen lernen. Mit einem schwarzen Bitumenkleber und einer gezahnten Spachtel schmierte ich den Boden mit dem Kleber an. Dann kam die heikelste Aufgabe, das Auflegen der quadratischen Plastikplatten. Ich musste ganz genau Platte an Platte legen, denn sonst wären am Ende hässliche Fugen entstanden. Das Auflegen der Platten begann ich vom Türstock aus, sonst wäre ich ja selber kleben geblieben.
Die vierte und schwerste Aufgabe meiner „Lehrzeit" war das Lackieren unseres Autos. Mein Vater war der Ansicht, in einer Spezialwerkstätte käme das Lackieren zu teuer, und so machte eben ich diese Arbeit. Eine ganze Woche schmirgelte ich unseren Wagen, bis die Grundfarbe wieder sichtbar wurde. Dann musste das Fahrzeug noch einmal mit grobem und ein zweites Mal mit feinem Wasserschmirgelpapier abgeschliffen werden. Diese drei Arbeitsgänge waren besonders anstrengend. Vom Wasser und dem rauhen Papier bekam ich große wunde Stellen an den Händen. Doch einen Trost hatte ich: Diese Arbeit wurde mir von meinem Vater auch besser bezahlt. Als Krönung meiner mühevollen Schufterei durfte ich schließlich den Wagen selber mit dunkelblauer Farbe spritzen. Noch nie hat mir unser Auto so gut gefallen wie jetzt, da ich es selbst gespritzt habe. Die eigene Arbeit schätzt man ja doch höher.
Trotz aller Anstrengungen war unser Team immer fröhlich und zu Späßen aufgelegt. Ich habe es nicht bereut, in den Ferien gearbeitet zu haben, denn die körperliche Arbeit ist ein guter Ausgleich zur geistigen. Außerdem habe ich viel für das Leben gelernt.

Berichte auch du, wie du deinen Eltern bei der Arbeit geholfen hast! ⊗

100 *Erika, 13, wünscht sich einen Hund. Ihre Eltern sind dagegen. Um ihr Anliegen besser begründen zu können, bittet sie ihre Kusine Hilde, die in Linz wohnt und einen Hund hat, ihr über die Vor- und Nachteile der Hundehaltung zu berichten.*

Nachstehend der ***Erfahrungsbericht*** *Hildes.*

Liebe Erika!

Du willst einen Hund anschaffen. Das verstehe ich. Du musst aber auch bedenken, dass du dich um den Hund ständig kümmern musst und täglich mit ihm Spaziergänge machen musst. Außerdem verursacht ein Hund auch Kosten. Zwar kannst du ihn von einem Tierschutzhaus billig bekommen, doch ein Hund braucht täglich eine Hauptmahlzeit. Die Speisereste der Menschen sind meist ungeeignet.
Auch musst du den Hund regelmäßig baden. In Stadtwohnungen sollten nur kleine Rassen gehalten werden, da du ihm nicht die nötige Bewegungsfreiheit bieten kannst. Ein Hund muss auch gelegentlich zum Tierarzt geführt werden. Er braucht Schutzimpfungen. Die sind nicht billig. Zusätzlich ist jährlich eine Hundesteuer zu zahlen.
Du musst einem Hund auch beibringen auf der Straße an deiner Seite zu bleiben, auf Anruf zu dir zu kommen und auf Befehl stehen zu bleiben. Ferner musst du bedenken, dass ein Hund bellt und die Wohnungsnachbarn mit dem Gebell stört. Kannst du dich trotzdem entschließen, dir einen Hund anzuschaffen, wird er dir viel Freude bereiten und dir deine Mühe durch Anhänglichkeit lohnen.

Ich grüße dich herzlich.

Deine Hilde

Berichte in einem Brief an deinen Freund / deine Freundin über deine Erfahrungen beim Sammeln von Briefmarken oder einem anderen Hobby oder mit einem bestimmten Gerät (Fotoapparat, Haushaltsgerät, CD-Spieler, Personalcomputer u. dgl.). ⊗

10.2 Sachlich berichten

Im Gegensatz zum erlebnishaften Bericht muss der **sachliche Bericht** (Zeitungsbericht, Unfallmeldung, Zeugenbericht, Wetterbericht) völlig sachlich abgefasst werden. Die persönliche Meinung des Verfassers sollte nicht zum Ausdruck kommen. Nur die Tatsachen sollten in der Reihenfolge des Geschehensablaufes dargestellt werden.

Ein Beispiel für einen Zeugenbericht:

Ferdinand Müller
Königstetter Straße 23
3430 Tulln

An die
Versicherungsanstalt Union
Hauptplatz 33
3100 ST. PÖLTEN

Tulln, 26. April 20 . .

Zeugenbericht (Geschäftszahl 03/3639/1)

Auf Grund Ihrer Anfrage teile ich Ihnen Einzelheiten über den Unfall mit, bei dem ich Zeuge war.
Am Dienstag, dem 20. April 20.., ging ich um etwa 7.45 Uhr durch die Wiener Straße, als ein LKW mit überhöhter Geschwindigkeit knapp an mir vorüberfuhr. Wenige Sekunden später hörte ich einen Krach und sah, dass der Lastwagen mit dem Wagen einer Bäckerei zusammengestoßen war. Der Lieferwagen der Bäckerei war von rechts gekommen und hatte Nachrang. Der LKW hatte das polizeiliche Kennzeichen W 135 NB. Die linke Tür des Lieferwagens war eingedrückt, beim Lastwagen war die Stoßstange verbogen und der rechte Scheinwerfer zersplittert. Verletzt wurde niemand.
Mit höflichem Gruß

Ferdinand Müller

101 *Forme den folgenden mündlichen Bericht in einen Zeitungsbericht um! Die erwachsene Tochter des Bauern berichtet einem Zeitungsreporter:* ⊗

„Gestern hätte es bei uns fast einen schweren Unfall gegeben. Unser Hansi, mein kleiner Bruder, ist erst vier Jahre alt. Trotzdem interessiert er sich schon für den Traktor, weil ihn der Vater manchmal aufs Feld mitnimmt. Gestern ist er auf den Traktor geklettert, der auf dem Hang abgestellt war, und hat Traktorfahrer gespielt. Dabei muss er wohl die Handbremse gelockert haben, denn der Traktor setzte sich plötzlich in Bewegung und rollte den Hang hinunter. Am Ende der Wiese ist ein Steilabfall.
Gott sei Dank habe ich das Gefährt im letzten Augenblick bemerkt und bin ihm nachgerannt, so schnell ich konnte. Nach etwa 60 Metern holte ich es ein und riss das Kind vom Traktor. Wenige Sekunden später überschlug sich das Fahrzeug und kollerte den Abhang hinunter.“ → **L 101**

102 *Arbeite den folgenden mündlichen Bericht des Verunglückten in einen Zeitungsbericht um!* ⊗

„Seit zwei Wochen liege ich nun im Spital: Schulterprellung, Beinbruch, Gehirnerschütterung.
Wie das passiert ist? Wie du weißt, fahre ich täglich mit meinem Motorrad von Dornbirn nach Bregenz zur Arbeit. So war es auch am 21. Jänner. Bei Wolfurt muss ich die Bahn übersetzen. Als ich 20 Meter vor dem Schranken war, hörte ich plötzlich das Läuten, das anzeigt, dass sich der Zug nähert und der Schranken herabgelassen wird. Vor mir fuhr ein PKW, und das nicht gerade langsam. Ich nahm daher an, dass der Fahrer noch vor dem Herablassen des Schrankens die Geleise überqueren wollte. So behielt auch ich meine Geschwindigkeit bei. Zeit zum Überqueren wäre noch genug gewesen. Aber plötzlich bremste der Lenker des Autos ab und ich musste notbremsen. Wegen der glatten Schneefahrbahn geriet ich ins Schleudern und rutschte samt meiner Maschine unter dem sich senkenden Schranken durch. Auf den Schie-

nen blieb ich dann hilflos liegen. Ich war unfähig aufzustehen. Ich konnte gerade noch sehen, wie sich der Zug näherte. Dann verlor ich das Bewusstsein.
Wie man mir nachträglich berichtet hat, haben mich die Fußgänger, die vor dem Schranken warteten, im letzten Augenblick von den Schienen weggezogen. Die Namen der Retter sind mir unbekannt. Vielleicht kann ich sie ausfindig machen, wenn ich wieder gesund bin. Derzeit geht es mir schon etwas besser."

→ **L 102**

Eine 12-jährige Schülerin erzählt, was sie kürzlich in einem Selbstbedienungsladen erlebt hat: **103**

Ein aufregender Zwischenfall

Jede Woche schickt mich meine Mutter ein paar Mal zum Einkaufen in den nahe gelegenen Lebensmittelladen. Ich kenne mich in dem Geschäft gut aus und kann alles leicht erledigen. Vor kurzem aber erlebte ich einen aufregenden Zwischenfall. Ich suchte eben vor dem Getränkeständer nach einem Fruchtsaft, als ich bei der Kassa lautes Reden hörte. Der Filialleiter sagte zu einer Frau: „Sie sind vorhin gesehen worden, wie Sie ein Päckchen Bohnenkaffee in ihre Manteltasche gesteckt haben. Jetzt haben Sie es aber nicht bezahlt."
„Wie kommen Sie dazu, mich zu verdächtigen?", erwiderte die Frau. „Ich habe nichts eingesteckt."
„Sie sind aber beobachtet worden", sagte der Mann nun ziemlich erregt.
„Das stimmt nicht", leugnete die Frau, „ich habe noch nie heimlich etwas mitgenommen."
Gespannt wartete ich, was der Geschäftsführer nun unternehmen würde. Überraschenderweise sagte er ganz ruhig: „Wenn Sie sich nicht freiwillig kontrollieren lassen, muss ich die Polizei rufen." – „Sie sind ein unverschämter Mensch", fauchte die Frau, „ich habe nichts gestohlen!"
„Dann können Sie sich doch ruhigen Gewissens durchsuchen lassen. Es täte uns sehr Leid, wenn wir Sie falsch verdächtigt

hätten." Die Frau aber wollte sich nicht kontrollieren lassen. Nun rief der Filialleiter eine Angestellte: „Frau Müller, führen Sie die Frau ins Büro, ich werde inzwischen die Polizei anrufen!"

„Das brauchen Sie gar nicht", kreischte plötzlich die Beschuldigte, „da haben Sie Ihren blöden Kaffee!"

Im selben Augenblick warf sie dem Mann ein Päckchen Kaffee vor die Füße und wollte verschwinden. Der Geschäftsführer ergriff sie jedoch am Arm und führte sie in sein Büro.

Was weiter geschah, konnte ich nicht mehr sehen. Ich freute mich jedoch, dass eine so freche Diebin überführt worden war.

Verfasse eine sachliche Meldung des Geschäftsführers an die Verwaltung der Ladenkette über diesen Vorfall! △ → **L 103**

104 *Die 3a hat während der Pause trotz des Verbotes im kleinen Schulhof Fußball gespielt. Dabei wurde ein Fenster eingeschlagen. Der Direktor verlangt von der Klasse einen schriftlichen Bericht über den Hergang, den Schadensverursacher und Angaben über die Wiedergutmachung.*

Verfasse diesen sachlichen Bericht! ⊗

10.3 Als Reporter unterwegs

Eine besondere Form von Berichten sind **Reportagen**. Dabei wird vom Ort des Geschehens berichtet, sodass Abwesende die Situation scheinbar miterleben können. Berichte gewissermaßen als Zeuge (Reporter) wirklichkeitsgetreu mit vielen Einzelheiten!

Als Zeitform kannst du die Gegenwart (das Präsens) wählen.

Ein Beispiel aus der Klassenzeitung:

Der Zirkus Ronaldi ist da!

Seit gestern gastiert in unserer Stadt der Zirkus Ronaldi. Unserem Reporter Erich K. wurde Gelegenheit gegeben, als einer der Ersten die Vorstellung zu besuchen.
Neben den Trapezkünstlern, Zauberern und Jongleuren fesseln die Zuschauer vor allem die Dressurnummern. Als durch den Zirkusdirektor die Königstiger angekündigt werden, braust lautes Klatschen der Zuschauer auf. Während die Schutzgitter aufgestellt werden, unterhalten zwei Clowns die Besucher. Durch ihre tollpatschigen Bewegungen und ihre Witze bringen sie die Gäste immer wieder zum Lachen und Beifallsklatschen.
Dann ist es endlich so weit. Eine Fanfare ertönt und der indische Dompteur treibt mutig die großen gestreiften Katzen durch die Manege. Bei jedem Peitschenknall zucken die Tiger zusammen. Einige knurren und brüllen. „Psst!“, zischt der Dompteur. Nochmals ein Peitschenknall, dann hüpfen die wilden Tiere auf die bereitgestellten Podeste. Nun wird ein großer Reifen entflammt, ein lautes „Hopp!“ ertönt und ein Königstiger nach dem anderen springt durch den brennenden Reifen. „Bravo!“, rufen die begeisterten Zuschauer und klatschen Beifall. Anmutig leckt sich einer der Tiger die Pfote. Ein Trommelwirbel erhöht die Spannung, dann steckt der Dompteur seinen Kopf in den aufgerissenen Rachen eines Raubtieres. Tobender Applaus als Dank für die mutige Vorführung.
Die Vorstellung dauert fast drei Stunden, denn auch Dressurreiter und Hochseilakrobaten zeigen ihr hervorragendes Können.
Ein Besuch im Zirkus Ronaldi sollte nicht versäumt werden.

(Erich, 12 Jahre)

Schreib für die Klassenzeitung eine Reportage über ein Fußballspiel der Mannschaft deiner Klasse gegen die Mannschaft der Parallelklasse! ⊗ **105**

→ **L 105**

106 *Verfasse eine (erdachte) Reportage über ein Autorennen!* ⊗

→ **L 106**

Zu den Aufgaben eines Reporters gehört es auch, Befragungen **(Interviews)** durchzuführen. Sie werden von einem Berichterstatter (Reporter) vorbereitet.

Der **Fragende** kann:
direkt nach einer Meinung fragen,
zur Beurteilung eines Sachverhaltes auffordern,
gegenteilige Standpunkte formulieren und um Stellungnahme ersuchen,
durch bestimmte Fragen den Verlauf des Gespräches steuern.

Der **Befragte** kann:
eine Frage direkt beantworten,
Behauptungen zurückweisen,
die Beantwortung einer Frage verweigern,
eine Frage umdrehen und selber fragen.

107 *Heinz, der im 9. Jahr die Schule besucht, steht vor der Berufswahl. Deshalb sammelt er Informationen über Berufe und befragt Angehörige verschiedener Berufsgruppen über ihre Arbeit. Damit seine Befragung zielführend verläuft, hat er sich den folgenden* ***Befragungsplan*** *zurechtgelegt.*

Was ist Ihr Beruf?
Welche typischen Arbeiten führen Sie aus?
Arbeiten Sie allein oder mit anderen zusammen?
Mit welchem Material haben Sie es zu tun?
Wie stark ist die körperliche Beanspruchung in Ihrem Beruf?
Welche seelische Belastung hat Ihr Beruf zur Folge?
Welche geistigen und körperlichen Voraussetzungen sind für die Ausübung Ihres Berufes erforderlich?
Welche Fertigkeiten und Kenntnisse muss jemand mitbringen, der diesen Beruf ergreifen will?

Welche Schulbildung wird gefordert?
Wie und wo erfolgt die Ausbildung in Ihrem Beruf?
Wie lange dauert die Lehrzeit?
Wann kann die Meisterprüfung abgelegt werden?
Gibt es Aufstiegsmöglichkeiten?
Kann man sich in diesem Beruf selbstständig machen?
Sind derzeit genügend Arbeitsplätze vorhanden?
Hat der Beruf „Zukunft“?
Wie ist die Entlohnung während der Lehrzeit und nachher?
Welche Vor- und Nachteile hat dieser Beruf?

Befrage nach diesem Befragungsplan verschiedene Personen und verfasse danach sachliche Berichte über diese Berufe! Interviewe z. B. einen Automechaniker, eine Frisörin, eine Verkäuferin, einen Zahntechniker, einen Schlosser, einen Landwirt, eine Krankenschwester, einen Lehrer! △

Lustig ist es, in einem Text Gesprächsteile mehrerer Interviews durcheinander zu bringen. Nimm an, du sitzt vor dem Fernseher und schaltest mit der Fernbedienung abwechselnd drei Sender ein, in denen gerade Interviews gesendet werden. Es kommen sich in die Quere: ein Interview in einer Schule, eines in einer Schweinezuchtanstalt, eines in einem Gefängnis. **108**

R = Reporter, I = Informant
(hier Schulleiter, Schweinezüchter, Gefängnisaufseher)

R: Wie viele Schüler haben Sie in Ihrer Schule?

I: Es handelt sich hier um 300 junge Ferkel. An ihrem Grunzen können Sie hören, dass sie sich bei uns wohl fühlen. Alle Tage wird dieser Stall zweimal ausgemistet und gut durchlüftet, was bei diesen Schweinen besonders wichtig ist.

R: Und nun, meine Damen und Herren, besuchen wir noch den Deutschlehrer.

I: Dieser Verbrecher ist in einer Einzelzelle untergebracht. Er zählt zu den so genannten Schwerverbrechern. Er starrt vor sich hin und ist kaum zu einer Antwort zu bewegen.

R: Und wie steht es mit der Notengebung bei Deutschaufsätzen? Wie wir wissen, geben Sie auch Fünfer, wenn ein Aufsatz sehr schwach ist.

I: Sie sehen, er schweigt. Lange Zeit konnte er sich der Strafe entziehen, schließlich wurde er erwischt und für seine Taten verurteilt. Nun muss er lebenslänglich sitzen.

R: Zum Schluss noch einige Worte an den Leiter der Schule. Sie leiten nun die Schule seit vielen Jahren. Wie denken Sie über die heutigen Jugendlichen?

I: Wir versuchen, sie möglichst mager zu züchten, also mit wenig Fett. Unsere Zuchtergebnisse in Österreich können sich mit denen in Europa messen.

R: Herzlichen Dank für das Interview.

Verfasse einen ähnlichen lustigen Text! △

11. Über Inhalte von Texten berichten

Vergleiche die folgenden Texte und stelle die Unterschiede fest! O **109**

Seltsames Rossfutter

1.) Der Müller von Knorringen war weit und breit in der Gegend als kurioser Mann bekannt, der allerhand seltsame Streiche machte. Und so wunderten sich die Bauern nicht, die zu Grünwiesen im Wirtshaus um den Ofen herum saßen, dass er noch spät abends, bei grimmiger Kälte, zu Pferd ankam; wohl aber darüber, was er weiter tat.
Nachdem er nämlich in die Stube getreten und sich darin umgesehen hatte, sagte er zur Kellnerin: „Mach mir für mein Ross Salat mit Essig und Öl und harten Eiern drauf!" Die Bauern dachten bei sich: Das gibt wieder so einen Spaß, von dem man erzählen kann.
Als der Salat fertig war, ließ er ihn wirklich in den Stall tragen für sein Ross. Die Bauern folgten alle neugierig der Kellnerin, um zu sehen, wie es dem Vieh schmecke.
Inzwischen setzte sich der Müller gemächlich auf die Ofenbank, breitete seinen Mantel aus und ließ sichs wohl sein. Nach einiger Zeit kam die Kellnerin mit den Bauern zurück und sagte: „Das Ross frisst den Salat nicht."
„Nicht?", sagte der Müller. „Nun, so fress ich ihn!" Dabei setzte er sich an den Tisch und aß. Drauf, nachdem er die Zeche bezahlt hatte, holte er sich den Mantel vom Ofen und sagte höflich zu den Bauern: „Habt Dank, dass ihr mir Platz gemacht habt!", und verließ die Gaststube.

(Ludwig Auerbacher, aus „Seltsames Rossfutter")

2.) Ludwig Auerbacher erzählt in seinem Schwank „Seltsames Rossfutter" eine Geschichte über den schelmischen Müller von Knorringen. Dieser kommt an einem kalten Abend ins Wirtshaus von Grünwiesen. Die Wirtsstube ist voll von Bauern und er kann am warmen Ofen keinen freien Platz entdecken. Da sagt er zur Kellnerin, sie solle eine Schüssel voll Salat gut zubereiten und seinem Ross in den Stall bringen.

Als der Salat fertig ist, trägt ihn die Kellnerin in den Stall und neugierig folgen ihr die Bauern nach. Der Müller findet nun auf der Ofenbank reichlich Platz und wartet ab. Kurz darauf kommt die Kellnerin mit dem Salat und den Bauern zurück und berichtet, dass das Pferd den Salat nicht mag. Der Müller tut erstaunt und sagt, dann wolle er ihn selbst essen.
Nachdem er ihn aufgegessen hat, bezahlt er, bedankt sich bei den Bauern für den überlassenen Platz und verlässt das Gasthaus.
Zu spät merken die Bauern, wie der schlaue Müller sie gefoppt hat.

3.) Der Müller von Knorringen kommt eines Abends in eine überfüllte Wirtsstube. Um einen Platz zu bekommen, ersinnt er eine List. Er lässt seinem Pferd eine Schüssel zubereiteten Salat bringen und lockt damit die wegen des seltsamen Rossfutters neugierigen Bauern aus dem Raum. So findet er genug Platz, um den bald darauf zurückgebrachten Salat in Ruhe selbst zu essen. Zu spät merken die Bauern, dass sie einem Schelm auf den Leim gegangen sind.

Beim ersten Text handelt es sich um die Erzählung des Dichters Ludwig Auerbacher.
*Der zweite Text ist eine **ausführliche Inhaltsangabe**,*
*der dritte eine **kurze, zusammenfassende Inhaltsangabe**.*
Je nach dem Zweck kann eine solche Inhaltsangabe kürzer oder länger ausfallen.

Inhaltsangaben findet man in Prospekten, Theaterprogrammen, als Klappentext auf Buchumschlägen oder in Buchkarteien. Sie sollen den Leser kurz über den Inhalt eines längeren Textes informieren.
Die Inhaltsangabe ist keine Nacherzählung, sondern ein Bericht. Du musst daher in der richtigen Reihenfolge über das für den Zusammenhang Wesentliche berichten. Einzelheiten sollen wegbleiben.
Verwende nicht die wörtliche Rede und schreib in der Gegenwart (im Präsens).

Einige Beispiele:

Franz Braumann: **Gold in der Taiga**. Trio-Jugendtaschenbuch, Band 19

Zwei einsame Männer treffen einander in der Unendlichkeit der Taiga Sibiriens.
Der eine ist Pelztierjäger, der andere Bergingenieur und Goldsucher. In treuer Kameradschaft verbunden, erwehren sie sich der Taigaräuber. An den Ufern eines Sees werden sie Zeugen einer beginnenden Naturkatastrophe: eines Bergsturzes, der höchste Gefahr für ein kleines Dorf deutscher Siedler bedeutet, das am Abfluss dieses Sees liegt. In Gewaltmärschen erreichen sie das Dorf und retten die Bewohner vor dem sicheren Tod.
Die Bande der Taigaräuber geht in den Wogen des Bergsees unter. Der Bergingenieur schließt sich den obdachlos gewordenen Siedlern an und zieht mit ihnen in ein fruchtbares Tal. Der Pelztierjäger reitet ins „Tal der blauen Quelle“, in die Einsamkeit der großen Taiga.
Mir hat das spannende Buch sehr gefallen.

(Thomas Berger, 13 Jahre)

Adalbert Stifter: **Bergkristall**
(Novelle, 1845)

Der Weg aus dem Gschaider in das Millsdorfer Tal führt über den „Hals“, der den hohen Schneeberg mit einem anderen Gipfel verbindet. Der Weg ist bei gutem Wetter ohne Gefahr zu gehen. Konrad und Sanna, die Kinder des Schusters im Gschaid, sind ihn schon oft gegangen, wenn sie die Großeltern in Millsdorf besuchten.
Auch diesmal – am Tag vor dem Weihnachtsfest – gehen sie ungefährdet hinüber. Auf dem Rückweg aber beginnt es plötzlich zu schneien, immer dichter und heftiger. Trotzdem steigen die Kinder unermüdlich bergauf, bis sie erkennen müssen, dass sie auf dem Hals vom Weg abgekommen und in die Eisregion des Schneebergs geraten sind. Stundenlang klettern sie zwischen den starrenden Graten und Klüften

umher. Sie kennen die Größe der Gefahr nicht, und daher fürchten sie sich auch nicht. Der Bub schützt sein jüngeres Schwesterchen, und dieses folgt ihm in blindem Vertrauen. Als es dunkel wird, suchen sie in einer Eishöhle Schutz. Es ist der Weihnachtsabend. Sicher hätten sie der Kälte, ermüdet wie sie waren, nicht mehr lange Widerstand geleistet, doch die Natur erbarmt sich ihrer, es wird wärmer, das Eis beginnt zu krachen. Dadurch werden sie vor dem Einschlafen und Erfrierungstod bewahrt.
Als der Tag graut, nehmen sie ihre Wanderung wieder auf. Längst hat man begonnen sie zu suchen und der Hirt Philipp findet sie endlich. Auf der Sideralpe können sie ihren geängstigten Eltern zurückgegeben werden.

Friedrich Schiller: Wilhelm Tell

Grundmotiv dieses 1804 entstandenen Dramas ist die Auflehnung der Schweizer gegen die Tyrannei der habsburgischen Landvögte. Auch die Schwyzer seufzen unter dem Joch, am schlimmsten ist es in Uri. Hier müssen die Bewohner selbst ihre Zwingburg bauen. Auf dem Rütli versammeln sich die Vertreter der drei Kantone Uri, Unterwalden und Schwyz und schwören, das unerträgliche Joch mit Waffengewalt abzuschütteln. Zu Weihnachten wollen sie die Unterdrücker überrumpeln. In Wilhelm Tell finden sie ihren Retter. Als er den Hut des Landvogts Gessler auf dem Marktplatz von Altdorf nicht grüßt, wird er gezwungen einen Apfel vom Kopf seines Sohnes zu schießen, wird gefangen genommen und nach Küssnacht gebracht. Im Seeturm kann er sich retten und lauert dem Vogt in einer hohlen Gasse auf. Seinen Mord an dem Landvogt Gessler rechtfertigt er als Notwehr. Die Tat treibt die Eidgenossen vom Rütli zum Handeln. Rudenz, der Neffe des Freiherrn von Attinghausen, schließt sich seinen Landsleuten an. Die Burg in Uri wird zerstört, das Sarner Schloss erstürmt und angezündet. Nun ziehen die freien Eidgenossen zu Tells Haus um ihn zu feiern. Tell hält seinen Mord für gerechtfertigt, Adel und Volk schließen sich in Freiheit zusammen.

Waltraud, 12, hat den Inhalt eines Jugendbuches auf einem Karteiblatt zusammengefasst wiedergegeben: **110**

Verfasser	Buchtitel	Verlag	Karteinummer
Ursula Wölfel	Mond, Mond, Mond	Hoch-Verlag	346 2 A

Inhalt:

Einmal hier, einmal dort, rasten die Zigeunerwagen. Hinter den kleinen Wagenfenstern verbergen sich die Schicksale einer Zigeunersippe, zu der die schöne 15-jährige Nauka und ihre kleine Schwester Pimmi gehören. Mit Betteln und Tanzen, mit Puppenspiel und Feuerschlucken verdient sie ihren Lebensunterhalt.
Naukas zarte Liebe zu Mateo muss eine schwere Probe bestehen, und die wilde Pimmi erschrickt fast selbst vor ihrer Gabe viele Dinge voraussehen zu können.
(Auswahlliste zum Deutschen Jugendbuchpreis)

Schreib eine ähnliche Inhaltsangabe eines Jugendbuches! ⊗

Gliedere den folgenden Text in Erzählabschnitte, dann verfasse eine Inhaltsangabe der Sage: ⊗ **111**

Der Schatz im Schlossberg

Auf dem Schlossberg bei Hainburg in Niederösterreich stand einst als westlichste Grenzfeste des Hunnenreiches die Heunenburg. Viele Jahrhunderte hindurch war sie Schauplatz heftiger Kämpfe, bis die Türken sie im Jahre 1683 zerstörten. 150 Jahre später erstand sie jedoch aufs Neue und schöner denn je.
In der langen Zeit, in der sie nichts als ein wüstes Gewirr von verödeten Hallen, Bogen und Steintrümmern war, wagte es niemand, dem Schlossberg nahe zu kommen, denn es hieß, dass es dort nicht mit rechten Dingen zugehe.
Alljährlich, wenn die Fronleichnamsprozession durch die Gassen Hainburgs zog, soll sich nämlich der Schlossberg gespalten haben und aus einer eisernen Tür ein riesiges

Gerippe ins Freie getreten sein. Die Leute behaupteten, es habe um die Schulter einen weiten blauen Mantel und auf dem Totenschädel einen Helm getragen, sei dann mit einem großen Buch in den Knochenhänden rund um die Ruine gegangen und schließlich wieder durch die eiserne Tür verschwunden. Wer dem Gerippe begegne, der müsse sterben. Wer aber, von ihm ungesehen, durch die Eisentür trete, der finde im Innern des Berges ungeheure Schätze.
Er müsse sich nur beeilen, denn die eiserne Tür schließe sich bald darauf wieder und bliebe dann bis zum Fronleichnamstag des nächsten Jahres geschlossen und unsichtbar.
Nun wollte auch einmal eine arme Frau, mit ihrem Kind auf dem Arm, zur Fronleichnamsprozession nach Hainburg gehen. Sie war aber von ihrer Hütte, die ein gutes Stück außerhalb des Ortes am Waldrand stand, zu spät aufgebrochen, sodass sie sich noch nicht auf dem halben Weg befand, als die Glocken von Hainburg den Beginn des feierlichen Umzuges verkündeten. Die Frau beschleunigte zwar sogleich ihren Schritt, aber es half nichts. Als sie zum Schlossberg kam, verstummte das Geläute, denn die kirchliche Feier war bereits zu Ende.
Nun wollte die arme Frau gleich wieder umkehren, da bemerkte sie aber, wenige Schritte entfernt, im Felsen eine offene Tür, die sie noch nie gesehen hatte. Ohne zu ahnen, dass erst kurz vorher das gefürchtete Gespenst von seinem Gang um die Ruine in den Berg zurückgekehrt war und die Tür nur noch wenige Augenblicke offen stehen werde, trat die Frau an den Eingang heran und schaute neugierig hinein. Jetzt gingen ihr freilich vor Staunen die Augen über, denn in der Höhle lagen ganze Berge von Gold, Silber und Edelsteinen.
Das arme Weib konnte sich an den vielen Schätzen gar nicht satt sehen und dachte: Wenn ich nur einige von diesen Kostbarkeiten besäße, wäre für mich und mein Kind alle Not zu Ende.
Und schon unterlag die Frau der Versuchung. Mit wenigen Schritten betrat sie die Höhle, setzte ihr Kind auf den Boden, gab ihm ein paar von den glitzernden Steinen zum Spielen

und raffte dann von den gleißenden Schätzen so viel sie konnte in ihre Schürze.
Plötzlich aber knarrte etwas hinter ihr. Die Frau wandte sich jäh um und sah, dass sich die eiserne Tür langsam schloss. Da fasste sie ein solcher Schrecken, dass sie alles um sich vergaß und mit den zusammengerafften Schätzen in der Schürze ins Freie stürzte.
Erst draußen erinnerte sie sich wieder ihres Kindes. Jetzt wollte sie gleich wieder in die Höhle zurück, es war aber schon zu spät. Die Tür war bereits ins Schloss gefallen und verschwunden. Der Schmerz um ihr Kind drückte der Frau schier das Herz ab. Was konnte ihr schon aller Reichtum bedeuten, wenn sie gleichzeitig ihr Liebstes verloren hatte? Tag und Nacht zehrte nun der Kummer an ihr, dass ihr Kind im Innern des Berges eines qualvollen Todes sterben musste, ohne dass sie ihm Hilfe bringen konnte.
So verstrich ein volles Jahr. Am Abend vor dem nächsten Fronleichnamsfest aber entschloss sich die Frau am andern Tag noch einmal zum Schlossberg zu gehen. Diesmal wollte sie keine Schätze nehmen, sondern nur den Leichnam ihres Kindes holen, um ihn in geweihter Erde bestatten zu lassen. Wenn das Gespenst im blauen Mantel sie dabei ertappen und töten sollte, dann würde sie mit ihrem Kinde wenigstens im Tode vereint sein. Als sie zeitig am Morgen hinkam, stand wirklich die geheimnisvolle Eisentür wieder offen. Die Frau säumte keinen Augenblick, sondern eilte gleich in die Höhle. Schon nach wenigen Schritten erlebte sie jedoch eine große Überraschung: Ihr Kind saß spielend inmitten tausender Edelsteine und als es die Mutter kommen sah, sprang es auf und streckte ihr jauchzend die Arme entgegen. Da riss die Frau es, von Freude und Glück überwältigt, sogleich an sich und lief mit ihm, so rasch sie konnte, wieder ins Freie und nach Hause.
Die Kunde von dem Wunder, das sich an dem Kind zugetragen hatte, durchlief noch am selben Tag die ganze Stadt und ihre Umgebung.
Übers Jahr aber öffnete sich am Schlossberg keine Eisentür mehr. Auch das Gespenst im blauen Mantel wurde von nie-

mandem gesehen. Die Leute meinten, dass es für alle Zeiten seinen Frieden gefunden habe, weil es ein ganzes Jahr lang ein unschuldiges Kind vor seinem qualvollen Tod bewahrt hatte. *(Max Stebich, aus: „Sagen aus Österreich")*

→ **L 111**

112 *Schreib eine Inhaltsangabe der folgenden Kurzgeschichte!* Δ

Brudermord im Altwasser

Das sind grünschwarze Tümpel, von Weiden überhangen, von Wasserjungfern übersurrt, das heißt: Wie Tümpel und kleine Weiher und auch große Weiher ist es anzusehen, und es ist doch nur Donauwasser, durch Steindämme abgesondert vom großen grünen Strom, Altwasser, wie man es nennt. Fische gibt es im Altwasser, viele, Fischkönig ist der Bürstling, ein Raubtier mit zackiger, kratzender Rückenflosse, mit bösen Augen, einem gefräßigen Maul, grünschwarz schillernd wie das Wasser, darin er jagt. Und wie heiß es hier im Sommer ist! Die Weiden schlucken den Wind, der draußen über dem Strom immer geht. Und aus dem Schlamm steigt ein Geruch wie Fäulnis und Kot und Tod. Kein besserer Ort ist zu finden für Knabenspiele als dieses grün dämmernde Gebiet. Und hier geschah es, was ich jetzt erzähle.
Die drei Hofbergerbuben, elfjährig, zwölfjährig, dreizehnjährig, waren damals im August jeden Tag auf den heißen Steindämmen, hockten unter den Weiden, waren Indianer im Dickicht und Wurzelgeflecht, pflückten Brombeeren, die schwarzfeucht, stachlig geschützt, glänzten, schlichen durch das Schilf, das in hohen Stangen wuchs, schnitten sich Weidenruten, schlugen auch wohl einmal dem Jüngsten, dem Elfjährigen, eine tiefe Schramme, dass sein Gesicht rot beschmiert war wie eine Menschenfressermaske, brachen wie Hirsche schreiend durch Buschwerk und Graben zur breit fließenden Donau vor, wuschen den blutigen Kopf und die Haare, deckten die Wunde dann, und waren gleich wieder versöhnt. Die Eltern natürlich durften nichts erfahren von solchen Streichen, und sie lachten alle drei und vereinbarten wie immer: „Zu Hause sagen wir nichts davon!"

Die Altwässer ziehen sich stundenweit die Donau entlang. Bei einem Streifzug einmal waren die drei tief in die grüne Wildnis vorgedrungen, tiefer als je zuvor, bis zu einem Weiher, größer als sie je einen gesehen hatten, schwarz der Wasserspiegel. Und am Ufer lag ein Fischerboot angekettet. Den Pfahl, an dem die Kette hing, rissen sie aus dem schlammigen Boden, warfen Kette und Pfahl ins Boot, stiegen ein. Ein Ruder lag auch dabei. Sie ruderten in die Mitte des Weihers hinaus. Nun waren sie Seeräuber und träumten und brüteten wilde Pläne. Die Sonne schien auf ihre bloßen Köpfe, das Boot lag unbeweglich, unbeweglich stand das Schilf am jenseitigen Ufer. Gelsen fuhren leise summend durch die dicke Luft, kleine Blutsauger, aber die abgehärteten Knaben spürten die Stiche nicht mehr.

Der Dreizehnjährige begann das Boot leicht zu schaukeln. Gleich wiegten sich die beiden anderen mit, auf und nieder. Wasserringe liefen über den Weiher, Wellen schlugen platschend ans Ufer. Die Binsen schwankten und wackelten. Die Knaben schaukelten heftiger, dass der Bootsrand bis zum Wasserspiegel sich neigte und das aufgeregte Wasser ins Boot hineinschwappte. Der Kleinste, der Elfjährige, hatte einen Fuß auf den Bootsrand gesetzt und tat jauchzend seine Schaukelarbeit. Da gab der Ältere dem Zwölfjährigen ein Zeichen den Kleinen zu schrecken, und plötzlich warfen sich beide auf die Bootsseite, wo der Kleine stand, und das Boot neigte sich tief. Und dann lag der Jüngste im Wasser und schrie und ging unter und schlug von unten gegen das Boot und schrie nicht mehr und pochte nicht mehr und kam auch nicht mehr unter dem Boot hervor, unter dem Boot nicht mehr hervor, nie mehr.

Die beiden Brüder saßen stumm und käsegelb auf den Ruderbänken in der prallen Sonne. Ein Fisch schnappte und sprang über das Wasser heraus. Die Wasserringe hatten sich verlaufen, die Binsen standen wieder unbeweglich, die Gelsen summten bös und stachen. Die Brüder ruderten das Boot wieder ans Ufer, trieben den Pfahl mit der Kette wieder in den Uferschlamm, stiegen aus, trabten auf dem langen Steindamm dahin, trabten stadtwärts, wagten nicht sich an-

zusehen, liefen hintereinander, achteten der Weiden nicht, die ihnen ins Gesicht schlugen, nicht der Brombeersträucherstacheln, die an ihnen rissen, stolperten über Wurzelschlangen, liefen, liefen und liefen.
Die Altwässer blieben zurück, die grüne Donau kam, breit und behäbig, rauschte der Stadt zu. Sie sahen die ersten Häuser, sie sahen den Dom, sie sahen das Dach des Vaterhauses. Sie hielten schweißüberronnen, zitterten verstört, die Knaben, die Mörder. Und dann sagte der Ältere wie immer nach einem Streich: „Zu Hause sagen wir aber nichts davon!“ Der andere nickte, von wilder Hoffnung überwuchert, und sie gingen, entschlossen ewig zu schweigen, auf die Haustüre zu, die sie wie ein schwarzes Loch verschluckte.

(Georg Britting, aus „Erzählungen“)

→ **L 112**

113 *Schreib eine Inhaltsangabe einer Geschichte aus deinem Lesebuch!* ⊗

12. Protokolle schreiben

Ein **Protokoll** ist eine **Niederschrift** über den Verlauf oder das Ergebnis einer Beratung.

Es gibt Auskunft darüber,
welches Thema besprochen wurde,
was wer vorgeschlagen hat,
was von wem beschlossen worden ist.

Protokolle müssen sachlich abgefasst werden, eine persönliche Äußerung des Schriftführers im Protokoll ist unzulässig.

Das Protokoll muss angeben:

- den Ort und die Zeit der Beratung und der Niederschrift,
- wer bei der Beratung anwesend war,
- wer den Vorsitz geführt hat und wer als Schriftführer tätig war,
- über welche Themen gesprochen wurde (die „Tagesordnung"),
- den Wortlaut von Anträgen (Name des Antragstellers und Anzahl der beschließenden Stimmen),
- was das Ergebnis der Beratung war, welche Beschlüsse gefasst wurden.

In einem so genannten **Verlaufsprotokoll** müssen auch die Grundgedanken der einzelnen Redner angeführt werden.

Das **Ergebnisprotokoll** enthält nur zusammenfassend das Ergebnis einer Beratung.

Ein **Gedächtnisprotokoll** wird nach der Sitzung aus der Erinnerung angefertigt. Es hat keine Beweiskraft.

Beispiel eines Unterrichtsprotokolls (Ergebnisprotokolls):

Zeit: 14. 2. 2000, 8–9 Uhr.

Anwesend: Fachlehrer Karl Burger (Vorsitzender) und die 29 Schüler der 4a.

Abwesend: Hans Navratil.

Schriftführerin: Gisela Winterleitner.

Tagesordnung:

1. Wiederholung der Ressorts einer Zeitung.
2. Vergleich zwischen einer Abonnentenzeitung und einem Boulevardblatt.

zu 1.:

Zu Beginn der Stunde werden die Bereiche wiederholt, aus denen eine Tageszeitung aufgebaut ist. In einem Unterrichtsgespräch werden genannt:
a) Politik, gegliedert in Außen- und Innenpolitik,
b) Wirtschaft,
c) Kultur (auch Feuilleton genannt),
d) Sport,
e) Lokales,
f) Vermischtes (z. B. Leserbriefe und Fernsehprogramme),
g) Anzeigen, Inserate.

zu 2.:

Durch Vergleich wird der Unterschied zwischen einer Abonnentenzeitung und einem Boulevardblatt verdeutlicht.
Da ein Boulevardblatt keine festen Leser hat und hauptsächlich auf der Straße verkauft wird, muss es diese durch reißerische Aufmachung anziehen.
Das sieht dann so aus: Ihre Titelseite enthält viele fette Stellen in großer Schrift, zeigt viele Fotos, ihre Schlagzeile ist durch Balken hervorgehoben. Durch Kästen werden „wichtige" Nachrichten zusätzlich deutlich gemacht.
Im Unterrichtsgespräch wird festgestellt, dass hinter den sensationshungrigen Schlagzeilen der Boulevardpresse nicht so

viel Inhalt steckt wie hinter der seriösen, klaren Überschrift der Abonnentenzeitung. Abschließend wird von Robert S. kurz zusammengefasst, dass Boulevardzeitungen durch ihre Aufmachung oft das Fehlen von Hintergrundinformationen (Kommentaren) vertuschen.
Abonnentenzeitungen haben dies nicht nötig, weil sie regelmäßige Bezieher haben und nicht auf Zufallskäufer angewiesen sind.

Gisela Winterleitner als Schriftführerin

Beispiel eines Verlaufsprotokolls über die Beratung der Klassensprecher des Realgymnasiums Mödling, Keimgasse.

Ort: Konferenzzimmer.
Zeit: 28. 2. 2000, 13 Uhr.
Anwesend: Alle Klassensprecher unter dem Vorsitz des Schulsprechers Walter Hausner.
Schriftführerin: Erika Rosenberger

Tagesordnung:

1. Begrüßung, Feststellung der Beschlussfähigkeit
2. Schulschlussfest
3. Schülerzeitung der 4a, 4b, 4c
4. Festsetzung des Termins für die nächste Zusammenkunft
5. Allfälliges

zu 1.:

Eröffnung, Feststellung der Beschlussfähigkeit durch den Vorsitzenden, Verlesung der Tagesordnung.

zu 2.:

Schulschlussfest. Der Vorsitzende ersucht bis zur nächsten Zusammenkunft Vorschläge für das Schulschlussfest zu machen. Es sollen möglichst alle Klassen mit Darbietungen, Wettkämpfen oder Spielen mitwirken, auch das Schulorchester und der Schulchor. Die Klassensprecherin der 6a Margarete Steiner beantragt, das Schulschlussfest als reines Sportfest abzuhalten. Der Antrag wird jedoch mehrheitlich abgelehnt.

zu 3.:

Schülerzeitung der 4a, 4b, 4c. Verschiedene Vorschläge für Texte, Bilder und Gestaltung der Schülerzeitung werden besprochen. Insbesondere sollte in der nächsten Nummer über die Aktion „Saubere Umwelt“, an der sich alle Klassen beteiligt haben, berichtet werden. Susanne Rieder erklärt sich bereit einen Artikel über den Leichtathletikwettbewerb zu verfassen. Erich Karner will ihn mit Fotos illustrieren. Der Antrag wird einstimmig angenommen.
Renate Gruber beantragt, den Elternverein um eine weitere Subvention für die Schülerzeitung zu ersuchen, da sonst die Kosten für die nächsten Nummern nicht abgedeckt wären. Einstimmige Annahme.

zu 4.:

Festsetzung des Termins für die nächste Zusammenkunft. Erika Häusler schlägt den 12. April vor. Josef Beer stellt den Antrag die Sitzung erst um 14 Uhr zu eröffnen, da er an diesem Tag bis 13.45 Uhr Unterricht hat. Beide Anträge werden einstimmig angenommen.

zu 5.:

Allfälliges. Robert Fritz ersucht als Schulbeauftragter für das Jugendrotkreuz die Klassensprecher, ihre Mitschüler schon jetzt auf die Sammelaktion am 15. Mai aufmerksam zu machen, damit sich genügend Freiwillige melden. Einstimmige Annahme.

Schluss der Sitzung: 13.55 Uhr.

Der Vorsitzende — Der Schriftführer

Walter Hausner — *Erika Rosenberger*

114 *Verfasse ein Ergebnisprotokoll über die Diskussion während einer Deutschstunde, in der über das Thema „Tierhaltung im Tiergarten“ diskutiert wurde!* ⊗ → **L 114**

13. Vorgänge und Sachverhalte beschreiben

Herbert ist mit seinem Fahrrad unterwegs. Dabei hat er eine Panne. Die Kette hat sich vom vorderen Zahnrad gelöst und sich zwischen dem Zahnkranz und dem Rahmen verklemmt. Doch Herbert weiß sich zu helfen. In der Broschüre „Der Pannenhelfer für Radfahrer“ findet er den Vorgang, wie er das Rad reparieren kann, genau beschrieben.

Das Auflegen der Kette

Solltest du unverletzt zum Stehen gekommen sein, suche zunächst einen Gegenstand, an den du das Rad anlehnen kannst! Parkende Autos und Schaufenster sind dafür nicht geeignet. Sichere dann deinen Standort durch Warnzeichen ab! Entferne das Gepäck vom Gepäckträger und stelle das Rad auf Lenker und Sattel! Schüttle anschließend die Kette kräftig durch und lege sie auf das hintere kleine Zahnrad auf! Spanne nun die Kette so weit wie möglich auf das vordere große Zahnrad! Hernach drehe das große Zahnrad mit Hilfe der Pedale kräftig durch! Um die Kette zu spannen, löse die Flügelmuttern vom Hinterrad und richte es so ein, dass es nicht an der Hinterradgabel schleift! Abschließend drehe das Rad wieder um und stelle es auf die Räder! Bei der Probefahrt kannst du feststellen, ob du die Kette richtig montiert hast.

*Diese Reparaturanweisung ist eine **Vorgangsbeschreibung**. Der beschriebene Vorgang kann jederzeit nachvollzogen werden.*

Wenn du einen wiederholbaren Vorgang beschreiben willst, z. B. für eine Gebrauchsanleitung oder Spielregel, musst du

1. wissen, wie die Gegenstände und ihre Teile bezeichnet werden. Schreib dir daher die Namen auf! Wenn du sie nicht weißt, sieh in einem Bilderwörterbuch oder in einem Lexikon nach!

2. überlegen, wie die richtige Reihenfolge des Vorganges ist. Daraus ergibt sich die Gliederung des Textes. Mit Hilfe der Gliederung kannst du den Vorgang dann zusammenhängend beschreiben.

Als Zeitform wähle die Gegenwart (das Präsens)!

115 *Inge hat die Aufgabe zu beschreiben, wie man einen Knopf annäht, folgendermaßen gelöst:*

Ich hole mir das Nähzeug, eine Zwirnspule und eine Nähnadel. Dann fädle ich den Zwirn in die Nadel ein. Dann mache ich am Ende des Zwirns einen Knoten, damit das Fadenende nicht durch den Stoff rutscht. Dann ziehe ich den Knopf auf den Faden auf. Dann nähe ich den Knopf an den Rock, indem ich die Nadel mehrmals durch die Löcher des Knopfes und Stoffes ziehe. Sobald der Knopf fest angenäht ist, umwickle ich den Zwirn unterhalb des Knopfes mehrmals und schneide mit einer Schere den Zwirn ab. Dann probiere ich den Knopf zuzuknöpfen. Wenn der Knopf hält, kann ich den Rock wieder anziehen.

Arbeite diesen Text um und vermeide dabei die gleichen Satzanfänge! Statt „Dann ...“ schreib besser „Im Anschluss daran ..., Danach ..., Nun ..., Daraufhin ..., Wenn (sobald) das geschehen ist ..., Schließlich ..., Abschließend ...“ ○

116 *Versuche anhand der folgenden Abbildung zu erklären, wie ein Verbrennungsmotor funktioniert! Verwende dabei die angeführten Fachausdrücke!* ⊗ → **L 116**

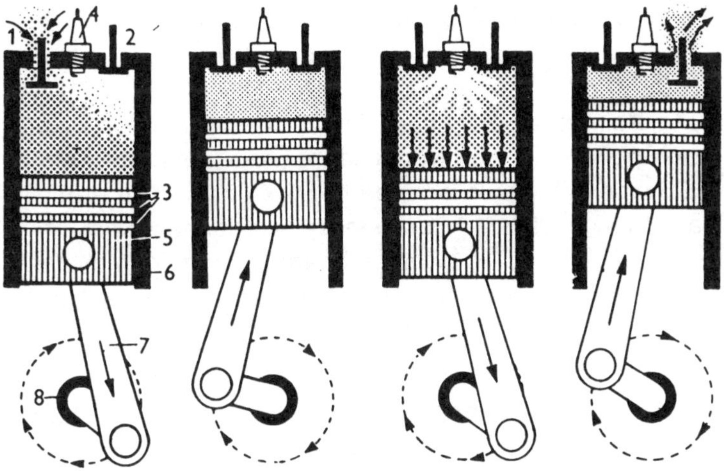

Ansaugen *Verdichten* *Zünden* *Ausstoßen*

1 = Einlassventil	2 = Auslassventil	3 = Kolbenringe	4 = Zündkerze
5 = Kolben	6 = Zylinder	7 = Pleuel	8 = Kurbelwelle

Erkläre mit Hilfe der Abbildung die Handhabung eines Staubsaugers! ⊗ **117**

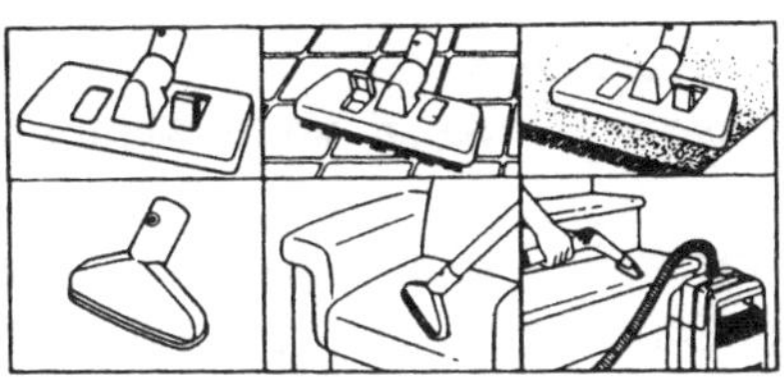

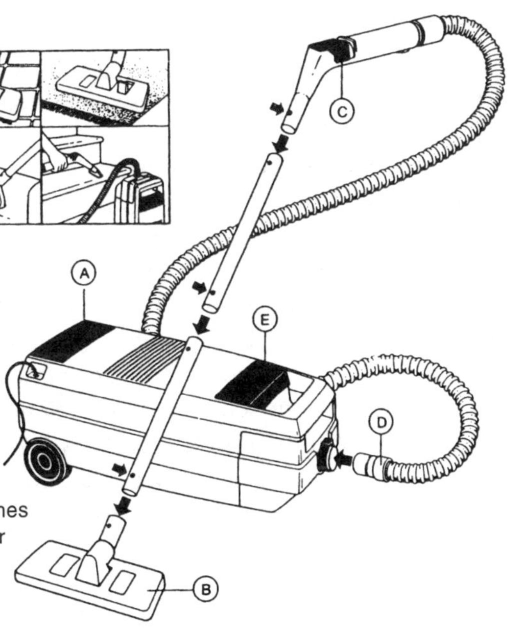

A Ein/Ausschalter
B_1 Teppichsaugen
B_2 Saugen von glatten Fußböden
C Reduzieren der Saugkraft
D Lösen des Schlauches
E Staubbeutelbehälter

118 *Verfasse nach dem folgenden Beispiel ein Kochrezept!* ⊗

Leber am Spieß

500 g Kalbsleber 60 g Speck 4 Scheiben Weißbrot Salz, Pfeffer, Öl	Leber, Speck und Weißbrot in kleine Würfel schneiden – auf Bratspieße schieben – mit Öl beträufeln – am Rost oder in der Pfanne einige Minuten braten – vor dem Anrichten salzen und pfeffern – Leber soll immer noch rosig sein.

119 *Arbeite den folgenden persönlichen Bericht in ein sachliches Rezept in Form von Stichworten um!* ⊗

Wie ich Kartoffeln, Schnitzel und Salat zubereite

Zunächst stelle ich mir alles bereit, was ich für die Zubereitung der Speisen benötige:

1 kg Kartoffeln, 1 Salat, 3 Kalbsschnitzel, Essig, Öl, Mehl, 1 Ei, Semmelbrösel, Pfeffer, Salz, Fett und Wasser.

Ich beginne mit den Kartoffeln. Sie werden gewaschen und kommen in einen Topf mit Wasser. Ich lasse sie 20 Minuten kochen.
Während dieser Zeit salze ich die Schnitzel, wende sie in Mehl, dann in dem zerquirlten Ei und zum Schluss in Bröseln. In einer Pfanne lasse ich das Öl heiß werden und lege dann die Schnitzel hinein. Nach etwa 5 Minuten müssen sie gewendet werden. Nun putze ich den Salat. Danach muss er gewaschen werden. Für die Salatmarinade brauche ich einen Esslöffel Öl, einen Esslöffel Essig und etwas Salz. In einer Schüssel vermische ich danach die Marinade mit dem Salat. Wenn die Kartoffeln weich sind, werden sie geschält, in Stücke geteilt und gesalzen. Da alle Speisen fertig sind, kann ich den Tisch decken und servieren. *(Edith, 12 Jahre)*

→ **L 119**

120 *Verfasse ein Kochrezept von deiner Lieblingsspeise!* ⊗

*Auch **Spielregeln** sind Vorgangsbeschreibungen:*

Drittabschlagen

Zum Drittabschlagen braucht man eine gerade Zahl von Spielern. Als Spielfeld kann jeder größere Platz im Freien oder in einem Saal verwendet werden.
Zuerst werden zwei Spieler gewählt, der eine ist der Fänger und der andere der Verfolgte. Die restlichen Spieler stellen sich dann so in einem Kreis auf, dass je zwei hintereinander zu stehen kommen. Nun muss der Fänger dem Verfolgten außerhalb des Kreises nachlaufen und versuchen diesen einzuholen. Wird der Verfolgte vom Fänger abgeschlagen, so wird in umgekehrter Reihenfolge gelaufen.
Der Verfolgte kann den Fänger aber auch abschütteln, indem er sich als Dritter vor ein Paar in den Kreis stellt. Dann muss der Fänger dem am hintersten Stehenden nachlaufen, der auf diese Weise zum Verfolgten wird. Das wiederholt sich, so lange man spielt. *(Sieglinde, 12 Jahre)*

Formuliere die Regeln eines Spieles, das du gut kennst! ⊗ **121**

Angelikas Vater ist Molkereiarbeiter. Eines Tages nimmt er sie in die Molkerei mit. Dort erklärt er ihr, wie Butter hergestellt wird. Angelika hat sich in Stichworten die einzelnen Teilvorgänge wie folgt notiert: **122**

Anlieferung der Milch in Milchsammelwagen
Messen der Milchmenge
Entnahme einer Probe zur Bestimmung des Fettgehaltes
Reinigung in Sieben
Einfüllen der Milch in Separatoren
Zentrifugieren (Rahm bleibt zurück, Magermilch fließt ab)

Pasteurisieren der Milch durch Erhitzen auf 74 Grad (40 Sekunden)
Abfüllen in Papierbehälter
Rahm wird auf 93 Grad erhitzt
Zusatz von Milchsäurebakterien, 10 Stunden rühren
Umfüllen in Butterfertiger (er fasst 10.000 Liter und macht 30 Umdrehungen in der Minute)
Fettkügelchen bilden Klumpen, Rest Buttermilch
Waschen der Rohbutter in kaltem Wasser
Kneten und Formen der Butter durch Maschinen (3.500 Päckchen in der Stunde)
Verpackung, Auslieferung

Verfasse nach dieser verkürzten Darstellung eine zusammenhängende Vorgangsbeschreibung über die Butterherstellung! ⊗ → **L 122**

123 *Roland ist Schüler der Polytechnischen Schule. Im Rahmen der Berufsvorbereitung machen die Schüler und Schülerinnen eine Exkursion in eine Brotfabrik. Sie werden vom Betriebsleiter durch die Fabrik geführt. Er erklärt ihnen die Herstellung des Brotes. Während der Besichtigung macht sich Roland Notizen:*

Anlieferung des Mehls aus der Mühle in Säcken
Lagerung in großen Hallen
Mehl wird durch Gebläse in Halle mit Teigkesseln geleitet
Zugabe von Wasser, Salz und Triebmitteln (Hefe, Sauerteig)

Mischen und Kneten durch große Teigmaschinen
Teig beginnt durch Milchsäurebakterien und Essigsäurebildner zu gären
Abwiegen des Teiges zu je 500 Gramm
Formen der Laibe in Holzkörbchen
Lagern in warmem Raum (1/2 Stunde)
Laibe werden automatisch in Backöfen geschoben (100 – 270 Grad Celsius)
In Öfen zwei Herdplatten übereinander, Platz für 55 Brote
Backzeit ca. 1 Stunde (dabei verdampft Wasser)
Durch Bepinseln der Brote bekommen sie Kruste
Auskühlen auf Regalen im Lager
Versand in Körben mit Lieferwagen

Formuliere nach diesen Angaben eine zusammenfassende Vorgangsbeschreibung über das Thema „Wie Brot hergestellt wird"! ⊗

14. Gegenstände beschreiben

Karli vermisst seine Armbanduhr. Wahrscheinlich hat er sie im Turnsaal liegen lassen. Auf einem Blatt Papier, das er am schwarzen Brett neben der Kanzlei des Direktors anbringen will, gibt er den Verlust bekannt. ⊗

Armbanduhr verloren

Es handelt sich um eine vergoldete Herrenarmbanduhr, Marke Vogue. Das runde Gehäuse hat einen Durchmesser von 3 ½ cm und ist etwas zerkratzt. Die großen Ziffern auf dem weißen Zifferblatt und die Zeiger sind schwarz. In der Mitte des Zifferblattes ist unten eine Datumsanzeige. Die Rückseite des Gehäuses ist aus Stahl, auf ihr sind die Worte WATER RESISTENT eingraviert.
Das Uhrband ist aus dunkelrotem Schlangenleder, es ist schon recht abgewetzt.
Die Uhr hat vor drei Jahren 850 Schilling gekostet.
Wahrscheinlich habe ich sie im Umkleideraum des Turnsaals vergessen. Der Finder wird gebeten, sie gegen Belohnung bei Karli Berger in der 3a abzugeben.

Auch **Verlustanzeigen** sind **Gegenstandsbeschreibungen**. Du musst angeben:

1. die Art des Gegenstandes
2. sein Aussehen (Größe, Farbe, Unterscheidungsmerkmale von anderen Gegenständen der gleichen Art),
3. wo und wann der Gegenstand verloren wurde,
4. bei wem der Gegenstand abzugeben ist,
5. ob eine Belohnung in Aussicht gestellt ist.

124 *Nimm an, du hättest deine Schultasche verlegt. Beschreibe sie in Form einer Verlustanzeige!* ⊗

125 *Isoldes Fahrrad wurde gestohlen. Sie hat es am Morgen an einem Fahrradständer bei der U-Bahn-Station Wien-Kagran abgestellt und mit einer Kette und einem Vorhängeschloss gesichert. Als sie am Nachmittag ihr Rad wieder holen wollte, war das Rad weg. Nur die durchtrennte Kette mit dem Schloss lag neben dem Fahrradständer. Bei der Polizei gab sie eine genaue Beschreibung ihres Fahrrades ab. Verfasse anhand der Abbildung eine solche Beschreibung! Verwende dabei die angegebenen Bezeichnungen der Fahrradteile!* ⊗ → **L 125**

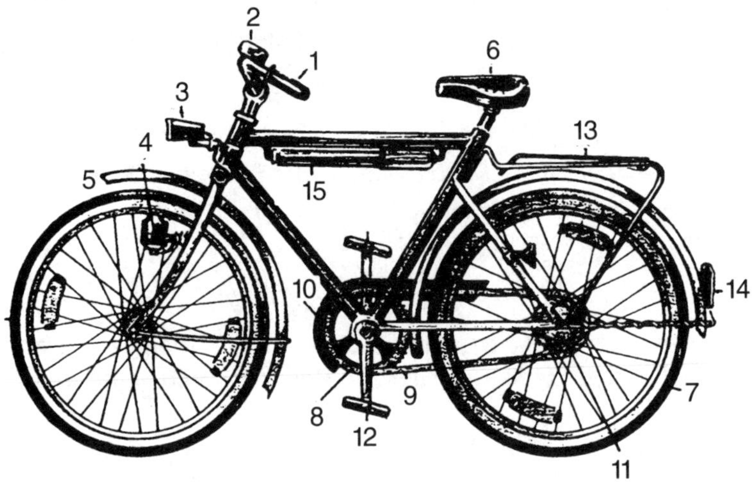

1 der Lenker (die Lenkstange)
2 die Fahrradglocke
3 der Scheinwerfer (die Fahrradlampe)
4 der Dynamo (die Lichtmaschine)
5 das vordere Schutzblech
6 der Fahrradsattel (Elastiksattel)
7 die Bereifung (der Reifen, Luftreifen, die Pneumatik, der Hochdruckreifen, Pressluftreifen)
innen: der Schlauch (Luftschlauch)
außen: der Mantel (Laufmantel der Decke)
8 das Kettenrad (das vordere Zahnrad)
9 die Kette (Rollenkette)
10 der Kettenschutz (das Kettenschutzblech)
11 das hintere Kettenzahnrad (der Kettenradkranz, Zahnkranz)
12 das Pedal
13 der Gepäckträger
14 das Rücklicht (das Katzenauge)
15 die Fahrradpumpe (Luftpumpe)

126 *Nimm an, das Auto deines Vaters (deiner Mutter) sei gestohlen worden. Beschreibe es für die polizeiliche Diebstahlsmeldung! Vergiss nicht, auch die Motornummer anzugeben! Verwende dabei die angeführten Fachausdrücke:* ⊗

Limousine, Kotflügel, Wagentüren, Türgriff, Heckfenster, Windschutzscheibe, Innenraum (Fond), Stoßstange, Kofferraum, Reserverad, Gepäckträger, Rückspiegel, Fahrersitz, Lenkrad, Armaturenbrett, Scheibenwischer, Motorhaube, Blinklicht, Scheinwerfer, Bremslicht, Nummernschild, Kühlergrill, Radzierkappen, Vorderräder, Hinterräder, Zierleisten.

127 *Ein LKW hat einen Fußgänger niedergestoßen. Der Fahrer hat die Flucht ergriffen. Beschreibe ihn als Tatzeuge! Wenn du die Namen der Autoteile nicht weißt, sieh in einem Lexikon oder einem Bilderwörterbuch nach!* △

128 *Beschreibe in Stichworten für einen kurzen Werbetext einen Fotoapparat! Zähle vor allem die Besonderheiten auf!* △

129 *Beschreibe eine gestohlene (vergessene) Damenhandtasche!* ⊗

130 *Auch in Form eines* ***Rätsels*** *kann man Gegenstände beschreiben. Ein Beispiel:*

Was ist das?

Wir haben in unserem Schulzimmer einen lustigen Gesellen. Immer möchte er trinken und baden. Er ist ganz gierig auf Wasser. Wenn er das nicht kann, wird er vor Ärger steif und dürr. Kommt er aber mit Wasser in Berührung, so säuft er sich so an, dass er dick und voll wird. Dann darf

man seinen Leib nicht drücken, sonst macht man das Zimmer nass.
Weißt du, wer der spaßige Kerl ist?

(Toni, 10 Jahre)

→ **L 130**

Verfasse eine ähnliche Beschreibung eines Gegenstandes in Rätselform! ☐

*Das Wort **„kaputt“** wird sehr häufig verwendet. Da es nur ungenau angibt, wie schadhaft etwas ist, sollte man dafür treffendere Ausdrücke verwenden. In den folgenden Lücken könnte das Wort „kaputt“ stehen:* **131**

ein .... Sessel, eine .... Tapete, eine .... Hose, ... Füße, ... Häuser, ... Teppiche, ... Schuhe, ein .... Glas, ein .... Luftballon, ein .... Buch, ... Fensterscheiben, nach dem langen Marsch war ich ganz ......, die .... Speichen, ... Fahrrad, eine .... Stoßstange, ein .... Reifen.

Verwende die Wörter gebrochen, unbrauchbar, verbogen, abgefahren, krank, erschöpft, zerbrochen, wackelig, ausgelatscht, zerschlissen, zerrissen, abgetreten, unbewohnbar oder baufällig, zerplatzt, zerlesen, zersplittert oder eingeschlagen! ☐

→ **L 131**

15. Personen und Tiere beschreiben

Für die Beschreibung von Personen können Texte von Dichtern als Vorbild verwendet werden:

Der Mann war nicht sehr groß, hatte aber den Gang und die Körperhaltung von groß gewachsenen Menschen. Er trug einen modernen bequemen Wintermantel und war im Übrigen anständig, aber unsorgfältig gekleidet, glatt rasiert und mit ganz kurzem Kopfhaar, das hier und dort ein wenig grau flimmerte. Sein Gang gefiel mir anfangs gar nicht, er hatte etwas Mühsames und Unentschlossenes, das nicht zu dem scharfen, heftigen Profil und auch nicht zum Ton und Temperament seiner Rede passte. Erst später erfuhr ich, dass er krank war und das Gehen ihm Mühe machte.

(Hermann Hesse, aus „Der Steppenwolf")

Auch **Personenbeschreibungen** dienen der Information des Lesers. Dabei sollte das Kennzeichnende, Auffällige, Andersartige dargestellt werden. Das gilt sowohl für die äußeren Merkmale als auch für die Eigenschaften und Verhaltensweisen.

Die sprachliche Form hängt vom Zweck ab. Ein Beschreibungsrätsel sollte anders ausgedrückt werden als etwa eine sachliche Abgängigkeitsanzeige.

Beschrieben wird in der Gegenwart (im Präsens).

132 *Suche Ausdrücke, die das Aussehen eines Menschen kennzeichnen:*

die Gestalt, die Kopfform, das Gesicht, die Haare, die Stirn, die Augen, die Nase, die Ohren, den Mund, die Zähne, das Kinn, Arme und Hände, Beine und Füße, die Sprache, die Kleidung! ⊗ → **L 132**

133 *Beschreibe in Form eines Rätsels eine Mitschülerin oder einen Mitschüler!* ⊗ → **L 133**

Vor die Aufgabe gestellt, eine Abgängigkeitsanzeige (Vermisstenmeldung) zu verfassen, hat Kurt, 14, eine Mitschülerin beschrieben: **134**

Abgängigkeitsanzeige

Seit dem 2. Juli wird die 14-jährige Gabriele Rieder vermisst. Sie wurde zum letzten Mal gegen 16 Uhr in der Postgasse in Mödling gesehen.

Das Mädchen ist 161 cm groß, sehr schlank, hat dunkelbraunes, kurz geschnittenes Haar. Ihre Augen sind braun, die Nase ist gerade und schmal. In der linken Augenbraue trägt sie einen Piercingring. Am Hals hat Gabriele unterhalb des rechten Ohres eine etwa 2 cm lange Narbe.

Die Vermisste war mit hellblauen Jeans und einem weißen T-Shirt bekleidet. Es wird vermutet, dass sie wegen schlechter Zeugnisnoten weggelaufen ist.

Zweckdienliche Angaben nimmt jede Polizeidienststelle entgegen.

Verfasse eine ähnliche Vermisstenmeldung! ⊗ → **L 134**

Irmgard ist ihr junger Hund entlaufen. Es ist ein weißer Zwergpudel, 7 Monate alt, männlich. Sein Fell ist kurz geschoren, er trägt ein grünes Halsband mit der Hundemarke. Er hört auf den Namen Blanco. Wer den Hund zurückbringt, erhält eine Belohnung. **135**

Verfasse einen Aushang mit diesem Inhalt! ⊗ → **L 135**

136 *Beschreibe dein Haustier (Hund, Katze, Meerschweinchen u. dgl.)!* ⊗

Richard, 13, hat ein altes Pferd beschrieben, das ihm aufgefallen ist:

Ein altes Pferd

Den Kopf gesenkt, stiert es auf den Hafersack. Die Augen scheinen hervorquellen zu wollen und die feinen Adern der Hornhaut sind stark entzündet. Eine gelbe Flüssigkeit, die sich an den Backenknochen ansammelt, lockt die Insekten an. Die Knochen sind deutlich sichtbar, nur die Haut überzieht sie.

Vom Maul triefen große, schmutzige Schaumflocken und das im Maul verweste Heu leuchtet grün zwischen den gelben, zum Teil ausgebrochenen Zähnen hervor.

Der Kopf ist schmutzig-weiß mit dunklen Flecken. Eine aschfahle Mähne überdeckt die zurückgelegten, herabhängenden Ohrmuscheln. Der Hals ist lang, sehr lang und sehr schmal. Die Schulterknochen ragen ein klein wenig über das Rückgrat hinaus. Die Sehnen, die früher die Beine stramm gehalten haben, sehen Krampfadern ähnlich, und das weißbraune Fell zeigt aufgescheuerte glatzige Stellen. Die Knie sind stark aufgeschunden; bräunliche Haare, die weit oben am Fuß ansetzen, verdecken die Hälfte der schäbigen Hufe.

Der schmale Körper biegt sich von den Schultern zu den Hüften durch und der Rippenbogen sieht wie ein aufgespannter Regenschirm aus.

Der Bauch hängt tief herab, die Hinterbeine scheinen wie hineingestoßen in ihn und die schmalen Oberschenkel ragen ebenfalls über den Schwanzansatz hinaus. Das Pferd steht etwas knieweich da, der lange Schweif pendelt etwas unruhig über die Fußknochen. Seine Farbe ist ein wenig heller als die der Mähne; einige Strähnen sind zusammengeklebt.

16. Örtlichkeiten, Bauwerke, Wege beschreiben

Erich, 14, hat einen gleichaltrigen Freund in Deutschland, der noch nie in Wien war. Er schreibt ihm folgenden Brief: **137**

Lieber Jürgen!

Heute will ich dir meine engere Heimat beschreiben. Ich wohne mit meinen Eltern in Kaisermühlen, das ist ein Teil des 22. Bezirkes von Wien, der Donaustadt. Dieser Bezirksteil liegt auf einer Insel, die einerseits durch den Donaustrom und andererseits durch die „Alte Donau", dem früheren Bett der Donau, gebildet wird. Einst war das ein Augebiet am Donaustrand, auf dem Mühlen standen. Um von der Innenstadt nach Kaisermühlen zu gelangen, muss man über eine Donaubrücke fahren. Zwischen der „Neuen Donau", einem Entlastungsgerinne, und dem Donaustrom befindet sich die Donauinsel, ein Freizeitgelände. Hier kann man kilometerweit mit Rollschuhen dahingleiten.
Über die Reichsbrücke führt die U-Bahn, und hier ist ein neuer Stadtteil entstanden. Da befindet sich die UNO-City, ein großes Konferenzzentrum und der wunderschöne Donaupark.
Im alten Teil von Kaisermühlen, wo ich wohne, ist es gemütlicher. Da gibt es viele kleine Geschäfte, die Kirche, meine Schule, „das Gänsehäufel", eine Badeinsel in der Alten Donau. Da sind die langen Spazier- und Radwege, da gibt es das Kaiserwasser, wo jeder baden und segeln oder im Winter Eis laufen kann.
Ich könnte dir noch viel mehr über meine engere Heimat erzählen, aber am besten wäre es, wenn du mich während der Ferien besuchen könntest.
Übrigens: In Kaisermühlen gibt es bei einem Italiener das beste Speiseeis von Wien. Viele Grüße,

dein Erich

Beschreibe auch du deine engere Heimat, den Ort und dessen Umgebung! △

138 *Gerlinde beschreibt für einen Werbeprospekt eine Sehenswürdigkeit in ihrem Heimatland Kärnten:*

Kennen Sie die Burg Hochosterwitz?

Jeder, der seinen Urlaub an einem Kärntner See verbringt, sollte nicht versäumen, einen Ausflug zur Burg Hochosterwitz zu machen. Die Burg ist ein Wahrzeichen Kärntens. Schon von weitem kann man sie erkennen, denn der 160 m hohe Burgfelsen steht inmitten einer Ebene und beherrscht das Land.
Hochosterwitz ist einerseits noch eine Burg im mittelalterlichen Sinn, andererseits schon eine Festung mit Basteien, auf denen Geschütze aufgestellt werden können. Will man in die Burg, muss man im Tal parken und auf einer steilen Straße durch 14 Tore gehen. Jedes dieser Tore ist mit Inschrifttafeln geschmückt und hat einen eigenen Namen. Da gibt es das Fähnrichtor, das Wächtertor, das Engeltor, das Löwentor und andere mehr. Sie machten es den Belagerern schwer, ja unmöglich, in die Burg einzudringen. Im Jahre 1334 soll die Burg wirklich einer Belagerung standgehalten haben.
Der steile Weg führt in vielen Kurven auf den Burgfelsen zur Hochburg, die im 16. Jahrhundert gebaut wurde. Am Ende des Aufstiegs betritt der Besucher einen kleinen Burghof, den ein hübscher Laubengang umrahmt. In seiner Mitte steht ein alter Ziehbrunnen. Die Räume der Hochburg werden heute für Sammlungen verwendet und gewähren Einblick in das Leben im Mittelalter. Durch die Fenster hat man einen wunderschönen Fernblick ins Kärntner Land.
Die Burg ist seit 1541 im Besitz der Fürsten Khevenhüller. Die Familie wohnt allerdings schon lange nicht mehr hier.

Beschreibe für einen Prospekt ein sehenswertes Gebäude deines Wohnortes! △

Die 4a plant eine Tageswanderung. In einem Wanderatlas findet Werner die folgende Wegbeschreibung: **139**

Auf den Peilstein

Der Peilstein ist 716 m hoch und bietet außer schönen Wäldern und Wiesen auch Fernsichten und den Anblick imponierender Felsabstürze. Von Wien nach Raisenmarkt, dem Ausgangspunkt der Wanderung, gelangt man mit dem Postautobus. In Raisenmarkt nimmt eine westlich weisende rote Markierung ihren Anfang, die zu einer Wegteilung führt. Wir folgen den roten Zeichen, die am Hang des Schlossberges verlaufen und zur Ruine Arnstein leiten. Die Burg wurde bereits 1170 erwähnt. Auf dem Kamm des Schlossberges gelangt man, eine Fahrstraße querend, auf den höchsten Punkt des Peilsteins, wo sich das ständig bewirtschaftete Peilsteinhaus befindet. Vom Rand der Hochfläche, nur wenige Schritte entfernt, sieht man zu Felspartien, die Kletterschule der Wiener Bergsteiger.
Für den Abstieg nach Raisenmarkt wähle man einen anderen Weg. Nur einige Minuten steigt man auf dem Anstiegsweg ab und schlägt dann bei der Wegteilung den nach Holzschlag führenden Pfad ein (rote Markierung). Auf dem Weg bieten sich einem schöne Ausblicke zu den Peilsteinwänden. Der Punkt, wo der Anstieg zur Ruine Arnstein begonnen hat, ist bald erreicht. Von hier aus gelangt man wieder nach Raisenmarkt.
Gehzeiten: Raisenmarkt – Ruine Arnstein ¾ Stunden, auf den Peilstein ¾ Stunden. Zurück über Holzschlag nach Raisenmarkt 1 ¼ Stunden.

Beschreibe den Weg für eine Tageswanderung! Wichtig sind: Ziel, Ausgangspunkt, Fahrgelegenheit dorthin, Wegverlauf, Rastplätze, Gehzeiten hin und zurück. △

17. Für etwas werben, zum Handeln auffordern

Werbetexte sollen andere ohne äußeren Zwang beeinflussen etwas zu kaufen. Das geschieht durch Information über die Erzeugnisse **(informative Werbung)**, aber vielfach auch dadurch, dass man das Gefühl anspricht, Bedürfnisse weckt und Versprechungen macht, die durch den Kauf des Produktes nicht erfüllt werden können **(manipulative Werbung)**.

Einige Beispiele für Werbesprüche (Werbeslogans):

Stilo-Farbstifte – die Farbstifte für junge Künstler
Ein Hauch von Glück – Modena-Kleider
Mit Elefantis-Schuhen lernen Kinder schneller laufen
Goldmünzen sind mehr als Gold wert
L'ÉTOILE – DAS PARFÜM FÜR SCHÖNE FRAUEN

140 *Untersuche, auf welche Weise diese Slogans den Leser manipulieren!* ○

141 *Verfasse Werbetexte! Wirb z. B. für Joggingschuhe, Jeans, Schokolade oder eine Füllfeder!* ○ → **L 141**

142 *Schreib einen lustigen Werbetext für einen Haushaltsroboter!* ○ → **L 142**

143 *Häufig wird auch mit Flugblättern für etwas geworben. Katrin hat den folgenden Werbetext für einen Rasenmäher verfasst:*

Rasenmähen – ein Vergnügen!

Kennen Sie schon unseren ferngesteuerten SCHNICK-SCHNACK-RASENMÄHER? Er schneidet jeden Rasen, jede Wiese in kürzester Zeit von selbst, während Sie bequem im Lehnstuhl sitzen und zusehen können. Mit Hilfe eines kleinen Handgerätes können unsere SCHNICK-SCHNACK-RASENMÄHER nämlich ferngesteuert werden. Er bedarf auch keiner langen Kabelschnur, denn mit unserer SCHNICK-SCHNACK-SUPERBATTERIE wird er geräuschlos angetrieben. Er lässt sich auf jede gewünschte Höhe einstellen und zerkleinert jeden Rasen. Keine Plage mehr beim Starten, kein mühevolles Ausleeren des Grasfängers, da unser SCHNICK-SCHNACK-RASENMÄHER auch zum Komposthaufen gesteuert werden kann. Gegen Aufzahlung wird auch ein Düngegerät mitgeliefert.
Ihr Traumrasen – mühelos!
Erhältlich in allen Fachgeschäften.

Denke dir einen ähnlichen Werbetext für ein Flugblatt aus! Wie wäre es mit einem „Sorgenschlucker"? Es ist ein Gerät, das jedem seine Sorgen vergessen lässt. Es kostet einschließlich Mikrofon nicht 2000 Euro, auch nicht 1500 Euro, sondern nur 999,99 Euro und macht den Käufer glücklich. ⊗

Heinz hat auf dem Markt einem Mann zugehört, der für ein Fleckputzmittel geworben hat: **144**

„Bio-Super-S ist kein gewöhnlicher Fleckentferner, mit dem Sie Ihre Kleider nur ruinieren. Er ist völlig gewebefreundlich und hat keine schädigenden Nebenwirkungen wie andere Erzeugnisse. Es gibt keinen Fleck, keinen Schmutz, der Bio-Super-S widerstehen kann. Im Gegensatz zu fragwürdigen Produkten der Konkurrenz kann Bio-Super-S hier und jetzt den Beweis dafür antreten, dass es Teer-, Blut-, Öl- und Grasflecken, die hier auf dem Tuch zu sehen sind, mühelos entfernt. Nun müssen Sie genau aufpassen!
Man benutzt einen ganz gewöhnlichen Lappen, trägt mit Bio-Super-S einen hauchdünnen Film auf, wischt elegant darüber,

und das Tuch ist nicht nur wieder fleckenfrei, sondern appetitlich sauber, superweiß und wie neu.
Sie bekommen Bio-Super-S in keinem Geschäft, sondern nur bei mir, und zwar zu einem einmaligen Sonderpreis, nicht für 10, nicht für 8, sondern für nur 5 Euro. Jede Frau kann so ihren Mann, jeder Mann kann so seine Gattin erfreuen. Diese Gelegenheit kommt so schnell nicht wieder."

Verfasse einen ähnlichen Werbetext für ein Haushaltsgerät, in dem du übertreibst, den Sachverhalt verschönerst, dem Käufer schmeichelst und in ihm positive Vorstellungen weckst! ⊗

145 *Auch durch* ***Aufrufe*** *können Menschen veranlasst werden im Sinne des Verfassers zu handeln.*

Ein Beispiel:

Die Schüler und Schülerinnen der 2c waren im Tiergarten. Dort gab es nur eine einzige Giraffe. Vom Tierwärter erfuhren sie, dass es für den Ankauf eines Giraffenmännchens an Geld fehle. Die Schüler entschlossen sich daher eine Spendenaktion ins Leben zu rufen. Gemeinsam fertigten sie einen Flugzettel mit einer Zeichnung einer Giraffe an und verfassten folgenden Text:

> *Schenken Sie der weinenden Giraffe einen Gefährten!*
>
> *Wir sind jeden Sonntag vor dem Eingangstor und nehmen Spenden entgegen.*
>
> *Die Schüler der 2c der Hauptschule Spengergasse*

Verfasse einen Aufruf (ein Flugblatt), in dem die Eltern der Schüler veranlasst werden, für die Schülerbücherei Bücher zu spenden! ○

→ **L 145**

Auf Grund einer Zeitungsnotiz, dass es in diesem Sommer wieder einige Todesopfer durch den Genuss von giftigen Pilzen gegeben hat, haben die Schüler der 4c einen Aufruf verfasst, in dem sie vor dem Genuss giftiger Pilze warnen: **146**

Achtung, Pilzsammler!

1. Sammelt nur Pilzarten, die ihr gut kennt!
2. Zertretet nicht unbekannte Pilze, sondern lasst sie stehen!
3. Sammelt keine alten Pilze, sie können beim Genuss zu unangenehmen Beschwerden führen!
4. Reißt Pilze nicht ruckartig aus dem Boden, sondern schneidet sie ab, damit das Pilzgeflecht nicht zerstört wird!
5. Schichtet die Pilze nicht fest übereinander, sondern legt sie locker in einen Korb!
6. Betrachtet die Pilze beim Putzen noch einmal genau, ob es sich nicht um Giftpilze handelt!
7. Bereitet die Pilze bald zu! Pilze verderben rasch.
8. Beteiligt euch an Pilzwanderungen unter Führung erfahrener Pilzsammler!
9. Der Genuss mancher Pilze, besonders der Knollenblätterpilze, ist tödlich. Man erkennt diese an der dicken Fußknolle, der Stielmanschette und an ihrem olivgrünen Hut.

Verfasse einen Aufruf an Wanderer, die Natur zu schützen, keine geschützten Blumen abzubrechen, im Wald kein Feuer anzuzünden, von den markierten Wegen nicht abzuweichen usw. ⊗

Häufig kommt es vor, dass Kinder etwas verkaufen oder eintauschen wollen. Ein Aushang an der Anschlagtafel der Schule führt manchmal zum gewünschten Erfolg. **147**

Ein Beispiel:

Verkaufe
wenig benützte Eislaufschuhe, Größe 36.
Auskunft bei Inge Klein, 1a

*Verfasse eine lustige **Tauschanzeige**, z. B. Angorakatze gegen Brillenschlange! Ein Wertausgleich ist möglich. Vergiss nicht deine Adresse oder Telefonnummer anzugeben!* ○

→ **L 147**

148 *Wenn du an die Leute appellieren willst (also sie beeinflussen willst in deinem Sinne zu handeln), kannst du dies auch mit einem ironischen Text tun.*

Ein Beispiel:

Verkehrte Welt – acht goldene Ferienregeln

1. Gebrauche beim Einsteigen in den Urlauberzug kräftig deine Ellenbogen, nötigenfalls auch die Stiefelabsätze, damit du als Erster den besten Platz im Wagen erhältst!
2. Bleibe auf deinem Platz sitzen und lass Alte und Gebrechliche stehen, schließlich hast du deinen Platz in der Eisenbahn bezahlt!
3. Da es am Strand, in den Bergen oder im Wald unheimlich still ist, so sorge durch Grölen, Quieken und Schreien für einen wohlklingenden Lärm! Nimm ein Radio mit und stelle es auf die höchste Lautstärke!
   Auch das Knattern deines Mopeds wirkt sicher erfrischend auf die anderen Feriengäste.
4. Es gibt in der Geometrie einen Satz, der heißt: Zwischen zwei Punkten ist der gerade Weg immer der kürzeste. Beweise den Förstern und Bauern, dass du diesen Satz richtig erfasst hast, indem du rücksichtslos durch Pflanzungen und Felder latschst und alles niedertrampelst, was dir in den Weg kommt!
5. Koche stets an Orten, wo Aussicht auf einen kleinen Waldbrand besteht! Er ist nicht nur lustig anzusehen, sondern verhindert auch, dass die Tiere des Waldes frieren.
6. Du bist geimpft, nicht wahr? So wird das den Bäumen auch nützlich sein. Grabe also mit deinem Messer deinen Namen tief in die Rinde ein!
7. Wenn irgendwo Obstbäume mit reifen Früchten stehen sollten, so bediene dich! Sollte der Besitzer der Bäume

noch altmodische Ansichten über Mein und Dein haben, so zeige ihm durch dein Gelächter, dass du über solche altväterlichen Ansichten erhaben bist!

8. Verschiedentlich findest du Hinweise darauf, dass das Abladen von Unrat, das Wegwerfen von Abfällen und das Liegenlassen von Flaschen nach dem Picknick unfein ist. Tatsächlich bereicherst du dadurch die eintönige Natur.

(Bruno Horst Bull, aus „Kreativer Kinderalltag")

Verfasse eine ähnliche ironische „Empfehlung" für das Verhalten im Kino oder im Theater! △

*Auch durch Kleinanzeigen in Zeitungen (**Inserate**) kann man appellieren, andere zum Handeln auffordern.*

An der Spitze eines **Inserates** sollte in Fettdruck das Wichtige stehen, also was gesucht wird, was angeboten wird (Blickfang!).

Darauf folgen in Stichworten Einzelheiten, z. B.: Alter, Schulbildung, Kenntnisse, Praxis.

Den Schluss bilden Angaben über die Möglichkeiten mit dem Inserenten in Verbindung zu treten.

Ilse will Verkäuferin werden. Um eine Lehrstelle zu bekommen, lässt ihr Vater ein Inserat in einer großen Tageszeitung einschalten: **149**

Lehrstelle als Verkäuferin für fünfzehnjähriges Mädchen gesucht. Gute Umgangsformen, sichere Rechnerin, Abschlusszeugnis der Hauptschule. Unter „Gewissenhaft 21408" an die Anzeigenabteilung.

Hannes geht den umgekehrten Weg. Er studiert Inserate in der Tageszeitung und antwortet auf die folgende Kleinanzeige:

> **Lehrling gesucht!** Hauptschulabschluss und Polytechnische Schule. Technisch interessiert, fleißig und pflichtbewusst.
> Schriftliche Bewerbungen mit Lebenslauf an Fa. Hager, Autoreparatur – Autohandel, 8190 Birkfeld, Grazer Str. 16, Tel. ....

Verfasse ein ähnliches Inserat für deine Person! Δ

150 *Manche Firmen leisten sich größere Anzeigen:*

> Sind Sie technisch begabt?
> Sind Sie flink und wendig?
> Wollen Sie den Dingen auf den Grund gehen?
> Wollen Sie Offenheit in jeder Hinsicht?
>
> Dann sollten Sie sich bei uns als
>
> **Flaschenöffner**
>
> bewerben!
>
> Wir bieten Ihnen:
> Gute Bezahlung, rosthemmendes Arbeitsklima und, bei Bewährung, Aufstiegsmöglichkeiten zum Dosenöffner.
> Bitte rufen Sie uns an!
> Flaschen-G.m.b.H., 6900 Bregenz, Lindauer Straße 37, Tel. 0 55 74 / 499 90

Verfasse eine ähnliche humorvolle Anzeige! Nimm an, eine Metallwarenfabrik sucht einen „Schraubenzieher". Geboten werden Anreise mit Firmenautobus, angemessenes Gehalt, verbilligte Mahlzeiten in der Werksküche, Aufstiegsmöglichkeit zum „Oberschraubenzieher". Δ

18. Sich bewerben

Wer sich schriftlich um eine Stelle bewirbt, wirbt für sich selbst. Der Arbeitgeber soll durch das Bewerbungsschreiben zur Ansicht gelangen, dass du für ihn der geeignetste Mitarbeiter bist.
Für die äußere Form gelten die Normen des Geschäftsbriefes (siehe S. 185 bis S. 197!)

Inhalt des Bewerbungsschreibens:

Name und Anschrift des Bewerbers,

Anschrift des Empfängers,

Datum (rechts),

Betreff (z. B. Bewerbung um Lehrstelle),

Anrede (z. B.: Sehr geehrte Damen und Herren! Sehr geehrter Herr Direktor! Sehr geehrte Frau ...!),

Einleitung (Anlass der Bewerbung),

Schulbildung, besondere Kenntnisse, Neigungen,

Empfehlungen, falls verlangt (Personen, die im Falle einer Anfrage Auskunft über den Bewerber geben können),

Bitte sich vorstellen zu dürfen,

Unterschrift (Vor- und Zuname),

Beilagen (Fotokopien der Schul- und Arbeitszeugnisse, evtl. Lichtbild).

Beispiel eines Bewerbungsschreibens mit gleichzeitigem Lebenslauf:

Brigitte Leitner
Tannenbergstraße 67
6020 Innsbruck
Tel. 05 12/27 64

Frisiersalon Hedwig Achleitner
Maria-Theresien-Straße 16
6020 INNSBRUCK

Innsbruck, 15. Mai 20 . .

Bewerbung um Lehrstelle

Sehr geehrte Frau Achleitner!

Aus den „Tiroler Nachrichten" ersehe ich, dass Sie für Ihr Geschäft ein Lehrmädchen mit freundlichem Wesen und gepflegtem Erscheinungsbild suchen. Da ich glaube Ihren Vorstellungen zu entsprechen und den Frisörberuf erlernen will, bewerbe ich mich um die Lehrstelle.
Ich bin 15 Jahre alt und werde im Juli schulmündig. Ich stamme aus Innsbruck, mein Vater ist hier Postbeamter. Meine zwei älteren Brüder sind schon berufstätig.
Die Volks- und Hauptschule besuchte ich in Absam (Deutsch und Englisch erste Leistungsgruppe, Mathematik zweite). Derzeit besuche ich die Polytechnische Schule. Über meine Schulleistungen können Ihnen die beigelegten Zeugnisse Auskunft geben. Bitte geben Sie mir Gelegenheit mich vorzustellen.

Mit freundlichen Grüßen

Brigitte Leitner

Beilagen:
2 Zeugniskopien, Foto

Beispiel eines Bewerbungsschreibens mit gesondertem Lebenslauf:

Fritz Neubauer
Wiener Straße 185
3100 St. Pölten
Tel. 0 27 42/90 83

Firma WAK-Optik
Kremser Straße 18
3100 ST. PÖLTEN

St. Pölten, 26. Juni 20..

Bewerbung um Lehrstelle
(Ihr Inserat im „Kurier“)

Sehr geehrte Damen und Herren!

Da ich Optiker werden möchte, bewerbe ich mich um die freie Lehrstelle. Ich habe die Hauptschule erfolgreich abgeschlossen und besuche derzeit die Polytechnische Schule. Am 1. Juli könnte ich bei Ihnen eintreten.
Einzelheiten zu meiner Person können Sie aus dem beiliegenden Lebenslauf ersehen. Meine Eltern sind mit meinem Berufswunsch einverstanden.
Ich werde mich bemühen den Beruf praktisch und theoretisch zu erlernen und mich in Ihrem Betrieb einzugliedern.
Bitte geben Sie mir Gelegenheit mich bei Ihnen vorzustellen.

Mit höflichem Gruß

Fritz Neubauer

Beilagen:
2 Zeugniskopien, Lebenslauf

Redewendungen in Bewerbungsschreiben:

Ich bewerbe mich um den im „Tagblatt“ ausgeschriebenen Posten, weil ich Ihren Erwartungen zu entsprechen glaube.

Aus der Tageszeitung „Presse“ ersehe ich, dass Sie einen Lehrling suchen.

Wie ich von Herrn J. erfahre, wollen Sie einen Lehrling einstellen.

Näheres über meine Person ersehen Sie aus dem beiliegenden Lebenslauf.

Im beiliegenden Lebenslauf habe ich die wichtigsten Angaben über meine Person zusammengestellt.

Die beiliegenden Unterlagen unterrichten Sie über meine Person.

Wann darf ich mich Ihnen vorstellen?

Bitte geben Sie mir Gelegenheit zu einer persönlichen Vorstellung.

Ich bitte Sie mir einen Vorstellungstermin bekannt zu geben.

Es würde mich freuen, wenn Sie mich in Ihre engere Wahl ziehen könnten.

Ich werde mich stets bemühen Ihre Erwartungen zu erfüllen.

Ich werde alles daransetzen durch Fleiß, Pünktlichkeit und genaue Arbeit Ihre Zufriedenheit zu erlangen.

Verfasse ein Bewerbungsschreiben, in dem du dich selbst um eine Lehrstelle bewirbst! Δ **151**

Wenn in Bewerbungsschreiben keine näheren Angaben zur Person des Bewerbers gemacht wurden, muss ein gesonderter **Lebenslauf** beigelegt werden. Der Lebenslauf wird gewöhnlich mit der Hand geschrieben. Er soll sachlich und kurz sein.
Der Lebenslauf kann fortlaufend in Form eines Berichtes abgefasst werden oder tabellenartig in Stichworten. Die tabellenartige Form ist nur dann zweckmäßig, wenn auf eine umfangreiche Ausbildung und eine jahrelange Berufstätigkeit bei verschiedenen Firmen hingewiesen werden soll.

Der Lebenslauf soll folgende Angaben enthalten:

Name und Anschrift des Bewerbers,

Geburtsdatum, Geburtsort, Staatsbürgerschaft,

Beruf des Vaters, der Mutter (nur von Jugendlichen anzugeben),

familiäre Verhältnisse: ledig, verheiratet, Kinder (nur von Erwachsenen anzugeben),

besondere Kenntnisse (Fremdsprachen, EDV-Kenntnisse, Führerschein),

bisherige Berufstätigkeit (nur von Erwachsenen anzugeben),

Präsenzdienst beim Bundesheer/Zivildienst (nur von männlichen Stellensuchenden anzugeben),

Unterschrift (Vor- und Zuname)

Beispiele:

Sieglinde, 15, will Säuglingsschwester werden. Sie bewirbt sich um die Aufnahme in die Schwesternschule. Außer ihrem Aufnahmeansuchen wird ein handgeschriebener Lebenslauf verlangt:

Sieglinde Unterweger
1160 Wien, Brestelgasse 18/3

Wien, am 8. Juli 20..

Lebenslauf

Ich wurde am 17. Mai 19.. als zweites von drei Kindern des Adolf Unterweger und seiner Gattin Berta in Linz geboren. Ich bin österreichische Staatsbürgerin.
Mein Vater ist Versicherungsangestellter, meine Mutter leitet ein Lebensmittelgeschäft. Die vier Klassen der Volksschule besuchte ich in Linz, anschließend absolvierte ich die Hauptschule.
Nach der vierten Klasse trat ich in die Polytechnische Schule in Wien 20 ein, da wir inzwischen nach Wien übersiedelt waren. Meine Schulleistungen sind aus dem Entlassungszeugnis der Hauptschule und dem Zeugnis der Polytechnischen Schule zu ersehen. Kopien habe ich dem Aufnahmeansuchen beigelegt.
Ich betreibe viel Sport (Schwimmen, Schi laufen, Rad fahren) und bin körperlich und geistig gesund.
Meine besondere Liebe gilt kleinen Kindern.
Ich will daher Säuglingsschwester werden.

Sieglinde Unterweger

Karl Schuster

Graz, 14. Mai 20 . .

Lebenslauf

Ich wurde am .... in .... geboren, bin .... Staatsbürger, verheiratet und Vater von .... Kindern.
Nach dem Besuch der Handelsakademie (Matura am ....) trat ich als .... in die Firma .... ein. Hier blieb ich zwei Jahre und nahm dann eine Stelle als .... bei der .... (Bank) an. Durch die fünfjährige Tätigkeit am Schalter erwarb ich mir umfassende Kenntnisse im Bankwesen.
Seit .... bin ich im Export tätig, und zwar bei der Firma .... Zunächst war mein Aufgabengebiet die Auftragsbearbeitung, die Prüfung der Rechnungen und der Kundenschriftverkehr. Nach gründlicher Einarbeitung hatte ich den gesamten Schriftverkehr in der Verkaufsabteilung zu führen und alle Angebote zu bearbeiten. Da ich mich verbessern will, bewerbe ich mich um die Stelle eines Abteilungsleiters.

Karl Schuster

Schreibe deinen eigenen Lebenslauf sachgerecht auf! △ **152**

In einem Export-Import-Handelsunternehmen wird ein weiblicher Bürolehrling gesucht. Verlangt werden sichere Rechtschreibung, Grundkenntnisse in der Bedienung eines Personalcomputers und Englisch. **153**
Verfasse ein solches Bewerbungsschreiben mit Lebenslauf! △

Beispiel eines tabellenartigen Lebenslaufes:

Christoph Holzapfel

Innsbruck, ...

Lebenslauf

Persönliches:	geboren am 16. Oktober 19 . . in ...., verheiratet seit ...., eine Tochter, ... Jahre alt
Schulen:	19 . . – 19 . . Volksschule in .... (Ort), 19 . . – 19 . . Hauptschule in .... (Ort), 19 . . – 19 . . 3-jährige Berufsschule für Tischler, September 19 . . Gesellenprüfung mit gutem Erfolg
Berufstätigkeit:	19 . . – 19 . . Lehrling bei der Möbeltischlerei Karl Sulzer, 19 . . – 19 . . als Geselle bei derselben Firma
Prüfungen:	2. 3. 19 . . Meisterprüfung
Bundesheer:	2. 10. 19 . . – 2. 8. 19 . . Präsenzdienst

Christoph Holzapfel

19. Der Geschäftsbrief und seine Form

Geschäftsbriefe müssen sachlich und verständlich formuliert werden. Sie werden fast ausnahmslos mit einem Personalcomputer geschrieben. Aus wirtschaftlichen Gründen ist ihre Form genormt (Önorm A 1080). Das Papierformat sollte 210 x 297 mm (A4) betragen. Bei kurzen Mitteilungen ist auch der so genannte „Halbbrief" zugelassen.
Für Briefumschläge gelten die Formate 114 x 162 mm (C5) oder 176 x 250 mm (B5).

Für die **Anordnung des Textes** gelten die „Richtlinien für das Maschinschreiben" des österreichischen Normenausschusses:

Der Text eines Briefes sollte an der Fluchtlinie beginnen. Die Fluchtlinie ist eine gedachte Linie, die nach 10 Leerschritten parallel zum linken Blattrand läuft.

Die **Absenderangabe** links oben hat mindestens 5 Zeilenschritte vom oberen Blattrand an der Fluchtlinie zu beginnen. Die letzte Zeile ist in der Länge der längsten Zeile zu unterstreichen.

Die **Empfängeranschrift** hat mindestens 5 Zeilenschritte nach der Absenderangabe zu beginnen.

Ort und Datum der Ausfertigung sind, durch einen Beistrich getrennt, 2 Zeilenschritte unter der Postleitzahl des Empfängers zu schreiben.

Die **Betreffangabe** hat mindestens 5 Zeilenschritte nach der Empfängeranschrift an der Fluchtlinie zu beginnen. Die Betreffangabe wird unterstrichen.

Wird eine **Anrede** verwendet, so hat diese 3 Zeilenschritte nach der Betreffangabe an der Fluchtlinie zu beginnen.

Der **Text** wird in der Regel einzeilig geschrieben. Er beginnt an der Fluchtlinie. Absätze sind durch eine Leerzeile zu bilden.

Die **Grußformel** hat 2 Zeilenschritte unter dem Textende an der Fluchtlinie oder in der Schreibraummitte zu beginnen.

Beilagen: Beginnt die Grußformel an der Fluchtlinie, so hat der Beilagenvermerk 2 Zeilenschritte nach der Angabe des Namens an der Fluchtlinie zu beginnen.

Beginnt die Grußformel in der Schreibraummitte, so hat der Beilagenvermerk an der Fluchtlinie in Höhe der Unterschrift zu beginnen.

Besteht der Beilagenvermerk aus einer Zeile, so ist diese zu unterstreichen.

Werden mehrere Beilagen aufgezählt, so ist das Wort „Beilage“ voranzustellen und zu unterstreichen.

Ein Beispiel:

Erwin Berger
Schulsprecher der HS Krems 2
Bahnhofstraße 18
3502 Krems

Fußballklub „Donau“
Ringstraße 29
3502 KREMS

Krems, am 17. Juni 20 . .

Anfrage wegen Überlassung des Sportplatzes

Sehr geehrte Damen und Herren!

Als Schulsprecher der Hauptschule Krems 2 frage ich höflich an, ob der Fußballklub „Donau“ den Schülern dieser Schule den Sportplatz in der Pappelallee am 28. Juni 20 . . zwischen 15 und 18 Uhr zur Benützung überlassen könnte.

Die Schüler der Hauptschule Krems 2 wollen an diesem Tag ein Sportfest veranstalten und dazu auch Eltern und Freunde einladen. Der Schule steht jedoch kein geeigneter Platz für diese Veranstaltung zur Verfügung.

Die entstehenden Spesen wollen wir aus Spenden begleichen.

Mit freundlichen Grüßen

Erwin Berger

(Erwin Berger)

Bestätigung der Schulleitung

19.1 Anfrage, Angebot, Absage

Fredis Eltern suchen ein Urlaubsquartier in einem Bauernhof. Die Unterkunft soll ruhig und in einer waldreichen Gegend liegen. Ein naher Badesee oder ein Schwimmbad wäre wünschenswert.

In einer Werbebroschüre findet Fredis Mutter einen Ort, der ihren Vorstellungen entspricht:

Assling/Osttirol, 1128 m

Ausgedehnte Bergbauerngemeinde im Pustertal zwischen den Lienzer Dolomiten und den Deferegger Alpen, mit den Dörfern St. Justina, Schrottendorf und Bamberg.

Sehenswert: gotische Kirche St. Corbinian mit einem Michael-Pacher-Altar.

Verkehrslage: Zufahrt über die Bundesstraße 100 zwischen Lienz und Sillian. Alle vier Orte ca. 3 km abseits der Bundesstraße, der Millstätter See leicht erreichbar.

Autobusverbindung: Lienz–Thal–Assling.

Unterkünfte: 6 Gasthöfe und 100 Privatzimmer.
Spaziergänge und Wanderungen: Wals (5 Minuten), Scharbodenteich (1 Stunde), Lienzer Klause (1 Stunde), Höhenwanderung Assling–Penzendorf–Bamberg (1½ Stunden), Wege eben.

Bergtouren: Lienzer Dolomiten, Deferegger Alpen.

Autoausflüge: Großglockner, Kärntner Seen.

Auskunft: Fremdenverkehrsverband 9911 Assling/Osttirol.

154 *Verfasse einen ähnlichen Text für einen Werbeprospekt eines Urlaubsortes!* △

Nach Beratung mit den übrigen Familienmitgliedern entscheidet sich die Familie für Assling. Fredis Vater schreibt an den Fremdenverkehrsverband Assling den folgenden Brief:

Josef Schmiedgruber
Lindauer Gasse 29
1160 Wien

An den
Fremdenverkehrsverband Assling
Berggasse 13
9911 ASSLING/OSTTIROL

Wien, 12. April 20 . .

Anfrage wegen Urlaubsquartier

Da ich mit meiner Familie meinen Sommerurlaub in Assling verbringen möchte, ersuche ich Sie mir Adressen von Zimmervermietern bekannt zu geben.
Ich suche für den Monat Juli zwei ruhig gelegene Zimmer mit Bad in einem Bauernhaus. Ideal wäre es, wenn sich unweit ein Gasthaus mit guter Küche befände.

Mit höflichem Gruß

Josef Schmiedgruber

Verfasse eine ähnliche Anfrage an den Verkehrsverein **155**
Hermagor in Kärnten und ersuche um Unterlagen für einen Urlaubsaufenthalt! △

Schon wenige Tage später langt bei der Familie Schmiedgruber ein Ortsprospekt mit einem Plan ein, wo die einzelnen Häuser eingezeichnet sind, deren Besitzer Zimmer vermieten. Herr Schmiedgruber findet ein Haus, dessen Lage seinen Vorstellungen entspricht. Er schreibt daher an den Vermieter folgenden ***Anfrage****:*

Josef Schmiedgruber
Lindauer Gasse 29
1160 Wien

Herrn
Alois Defregger
Oberweg 19
9911 ASSLING

Wien, 18. April 20 . .

Anfrage wegen Zimmern

Sehr geehrter Herr Defregger!

Vom Fremdenverkehrsverband habe ich Ihre Adresse erhalten und erfahren, dass sie Zimmer vermieten.
Da ich mit meiner Familie (2 Erwachsene, 2 Kinder im Alter von 10 und 13 Jahren) den Urlaub auf einem Bauernhof verbringen will, ersuche ich Sie mir mitzuteilen, ob Sie für die Zeit vom 7. bis 30. Juli noch 2 Zweibettzimmer mit Bad oder Dusche frei haben.
Ich bitte Sie mir auch den Zimmerpreis einschließlich aller Abgaben bekannt zu geben.

Mit freundlichen Grüßen

Josef Schmiedgruber

156 *Verfasse eine ähnliche Anfrage an einen Vermieter in dem Bergdorf Sibratsgfäll im Bezirk Bregenz! Gewünscht wird ein Zimmer mit Balkon für den Monat August.* △

*Der Vermieter aus Assling antwortet Herrn Schmiedgruber freundlich und stellt folgendes **Angebot**:*

....

Ihren Brief habe ich mit Dank erhalten. Ich kann Ihnen zwei moderne Zimmer mit Dusche in ruhiger Südlage anbieten. Mein Haus liegt etwa 5 Minuten von der Dorfmitte entfernt, wo sich auch zwei gut geführte Gasthäuser befinden.

Der Zimmerpreis beträgt einschließlich Frühstück und aller Abgaben ...... Euro.

Ich würde mich sehr freuen, Sie und Ihre Familie als Gäste in meinem Hause begrüßen zu dürfen.

Ein Hausprospekt liegt diesem Schreiben bei.

....

Verfasse einen ähnlichen Brief eines Vermieters mit einem **157**
Angebot! △

*Da Herr Schmiedgruber sichergehen wollte eine Zusage zu erhalten, hat er noch einem zweiten Vermieter geschrieben. Dieser sendet ihm jedoch eine **Absage**:*

Sehr geehrter Herr Schmiedgruber!

Vielen Dank für Ihre Anfrage. Leider müssen wir Ihnen mitteilen, dass wir für die angegebene Zeit keine Zimmer mehr frei haben.

Wir würden uns aber freuen, wenn Sie zu einem anderen Zeitpunkt zu uns kommen könnten.

Ein Hausprospekt liegt bei.

Mit freundlichen Grüßen

Heinrich Thaler

19.2 Bestellung, Vormerkung, Stornierung

*Auf Grund der Zusage des einen Vermieters sendet Herr Schmiedgruber eine **Bestellung** ab:*

Josef Schmiedgruber
Lindauer Gasse 29
1160 Wien

Herrn
Alois Defregger
Oberweg 19
9911 ASSLING/OSTTIROL

Wien, 5. Mai 20 . .

Zimmerbestellung

Sehr geehrter Herr Defregger!

Ich bin mit Ihrem Angebot einverstanden und bestelle für die Zeit vom 7. bis 30. Juli d. J. in Ihrem Haus zwei Zweibettzimmer mit Frühstück zu den angegebenen Bedingungen. Eine Anzahlung in der Höhe von .... Euro habe ich heute an Sie überwiesen.

Mit freundlichen Grüßen

Josef Schmiedgruber

158 *Bestelle in einem Gasthof für die Zeit vom 2. bis 16. August ein Doppelzimmer mit Vollpension!* Δ

Der Vermieter Alois Defregger sendet nach Erhalt der Bestellung sofort eine bindende ***Vormerkung (Reservierung)*** *an Herrn Schmiedgruber:*

Sehr geehrter Herr Schmiedgruber,

auf Grund Ihrer Bestellung und der eingegangenen Anzahlung merke ich Sie für 2 Zweibettzimmer mit Frühstück für die Zeit vom 7. bis 30. Juli vor.
Besten Dank! Ich freue mich auf Ihr Kommen und bin überzeugt, dass Sie sich in unserem Haus wohl fühlen werden.

Mit bestem Gruß

Alois Defregger

Aus unvorhergesehenen Gründen muss Herr Schmiedgruber seine Bestellung rückgängig machen. Er sendet eine ***Abbestellung (Stornierung)****:*

Sehr geehrter Herr Defregger!

Ich habe bei Ihnen 2 Zimmer für die Zeit vom 7. bis 30. Juli bestellt. Weil sich meine Urlaubsvertretung für längere Zeit krank gemeldet hat, kann ich meinen Urlaub zu dem angegebenen Termin leider nicht antreten. Deshalb muss ich die Zimmer abbestellen. Die Vorauszahlung verfällt zu Ihren Gunsten. Sobald ich einen neuen Termin für meinen Urlaub weiß, werde ich mich melden.
Ich rechne mit Ihrem Verständnis und danke für Ihr Entgegenkommen.

Mit freundlichen Grüßen

Josef Schmiedgruber

Eine **Bestellung** soll folgende Angaben enthalten:

1. die genaue Angabe, worauf sich die Bestellung bezieht,
2. den Bestellsatz: „Ich (Wir) bestelle(n) ...“
3. die genaue Bezeichnung des Gegenstandes der Bestellung (Bestellnummer, Größe, Qualität u. dgl.),
4. Angaben über Menge oder Verpackungseinheit,
5. die Angabe des Preises,
6. Angaben über die Lieferzeit.

159 *Bestelle schriftlich im Versandhaus „Cosmos“ eine Kleinbildkamera, Marke Minolta, 36 RC, Bestellnummer 6374!* ⊗

→ **L 159**

19.3 Reklamation, Mahnung, Schadensmeldung

160 *Nicht immer kommt es vor, dass die gelieferte Ware einwandfrei ist. Patrick hat in einem Großversandhaus eine Kleinbildkamera bestellt und laut Prospekt ein Umtauschrecht von zwei Wochen nach der Lieferung. Schon bei der Erprobung stellt er fest, dass der Verschluss der Kamera manchmal klemmt. Daher schreibt er eine* ***Reklamation*** *und verlangt, dass der Apparat umgetauscht wird. Bezahlen will er erst, wenn er eine einwandfreie Kamera geliefert bekommen hat.*

Verfasse einen solchen Text! △

→ **L 160**

Eine Reklamation, auch Mängelrüge genannt, wird dann nötig, wenn einer der Geschäftspartner mit einer Lieferung oder Leistung nicht einverstanden ist. Der Mangel sollte wegen der Beweiskraft schriftlich mitgeteilt werden.

Eine Reklamation sollte enthalten:

das Datum der Bestellung bzw. Lieferung,

die genaue Beschreibung des Mangels,

die Ansprüche, z. B. Umtausch, Schadenersatz, Preisnachlass, Rücktritt vom Kaufvertrag.

Beispiel eines Reklamationsschreibens:

Andrea Sichauf
Kirchenplatz 17
9844 Heiligenblut

An die Buchhandlung „Lesequelle"
Robert-Musil-Straße 48
9020 KLAGENFURT

Heiligenblut, 4. 11. 20 . .

Reklamation Ihrer Lieferung,
Rechnung Nr. 0763 v. 25.10.20 ..

Auf Grund meiner Bestellung haben Sie mir das Buch „Gullivers Reisen" zugesandt. Beim Durchblättern musste ich leider feststellen, dass die Seiten 163 bis 178 fehlen.
Anbei sende ich Ihnen daher das Buch zurück und ersuche es umzutauschen.
Die Bezahlung erfolgt nach Lieferung des vollständigen Werkes.

Mit höflichem Gruß

Andrea Sichauf

Beilage

161 *Aufgabe:*
Nimm an, du hast einen tragbaren Radioapparat mit CD-Player zugesandt bekommen. Bei der Erprobung hast du festgestellt, dass ein Schaltknopf immer gleich zurückspringt! Verfasse ein Reklamationsschreiben und verlange den Umtausch! Δ

Nicht immer wird pünktlich bezahlt. In diesem Fall senden die Firmen ein ***Erinnerungsschreiben (Mahnschreiben)*** *und erinnern an die ausständige Zahlung. Wenn der Kunde nicht reagiert, folgen weitere Mahnschreiben und gerichtliche Schritte.*

Beispiel eines Mahnschreibens:

Rechnung Nr. 30478 vom ....

Besten Dank, dass Sie bei uns gekauft haben.

Wir haben Ihnen die Kleinbildkamera der Marke Minolta 36 RC umgetauscht und sind überzeugt, dass Sie mit ihr bereits viele schöne Bilder geknipst haben.

Der Sendung haben wir außer der Rechnung noch einen Erlagschein beigelegt und Ihnen eine Zahlungsfrist von 14 Tagen nach Erhalt der Sendung eingeräumt. Leider mussten wir feststellen, dass dies Ihrer Aufmerksamkeit entgangen ist und die Rechnung bis heute nicht beglichen wurde. Wir ersuchen Sie daher den Betrag innerhalb von 8 Tagen einzuzahlen.

Mit höflichem Gruß

Karl Neuhaus

(Leiter der Buchhaltung)

Ein Mahnschreiben sollte enthalten:

den Dank für den Kauf der Ware,

das Datum der Rechnung und den Fälligkeitstermin,

die freundliche, aber bestimmte Aufforderung zur Zahlung des ausständigen Betrages,

einen neuen Termin, bis zu dem das Geld dem Konto gutgeschrieben sein soll.

Verfasse ein Mahnschreiben wegen Nichtbezahlung des gelieferten Heizöls! Δ **162**

Beispiel einer Schadensmeldung: **163**

Nimm folgenden Fall an:

Frau Rosenberger muss wegen eines Wasserrohrbruches ihre Küche neu ausmalen lassen. Da sie eine Haushaltsversicherung abgeschlossen hat, meldet sie der Versicherungsgesellschaft den Schadensfall. Diesem Schreiben legt sie einen Kostenvoranschlag des Malermeisters bei und ersucht um Ersatz der Kosten durch die Versicherung. Vergiss nicht bei der Schadensmeldung die Nummer der Versicherungspolizze anzugeben!
Wie könnte der Brief lauten? Δ → **L 163**

20. Schreiben an Behörden

Schreiben an Behörden und Ämter, so genannte **Eingaben,** müssen wie Geschäftsbriefe einfach, klar und sachlich sein. Ein persönlicher Ton ist nicht am Platz.
Zu den Behördenbriefen zählen **Meldungen, Anzeigen, Ansuchen, Anträge, Berufungen und Beschwerden**. Vielfach werden dazu Vordrucke (Formulare) verwendet. Wenn es sich jedoch um individuelle Mitteilungen handelt, muss ein Brief geschrieben werden.

Bei der **Anschrift** sollte nach Möglichkeit die Dienststelle und das Referat genannt werden, damit der Brief rasch an die richtige Stelle gelangt.

Auf die Anschrift folgt der **Betreff**, hier ist, wenn bekannt, das Aktenzeichen, die Steuernummer oder dergleichen anzugeben.

Die **Anrede** einer Person fällt bei Behördenbriefen weg.

Als **Inhalt** folgt die sachliche Darstellung des Falles und schließlich die Begründung des Ansuchens, der Beschwerde u. dgl.

Am **Schluss** schreibt man „Mit höflichem Gruß“, „Mit freundlichen Grüßen“ oder einfach „Hochachtungsvoll“.

Beispiel eines Urlaubsansuchens:

Franz Steiger
Hauptstraße 10
2393 Sittendorf

An den
Bezirksschulrat des Bezirkes Mödling
Bahnhofplatz 1
2340 MÖDLING

Sittendorf, 2. Mai 20 . .

Ansuchen um Beurlaubung eines Schülers

Ich ersuche, meinen Sohn Konrad Steiger, Schüler der 3b der Hauptschule in der Jakob-Thoma-Straße 20 in Mödling, für die Zeit vom 16. bis 30. Mai vom Unterricht zu beurlauben.
Begründung: Ich bin im Gastgewerbe tätig und bekomme nur außerhalb der Hauptsaison Urlaub. Ich möchte diesen gerne mit meiner Familie verbringen.

Konrad wird sich alle Mühe geben das Versäumte so rasch wie möglich nachzuholen.

Mit höflichem Gruß

Franz Steiger

Beispiel einer Beschwerde:

Friedrich Schleinzer
Sinagasse 97
1220 Wien

An das
Polizeikommissariat Donaustadt
Wagramer Straße 89
1220 WIEN

Wien, 16. Juni 20 . .

Beschwerde wegen Lärmbelästigung

Im Hause Sinagasse 97, 1. Stock, links, wird täglich bei offenem Fenster bis nach Mitternacht ein Radioapparat, Cassettenrecorder oder CD-Player so laut aufgedreht, dass die Bewohner der Nachbarschaft unmöglich schlafen können. Obwohl die Verursacher des Lärms sowohl mündlich als auch schriftlich auf die Unhaltbarkeit dieses Zustandes aufmerksam gemacht wurden, ändert sich an dem Höllenlärm nichts.

Ich bitte Sie diese nächtliche Ruhestörung so bald wie möglich abzustellen.

Hochachtungsvoll

Friedrich Schleinzer

im Namen der Bewohner des Hauses Sinagasse 97

164 *Verfasse eine Eingabe an das Gesundheitsamt der Stadt Wien und beschwere dich über die Geruchsbelästigung durch eine Wurstfabrik!* Δ

→ **L 164**

Beispiel einer Verlustmeldung:

An den Gendarmerieposten
6708 BRAND BEI BLUDENZ

Verlustmeldung

Auf der Wanderung vom Miggenkopf über den Gotschnagrat zum Amatschonjoch und von dort zurück über den Palmüdweg nach Brand am 16. August ließ ich an einer Raststelle meinen Fotoapparat, Marke Olympus 140, liegen.

Falls der Fotoapparat bei Ihnen abgegeben wurde, bitte ich Sie, mir diesen gegen Ersatz der Spesen zu schicken und mir den Namen und die Anschrift des Finders bekannt zu geben.

Für Ihre Bemühungen danke ich im Voraus.

Verfasse einen Brief an das Fundbüro des Hauptbahnhofes Innsbruck und gib bekannt, dass du am .... in einem Abteil 2. Klasse des Zuges „Maria Theresia“ (Richtung Bregenz) einen Koffer vergessen hast. Weitere Einzelheiten kannst du dir selbst ausdenken. Δ **165**

→ **L 165**

Beispiel eines Antrages:

Erwin Horner
Hernalser Hauptstraße 143
1170 Wien

An das
Stadtgartenamt
Am Heumarkt 2b
1030 WIEN

Wien, 18. September 20 ..

Antrag auf Baumfällung

Vor meinem Haus in der Hernalser Hauptstraße 143 steht in der Allee ein alter Ahornbaum, der schon völlig morsch ist und zum Teil dürre Äste hat. Da die Gefahr besteht, dass bei einem Sturm Äste abbrechen und die vor dem Haus parkenden Autos beschädigen oder die Passanten gefährden, beantrage ich den Baum fällen zu lassen.

Mit höflichem Gruß

Erwin Horner

166 *Verfasse eine Eingabe an das Finanzamt für den 22. Bezirk, Ref. 8, Dr.-Adolf-Schärf-Platz 2, 1220 Wien, und ersuche höflich um Verlängerung der Abgabefrist der Einkommensteuererklärung, da du durch einen längeren Spitalsaufenthalt verhindert warst, ihn rechtzeitig (am 31. März) einzureichen. Lege dem Brief eine Bestätigung des behandelnden Arztes bei.* △

→ **L 166**

Beispiel einer Berufung gegen den Bescheid des Finanzamtes:

Angelika Hinterberger
Neubaugasse 49/18
1070 Wien

An das
Finanzamt für den 7. Bezirk
Seidengasse 20
1070 WIEN

Wien, 23. November 20 . .

Berufung gegen den Einkommensteuerbescheid vom 15. November – Steuernummer 831/36772 (Ref. 01)

Hiermit lege ich gegen den Einkommensteuerbescheid vom 15. November Berufung ein und ersuche um neuerliche Berechnung meiner Einkommensteuer für das Jahr 20 . . .
Begründung: Dem Einkommensteuerbescheid für das Jahr 20 . . entnehme ich, dass das Finanzamt irrtümlich meine Einkünfte versteuert hat, ohne die in meiner Einkommensteuererklärung angeführten Betriebsausgaben in der Höhe von .... Euro berücksichtigt zu haben.

Der zu versteuernde Gewinn beträgt daher, wie Sie aus meiner Einnahmen-Ausgaben-Rechnung für das Jahr 20 . . ersehen können, nicht .... Euro, sondern nach Abzug der Betriebsausgaben nur .... Euro.

Mit höflichem Gruß
Angelika Hinterberger

21. Probleme erörtern, Stellung nehmen

Die Schüler aller 4. Klassen der Hauptschule und der AHS stehen vor dem Problem der Berufswahl. Sie diskutieren lange darüber, welche Möglichkeiten sich für sie ergeben. Am folgenden Tag verteilt der Klassenvorstand ein Flugblatt, auf dem zusammenfassend das Ergebnis der Diskussion dargestellt wird. Der Text soll dem Einzelnen bei der Entscheidung dieses Problems helfen.

Wohin nach der 8. Schulstufe?

1. Berufswahl entscheidend für das weitere Leben (Persönlichkeitsentfaltung, Zufriedenheit, Erfolg, Lebensstandard). Gründliche Überlegungen daher erforderlich.

2. Nach der Hauptschule bzw. der Unterstufe der AHS bestehen zwei Ausbildungsmöglichkeiten:

   a) Besuch einer allgemeinbildenden oder berufsbildenden, mittleren oder höheren Schule;
   Vorteile: erweiterte Allgemeinbildung, Möglichkeit die Reifeprüfung abzulegen und danach gegebenenfalls die Universität zu besuchen, bei Absolvierung einer berufsbildenden Schule außerdem volle Berufsreife.
   Nachteile: jahrelang noch kein eigenes Einkommen, Abhängigkeit von den Eltern, für diese hohe Kosten, nach allgemeinbildender höherer Schule noch kein Berufswissen, zumeist weiteres Studium erforderlich, geringe Zahl der Arbeitsplätze.

   b) Besuch der Polytechnischen Schule (ein Jahr) und danach Absolvierung einer Berufslehre (3 bis 4 Jahre).
   Vorteile: frühzeitig eigenes Einkommen, praxisnahe Ausbildung im Betrieb, geringere Kosten für Eltern, Möglichkeit Meisterprüfung abzulegen und sich selbstständig zu machen.
   Nachteile: Als unselbstständiger Arbeiter oder Angestellter meist geringere Bezahlung gegenüber Absolven-

ten höherer Schulen oder der Universität, geringere Aufstiegsmöglichkeiten.

3. Gesichtspunkte für die Berufswahl:
   a) Neigung und Interesse: Rat der Eltern manchmal im Gegensatz zur Neigung, andererseits kann Interesse vorübergehend sein und nur auf oberflächlicher Beeinflussung beruhen (Werbung, Fernsehen). Zu empfehlen: Exkursionen in Betriebe, Gespräche mit Leuten, die diesen Beruf ausüben, Probezeit.
   b) Körperliche und geistige Eignung so wichtig wie Neigung. Mangelnde Berufserfolge unbefriedigend. Rat von Psychologen einholen.
   c) Berufsaussichten: sehr wesentlich, über Aussichten, einen Arbeitsplatz jetzt und später zu bekommen, gibt Berufsberater des Arbeitsamtes für Jugendliche Auskunft.
   d) Sonstige Erwägungen: Sind Ausbildungskosten für die Eltern tragbar? Dauer der Ausbildung? Entlohnung während der Ausbildung und später? Macht sich die längere Ausbildung bezahlt? Lebensstellung oder Saisonberuf? Selbstständige Tätigkeit oder lebenslange Unterordnung? Einzelarbeit oder Teamarbeit?
4. Überlegungen zur eigenen Situation nach gewissenhafter Selbsteinschätzung. Entscheidung sollte erst nach Abwägen aller Vor- und Nachteile von jedem selbst getroffen werden.

Verfasse nun unter dem Titel „Meine Pläne für die nahe Zukunft“ einen Text! Δ **167**

→ **L 167**

Wer Probleme schriftlich erörtern will, sollte sich vorher über den Sachverhalt gründlich informieren.

Erst wenn du das Für und Wider kennst, solltest du dir ein eigenes Urteil bilden.

Vor die Aufgabe gestellt, zu der Frage ***„Hausübungen ja oder nein?“*** *einen Aufsatz zu schreiben, hat Rosi die folgende Gliederung ausgearbeitet:*

Einleitung:

Immer wieder taucht in der Schule die Frage auf, ob Hausübungen notwendig sind oder nicht. Viele glauben, sie seien überflüssig und lehnen sie ab, andere sind der Meinung, dass ohne schriftliche Hausübungen das Lernziel nicht erreicht werden kann.

Hauptteil:

Was spricht für Hausübungen (Pro-Argumente)?
HÜ werden vom Lehrplan verlangt, sie können schriftlich oder mündlich durchgeführt werden.
HÜ ermöglichen das Gehörte in Ruhe und ohne Zeitdruck zu überdenken, zu wiederholen, einzuüben, anzuwenden.
Erst durch HÜ wird es möglich sich einmal Gehörtes längere Zeit zu merken.
HÜ können zu beliebiger Zeit in einem individuellen Tempo und ohne Störung durch die Mitschüler ausgeführt werden.

Was spricht gegen Hausübungen (Kontra-Argumente)?
Manche Schüler haben nach dem Unterricht am Vormittag genug vom Lernen. Sie brauchen Entspannung, Freizeit für Spiel und Sport, besonders am Wochenende.
Schriftliche HÜ sehen sie als unnötig an. Wiederholungen sollten in der Schule in eigenen dafür vorgesehenen Stunden ausgeführt werden.
Schriftliche HÜ nehmen zu viel Zeit in Anspruch, vor allem dann, wenn die Lehrer mehrerer Fächer gleichzeitig eine schriftliche HÜ verlangen.
HÜ lassen den Schülern keine Zeit Musikinstrumente zu lernen oder in Vereinen tätig zu sein.
Wenn an Tagen vor einer Schularbeit noch HÜ zu schreiben sind, kommen die Schüler in Stress.

Nimm nun in einem Text zu diesem Problem Stellung! Sage deine eigene Meinung und mache Lösungsvorschläge! Δ **168**

Wenn du ein Problem erörtern willst, zu einer Behauptung schriftlich Stellung nehmen willst, formuliere zuerst die verschiedenen gegensätzlichen Standpunkte! Ergänze die einzelnen Argumente durch Beispiele!

Danach schreib in Stichworten eine **Gliederung**:

In der **Einleitung** stelle das Problem dar und nenne die Ursachen!

Im **Hauptteil** stelle die verschiedenen Ansichten einander gegenüber und wäge das Für und Wider ab, erörtere die Einwände und mache Lösungsvorschläge!

Am **Schluss** fasse das Ergebnis deiner Überlegungen zusammen und schreib deine eigene Meinung dazu!

Jetzt erst verfasse einen zusammenhängenden Text, knüpfe dabei immer an die vorher ausgesprochenen Gedanken an!

Die Klassenvertreter des Gymnasiums in der Franklinstraße überlegen, ob sie eine Schülerzeitung herausgeben sollen oder nicht. Anni, die Sprecherin der 5a, hat sich alles notiert, was ihr dazu eingefallen ist, und die einzelnen Punkte dann in einer Gliederung geordnet. **169**

Sollen wir eine Schülerzeitung herausgeben?

<u>Einleitung:</u>

Die Klassensprecher aller Klassen schlagen vor eine Schülerzeitung herauszugeben. Die Zeitung würde begrüßt werden.

Hauptteil:

1. Argumente für die Herausgabe der Schülerzeitung:

   Wir wollen lesen, was Schüler unseres Alters schreiben.
   Wir wollen darin ungehindert unsere Meinung sagen.
   Die Zeitung erzieht zum gegenseitigen Verständnis.
   Sie ist Mitteilungsblatt und Sprachrohr der Schüler.
   Durch die Mitarbeit wird der Zusammenhalt in der Schule gefördert, sie stärkt das Zusammengehörigkeitsgefühl.

2. Argumente gegen die Herausgabe der Schülerzeitung:

   Sachliche Schwierigkeiten: Die Zeitung kostet Geld. Der Druck oder die Vervielfältigung sind zu schwierig. Es fehlen die erforderlichen Geräte.
   Personelle Schwierigkeiten: Die Mitarbeiter müssen gut Texte verfassen können.
   Die Schreiber haben damit zu rechnen, dass sie am Lernen gehindert werden.

Schluss:

Lösungsvorschlag: Statt einer Zeitung soll ein Anschlagbrett benutzt werden.
Von Zeit zu Zeit kann ein Flugblatt vervielfältigt werden.
Zu einem späteren Zeitpunkt soll der Plan noch einmal besprochen werden.

Verfasse nach dieser Gliederung eine zusammenhängende Erörterung! △ → **L 169**

170 *In der 1a gibt es einen „**Kummerbriefkasten**“. Dort können die Schüler und Schülerinnen ungenannt über ihre Probleme schreiben.* □ → **L 170**

*Auch in Form von **Leserbriefen** (Seherbriefen, Hörerbriefen) kann man Stellung nehmen und seine Meinung sagen. Nachstehend ein humorvolles Beispiel eines Briefes an das Fernsehen:*

In Ihrer Sendung vom 19. Mai zeigten Sie ein Foto von mir und bezeichneten mich als den dicksten Mann Österreichs. Dagegen muss ich heftig protestieren. Ich bin nämlich seit drei Jahren der dickste Mann Europas. Mein Ziel ist es ins Buch der Rekorde eingetragen zu werden, weil ich der dickste Mann bin, den es auf der Welt gibt.
Auch ist es nicht richtig, dass ich 242 kg auf die Waage bringe. Mein Gewicht beträgt derzeit 271 kg!
Und was Sie über meine Mahlzeiten berichten, stimmt ebenfalls nicht. Mit 25 Buttersemmeln und 5 l Kaffee zum Frühstück würde ich hungern. Wenn ich satt werden will, muss ich 32 Semmeln, 13 Eier und ½ kg Schinken essen, dazu kommen noch etwa 20 gebratene Speckscheiben und 10 Schalen Müsli.
Ihr Bericht über meine Essgewohnheiten zu Mittag ist völlig falsch. Das Wenige, was Sie mir da zugestehen, würde vielleicht einen Konkurrenten sättigen. Aber nicht mich ...

In einer Tageszeitung wurden kürzlich ***Ratschläge für das Fernsehen von Kindern*** *abgedruckt, die die „Schweizerische Fernsehkommission" gegeben hat:* **171**

1. Nur die Eltern bestimmen, welche Sendungen für ihre Kinder geeignet sind.
2. Abendsendungen nach 20 Uhr sind nur für Erwachsene bestimmt.
3. Kinder sollen über den Fernsehapparat nicht frei verfügen dürfen.
4. Kinder unter 9 Jahren sollen nicht länger als eine halbe Stunde, ältere nicht länger als eine Stunde pro Tag vor dem Bildschirm sitzen.

Wenn du anderer Meinung bist als die Verfasser dieser „Ratschläge", schreib einen Leserbrief an die Schriftleitung der Zeitung und nimm kritisch zum Inhalt Stellung! ⊗ → **L 171**

172 *Nimm zum Inhalt des nachstehenden Textes Stellung!* △

Die Mannerschnitten

Stefan muss für seine Mutter im Supermarkt einkaufen. Auf dem Weg dorthin trifft er seinen Freund Otto, der ihn gerade zum Spielen holen will. „Otto“, sagt er, „ich muss noch schnell einkaufen, dann komme ich auf den Spielplatz. Geh doch mit zum Supermarkt!“ Da Otto gerade nichts Besseres zu tun hat, schließt er sich an. Stefan nimmt sich einen Einkaufswagen und fährt voraus. Aus den übervollen Regalen holt er alles, was die Mutter ihm aufgeschrieben hat, und legt es in den Wagen. Dann dreht er sich um und will Otto sagen, dass er jetzt alles hat, was auf der Liste steht. Da bemerkt er, wie sein Freund ein Päckchen Mannerschnitten aus dem Regal mit den Süßigkeiten herausnimmt und schnell in der Hosentasche verschwinden lässt. Außer Stefan hat anscheinend niemand etwas bemerkt. Was er gesehen hat, gefällt ihm nicht so recht. Er denkt: „Was soll ich jetzt bloß tun?“

Überlege, welche Möglichkeiten es für Stefan gibt! → **L 172**

Weitere Themen für Stellungnahmen und Erörterungen: △

Was mich ärgert
Das ist ungerecht!
Nur 5 Tage in der Woche Unterricht?
Warum ich gerne Krimis (lustige Filme, Tierfilme, Comicfilme) sehe
Wo fährst du während der Ferien lieber hin: ans Meer oder ins Gebirge?
Da bin ich anderer Meinung
Meine Meinung über das österreichische Fernsehprogramm
Sind Schläge ein Erziehungsmittel?
Führerschein schon mit 16?
Kann man Bücher ersetzen?
Sollen Kinder für die Mithilfe im Haushalt bezahlt werden?

Wandertag mit dem Fahrrad?
Zelten oder im Hotel nächtigen?
Soll der Klügere immer nachgeben?
Reisen – mit der Bahn, mit dem Auto oder mit dem Flugzeug?
Die Erwachsenen und ich – wie ich mit ihnen zurechtkomme
Hat es einen Sinn zu sparen?
Machen Kleider Leute?
Warum nicht auf Deutsch? – Über die missbräuchliche Verwendung englischer Ausdrücke in der Alltagssprache

Immer mehr Schüler stören den Unterricht und wollen nicht lernen, andererseits stellt die Wirtschaft immer höhere Anforderungen an die Schulabgänger. – Nimm dazu Stellung!

22. Texte und Bücher kritisch besprechen

Man sollte jeden Text kritisch lesen, ihn zu deuten versuchen und nach den Absichten des Verfassers fragen, Prosatexte ebenso wie Gedichte, Zeitungsartikel ebenso wie Werbetexte, Romane oder Theaterstücke.

173 *Lies die folgende Prosaskizze aufmerksam durch und versuche sie zu erklären! Stelle auch die Absichten des Verfassers fest!*

Sechs Minuten über die Zeit

Eine Verfügung des Militärgouverneurs: Nach 22 Uhr darf keine Zivilperson mehr die Straße betreten. 22 Uhr. Ein Rad und ein Junge. Sechs Minuten über die Zeit, sechs Minuten am Leben vorbei. Die Straße. Kein Ende. Zwei Quadratkilometer Sumpf, links; fünf Quadratkilometer Sumpf, rechts. Die Straße. Kein Ende.
Wie die Pferde laufen, sie legen die Ohren an, die Räder springen. Sie rollen die Zunge und schauen nach vorn, zwei Söldner des Militärgouverneurs. Sechs Minuten über die Zeit, siebenmal zu lang die Straße. Ein Rad und ein Junge. Ein Pfiff. Sie kommen, sie kommen! Ein Rad und ein Junge. Noch eine Kurve, ein Hügel, noch einmal Peitschenknall. Sie kommen. Der Junge fährt, die Bäume halten dem Wind jetzt stand: Der Junge, der muss gewinnen. Das Lachen der Söldner, die Pferde schnauben. Nach Hause, nach Hause, sie halten ihr Lied.
Jetzt. Ein Ruf, die fremden Soldaten haben den Jungen gesehen. Noch schneller, noch schneller, die Jagd, die Jagd. „Was ist's?" – „Wer weiß?" – „Gleich ..." Ja, gleich über dem Sumpf liegt die Nacht. Der Junge, der Junge, er weiß nicht wohin. „Links, links ..." Er kennt ja den Weg, den Weg durch den Sumpf.
Fast stürzt der Wagen, so zügeln die Söldner den Lauf, das Gewehr in der Hand. Zwei Schritte im Sumpf, drei Schritte zu viel ... Zweimal ein Schrei, noch einmal, ein letztes Mal. Sie oder ich? Jedenfalls Tote. Das Ende jeder Gewalt.

(Horst Bingel, aus „Herr Sylvester wohnt unter dem Dach")

→ **L 173**

Wenn du einen Text besprechen (erklären, deuten) willst, lass dich von folgenden Fragen leiten:

1. Was ist der Inhalt des Textes, wie ist der Handlungsablauf?
2. Wann und in welcher Umgebung handelt das Geschehen?
3. Welche Personen stehen im Mittelpunkt? Wie werden sie dargestellt? Welche Ansichten haben sie? Stimmen diese Ansichten mit deinen persönlichen Erfahrungen und Überzeugungen überein?
4. Was fällt dir an der Sprache des Textes auf?
5. Welche Absichten könnte der Verfasser mit dem Text verfolgen? Will er unterhalten, informieren, appellieren, dich beeinflussen?
6. Wie wirkt der Text auf dich?

Verfasse für die Klassenzeitung (Wandzeitung) eine kritische ***Besprechung eines Buches****, das du vor kurzem gelesen hast! Die folgenden Fragen helfen dir dabei:* △ **174**

1. Um welche **Gattung** handelt es sich bei dem Buch (z. B. Märchenbuch, Tierbuch, Abenteuerbuch, Sachbuch)?
2. Was ist der **Inhalt des Buches**? Beschreibe kurz die Handlung, die Personen, die Örtlichkeiten und die Fragen, die aufgeworfen werden!
3. Welche **Absicht** verfolgt der Schriftsteller mit dem Buch?
4. Wie ist das Buch **aufgebaut**? (Ist es spannend, humorvoll, verständlich geschrieben?)
5. Wie ist die **Aufmachung des Buches** (Illustrationen, Druck, Einband)?
6. Wie ist dein **persönlicher Eindruck**? Wem kann man das Buch empfehlen?

Beispiel:

Lederstrumpf

Die bekannten Indianergeschichten von James Fenimore Cooper sind im Verlag Thienemann in einer von L. Weitbrecht bearbeiteten Ausgabe erschienen.
Der Band enthält die Erzählungen „Wildtöter", „Der letzte Mohikaner", „Pfadfinder", „Lederstrumpf" und „Der Wildsteller".
Es sind in sich geschlossene Geschichten, die in der zweiten Hälfte des 18. Jahrhunderts in Nordamerika handeln. Der Held ist immer der Weiße „Lederstrumpf", sein Gefährte ein Indianerhäuptling, der „letzte Mohikaner". Gemeinsam durchstreifen sie als Jäger und Fallensteller die Wildnis und bekämpfen das Unrecht.
Das Buch gibt ein Bild von dem gefahrvollen Leben der ersten Siedler, freilich nicht ohne Übertreibungen und romantische Betrachtungen. Manche Ereignisse sind jedoch geschichtlich belegt.
„Lederstrumpf" handelt stets menschlich, sagt immer die Wahrheit und vermeidet Blutvergießen. Seine „lange Büchse" ist bei allen Indianerstämmen gefürchtet, denn er weiß sich zu wehren. Im Gegensatz zu der Meinung mancher Zeitgenossen sieht er die Indianer nicht als Menschen zweiten Ranges an.
Das Buch setzt gleich mit einer spannenden Handlung ein und ist in einer leicht verständlichen Sprache verfasst. Die zahlreichen Federzeichnungen sind sehr eindrucksvoll und zeigen Szenen der Handlung.
Das 575 Seiten starke Buch ist in Leinen gebunden und mit einem illustrierten Schutzumschlag versehen.
Der preiswerte Band kann Buben und Mädchen vom 12. Lebensjahr an empfohlen werden.

175 *Besprich auf ähnliche Weise ein Buch, das dir besonders gut gefallen hat!* △ → **L 175**

Georg, 14, will sich eine Aufführung des Theaterstücks „Der Alpenkönig und der Menschenfeind" von Ferdinand Raimund ansehen. Damit er der Handlung besser folgen kann, weisen ihn seine Eltern auf eine **Theaterkritik** in der Tageszeitung hin.

Ein Rappelkopf wird vernünftig
Zur Aufführung von Raimunds „Alpenkönig" in unserem Stadttheater

Ein romantisch-komisches Märchen nannte Ferdinand Raimund dieses 1828 entstandene Stück, in dessen Mittelpunkt der durch viele Enttäuschungen zum Menschenfeind gewordene reiche Rappelkopf steht. Er tyrannisiert seine Frau Sophie und seine Tochter Malchen und quält seine Dienerschaft.
Als Malchen im Wald ihrem geliebten August, einem Maler, klagt, dass ihr Vater einer Heirat mit ihm nicht zustimmt, wird sie von dem als Jäger verkleideten Alpenkönig Astralagus belauscht. Dieser verspricht dem Paar seine Hilfe. Er werde den alten Rappelkopf von seinem Wahn heilen. Dabei wendet er Zaubermittel an. Er überredet Rappelkopf sich in den Bruder seiner Frau, den Bankier Silberkern, verwandeln zu lassen, während der Alpenkönig selbst die Gestalt und das Wesen Rappelkopfs annimmt. So erlebt dieser, wie unerträglich er selber ist und dass ihn seine Frau wirklich liebt. Als ihm durch einen Brief gemeldet wird, dass er sein Vermögen verloren habe, fällt er in Ohnmacht. Im Tempel der Erkenntnis findet sich Rappelkopf wieder in seiner wahren Gestalt und kehrt reuevoll in sein Haus zurück. Malchen darf ihren August heiraten.
Wenn das Stück auch in einem märchenhaften Rahmen spielt, Menschen wie den alten Rappelkopf gibt es auch in unserer Zeit. Daher ist das Stück auch heute noch sehenswert, besonders wenn es so meisterhaft gespielt wird. Der Regisseur hat viele zeitgenössische Gags eingebaut und ein Bühnenbild frei von Kitsch gestalten lassen. Eine sehenswerte Aufführung!

Wenn du ein **Theaterstück** kritisch besprechen willst, stelle zuerst fest, was die **Problematik** (das Hauptanliegen) des Stückes ist!

Danach informiere den Leser kurz über den **Inhalt**!

In einem weiteren Absatz kannst du über die **Gestaltung des Stoffes** schreiben (Aufbau, Handlungshöhepunkte, Sprache).

Anschließend beurteile kurz die **Leistung der Schauspieler**, des Regisseurs sowie die Bühnenbilder und die Kostüme.

Schließlich gib deinen **persönlichen Eindruck** von der Aufführung wieder!

176 *Wenn du Gelegenheit hast, ein Theaterstück zu sehen, besprich es auf ähnliche Art!* △

Einen **Film** zu besprechen ist schwieriger, denn der Film hat viel mehr technische Möglichkeiten als das Theater. Im Film kommen zum gesprochenen Wort noch das bewegte Bild, die Kameraführung (Großaufnahmen), der Ton (Lautstärke), die Musik und die Farbe als Ausdrucksmittel hinzu.

Du kannst bei einer Besprechung folgendermaßen vorgehen:

1. Kennzeichne die **Art des Films** (Lustspiel, Kriminalfilm, Tierfilm, Abenteuerfilm u. dgl.)!
2. Berichte knapp über den **Inhalt des Films**!
3. Schreib anschließend deine Gedanken über das **Thema des Films**, über die im Film angesprochenen Probleme und ihre Lösung nieder! Versuche auch die Aussageabsichten des Films zu deuten!
4. Beurteile die **Gestaltung des Films**, die Regie, die Kameraführung, das Spiel der Darsteller!
5. Schließlich teile dem Leser deinen **persönlichen Eindruck** mit! Gib an, ob und wem der Film empfohlen werden kann!

Beispiel einer Filmbesprechung:

Die Koralleninsel

So heißt der vierteilige englische Abenteuerfilm, der in der letzten Woche im Fernsehen gesendet wurde. Er spielt um die Mitte des 19. Jahrhunderts. Ralph, der 17-jährige Sohn eines australischen Kaufmannes, tritt auf einem Segelschiff seines Vaters eine Reise nach England an. Er will dort studieren. Im Stillen Ozean strandet das Schiff jedoch bei einem Sturm an einem Korallenriff, das einer kleinen Insel vorgelagert ist. Nur Ralph und Jack, ein gleichaltriger Matrose, sowie der 11-jährige Peterkin, der als „blinder Passagier" mitgereist war, überleben und finden sich am Strand der exotischen Insel wieder. Nun beginnt für die drei ein Robinson-Dasein. Einmal nähern sich der Insel zwei Boote mit Insulanern. Zwischen den Bootsinsassen kommt es zu einem Kampf. Die Besiegten, unter ihnen eine junge Frau, werden gefesselt auf der Insel ausgesetzt. Den drei Freunden gelingt es die Gefangenen zu befreien. Von der Frau, der Häuptlingstochter Avatea, erfahren sie, dass die Eingeborenen von der bewohnten Nachbarinsel kommen. Dorthin kehren die Befreiten mit einem Boot auch zurück.
Einige Zeit später nähert sich der Insel ein kleines Segelschiff. Die Ankömmlinge entpuppen sich als Piraten. Ralph wird gefangen und verschleppt, denn die Piraten wollen von seinem Vater Lösegeld erpressen. Als die Piraten auf der Nachbarinsel landen, kommt es zu einem Kampf. Nur ein Pirat kann – verletzt – mit Ralph, der das Landeboot bewachen musste, entkommen. Als der Überlebende kurz darauf seinen Verletzungen erliegt, begegnet Ralph mit dem Schiff seinen beiden Freunden, die mit einem selbst gebauten Floß die Nachbarinsel erreichen wollen. Zu dritt beschließen sie nun, die gefangen gehaltene Avatea, die den Haien geopfert werden soll, zu befreien. Durch eine List gelingt ihnen dieses Vorhaben. Danach können sie mit dem Schiff in ihre Heimat zurückkehren.
Die Handlung ist sehr spannend, wenn auch ziemlich unwahrscheinlich. Besonders gefallen haben mir die Darsteller

der beiden jungen Burschen. Spannungshöhepunkte sind der Untergang des Schiffes, die Begegnung mit den Piraten, der Kampf der Piraten mit den Eingeborenen und die Rettung von Avatea.
Die Dreharbeiten haben wirklich auf einer exotischen Insel stattgefunden. Daher gibt es schöne Naturaufnahmen. Unwahrscheinlich erscheint mir jedoch, dass die drei Burschen das Piratenschiff steuern können. Trotzdem habe ich mich gut unterhalten. *(Richard, 15 Jahre)*

177 *Erkläre mit Hilfe des Wörterbuchs oder eines Lexikons die folgenden Begriffe:*

Live-Sendung, Regie, Regisseur, Kameramann, Toningenieur, Drehbuch, Drehbuchautor, Filmmusik, Filmatelier, Filmschnitt, Filmverleih, Großaufnahme, Überblendung, Montage. △

178 *Besprich einen Spielfilm oder einen Fernsehfilm, der dir besonders gefallen hat!* △

23. Verträge formulieren

Ein **Vertrag** ist eine Vereinbarung zwischen zwei oder mehreren Personen. Gewöhnlich erfolgen diese Vereinbarungen schriftlich. Sie müssen von allen Vertragspartnern unterschrieben werden.

Voraussetzungen für jeden Vertrag sind:

- Die vertragschließenden Personen müssen großjährig sein. Für minderjährige Personen muss der Vater oder die Mutter unterschreiben.
- Sie müssen die Absicht, einen Vertrag abzuschließen, bestimmt und verständlich zum Ausdruck bringen.
- Der Inhalt des Vertrages darf gegen kein Gesetz verstoßen.
- Kaufverträge, die sich auf Grundstücke, Häuser oder Firmen beziehen, müssen vor einem Notar abgeschlossen werden.

Ein Kaufvertrag muss folgende Angaben enthalten:

1. Name und Anschrift des Verkäufers und des Käufers,
2. das Wort „Kaufvertrag",
3. die genaue Bezeichnung des Gegenstandes, der verkauft werden soll,
4. die Beschaffenheit des Vertragsgegenstandes,
5. den Kaufpreis und die Zahlungsbedingungen,
6. gegebenenfalls die Lieferbedingungen,
7. Ort und Datum des Vertragsabschlusses,
8. die Unterschrift des Verkäufers und des Käufers.

Beispiel:

Kaufvertrag

Verkäufer: Josef Steinhauser, Wagrain, Pfarrplatz 23
Käufer: Edith Schwingenschlögl, Salzburg, Mozartplatz 18
Kaufgegenstand: Motorroller, Marke Puch, Type Blitz III, Baujahr 1999, Kilometerstand 5301 km
Beschaffenheit des Vertragsgegenstandes: gebraucht, fahrbereit (probegefahren)
Spätere Reklamationen werden nicht anerkannt.
Preis: .... Euro.
Zahlungsbedingungen: bar bei Übergabe.

Wagrain, ...

Unterschrift des Verkäufers	Unterschrift des Käufers
Josef Steinhauser	*Edith Schwingenschlögl*

179 *Nimm an, dein Vater will dir für Übungszwecke einen gebrauchten Personalcomputer kaufen! Verfasse einen solchen Kaufvertrag!* Δ

Herr Hochauf will für seine Tochter ein Klavier ausleihen, weil die Tochter erst feststellen will, ob sie das Klavierspielen freuen wird.

Leihvertrag

zwischen Marie Wollein, wohnhaft in Wien 1, Bräunerstraße 98, und Albert Hochauf, wohnhaft Wien 16, Yppenplatz 10/11. Frau Marie Wollein leiht am heutigen Tage Herrn Albert Hochauf ihr Klavier, Marke Bösendorfer, Fabrikationsnummer 926/27, für die Dauer eines Jahres. Das Klavier hat einen Schätzwert von 60.000 Schilling und ist in einwandfreiem Zustand.

Herr Hochauf verpflichtet sich das Klavier schonend zu behandeln und der Besitzerin, Frau Wollein, dafür eine Leihgebühr von monatlich .... Euro zu bezahlen.
Transportkosten und eventuelle Reparaturkosten gehen zu Lasten des Entlehners.
Sollte der Vertrag nicht verlängert werden, muss das Klavier spätestens am .... an Frau Wollein in unbeschädigtem Zustand zurückgestellt werden.

Wien, ...

Marie Wollein *Albert Hochauf*

Ein **Leihvertrag** muss folgende Angaben enthalten:

1. das Wort „Leihvertrag“,
2. Name und Anschrift des Verleihers,
3. Name und Anschrift des Entlehners,
4. genaue Bezeichnung und Beschreibung des Gegenstandes, der verliehen werden soll,
5. Angaben über die Entlehnfrist,
6. Angaben über eine eventuelle Leihgebühr,
7. Ort und Datum der Vereinbarung,
8. Unterschriften der Vertragspartner.

Nimm an, deine Eltern wollen sich ein Segelboot ausleihen! **180**
Formuliere einen Leihvertrag! △

Häufig kommt es vor, dass sich jemand privat Geld ausleiht. In diesem Fall unterschreibt er einen **Schuldschein** über ein Darlehen.

Ein **Schuldschein** soll folgende Angaben enthalten:

1. Name und Anschrift des Darlehensgebers,
2. Name und Anschrift des Schuldners,
3. Angaben über die Höhe des Darlehens,
4. Art, Fälligkeit der Rückzahlung,
5. die Höhe der Zinsen,
6. Unterschrift des Schuldners,
7. Ort und Datum der Ausstellung des Schuldscheins.

Beispiel:

Wolfgang Berger
Hafenstraße 13
4010 Linz

Linz, 2. Dezember 20 . .

Schuldschein

Ich bestätige, heute von Herrn Franz Baumann, Honauer Straße 24/17, 4020 Linz, den Betrag von 10.000 (zehntausend) Euro für die Dauer von zwei Jahren geliehen zu haben.
Ich verpflichte mich den Betrag in vier Raten zu je 2.500 Euro jeweils am 1. März und 1. September zurückzuzahlen.
Die Zinsen betragen 6 % jährlich und sind gleichzeitig mit den Raten fällig.
Herr Franz Baumann ist berechtigt, das Darlehen nach einem Jahr mit dreimonatiger Frist zu kündigen.

Wolfgang Berger

Nimm an, Herr Karl Mack, wohnhaft in 6020 Innsbruck, Berg-Isel-Straße 3/8, hat am 2. Jänner 20 .. von Frau Marie Gasteiner in 6010 Innsbruck, Andreas-Hofer-Straße 108, ein Darlehen von 5.000 Euro auf ein Jahr erhalten. Herr Mack verpflichtet sich, das Darlehen vom folgenden Monatsersten an in Raten zu 500 Euro monatlich an die Gläubigerin zurückzuzahlen und am Schluss zusammen mit der letzten Rate noch 5% Zinsen auf das Konto der Gläubigerin zu überweisen. Verfasse einen solchen Schuldschein! △ **181**

Wenn jemand einen größeren Betrag erhalten hat, ist es üblich, eine **Quittung** (Zahlungsbestätigung) auszustellen.

Die **Quittung** muss folgende Angaben enthalten:

1. Name und Anschrift des Zahlenden,
2. Ort und Datum,
3. Höhe des Betrages (in Ziffern und Worten),
4. Name und Anschrift des Empfängers,
5. Unterschrift des Empfängers.

Beispiel:

Karl Müller
Thalhofstraße 4
Bad Gleichenberg

Bad Gleichenberg, 24. Februar 20 . .

Quittung

Ich bestätige, am heutigen Tag von Herrn Walter Kant aus Feldbach, Gleisdorfer Straße 19, den Betrag von 4.300 (viertausenddreihundert) Euro erhalten zu haben.

Karl Müller

182 *Verfasse eine Quittung über die Bezahlung von 2.500 Euro!*

△

Nicht immer kann man alles persönlich erledigen. In diesem Fall wird eine Person des Vertrauens schriftlich bevollmächtigt für den Auftraggeber zu handeln. Die **Vollmacht** erlischt durch Widerruf oder durch Rückgabe an den Auftraggeber.

Eine **Vollmacht** muss folgende Angaben enthalten:

1. den Namen und die Anschrift des Auftraggebers,
2. den Namen und die Anschrift des Beauftragten (evtl. Art und Nummer des Ausweises),
3. die genaue Beschreibung des Auftrages,
4. den Ort und das Datum,
5. die eigenhändige Unterschrift des Auftraggebers.

Beispiel:

Ferdinand Grieshuber
Ottakringer Straße 187
1160 Wien

Wien, 5. Juli 20 . .

Vollmacht

Ich bevollmächtige meine Gattin Edith Grieshuber, geboren am 25. Juni 19. . in Wien, mich in allen Angelegenheiten gegenüber Behörden, Gerichten und Privatpersonen zu vertreten.

Ferdinand Grieshuber

Bevollmächtige Frau Grete Häfele, Rheinstraße 65, 6901 Bregenz, welche sich mit dem Reisepass Nr. ...., ausgestellt von der Bundespolizeidirektion Bregenz, ausweisen kann, während deiner Abwesenheit, das ist bis zum 1. Dezember 20 . ., alle für dich einlangenden Postsendungen entgegenzunehmen! △ **183**

Ohne **Verhaltensregeln** klappt das Zusammenleben nicht, denn jeder muss auf die anderen Rücksicht nehmen.

Traude hat daher für Ihre Familienmitglieder einen Text verfasst, der den anderen bekannt gibt, was sie von ihnen erwartet. **184**

Kinderzimmerordnung

1. Beim Betreten des Kinderzimmers bitte ein freundliches Gesicht aufsetzen, denn vor bösen Gesichtern haben die Puppen große Angst.
2. Rauchen im Kinderzimmer ist Umweltverschmutzung.
3. Am Tage bitte nur ganz leise schimpfen, weil sonst der Hamster wach wird.
4. Ich sehe nicht gern, wenn jemand meine Schubladen aufmacht oder meinen Hamster füttert.
5. Die Unordnung im Kinderzimmer darf nicht durcheinander gebracht werden. Ich finde sonst nichts wieder.
6. Babys und Kleinkinder dürfen das Kinderzimmer nur in Begleitung von Erwachsenen betreten.
7. Beim Staubsaugen im Kinderzimmer bitte darauf achten, dass nichts im Staubsauger verschwindet, was noch zu gebrauchen ist.

Verfasse gemeinsam mit deinen Mitschülern und Mitschülerinnen eine (ironische) Klassenordnung! ⊗

24. Schreiben für sich selbst

24.1 Texten Informationen entnehmen

Man merkt sich den Inhalt eines Textes leichter, wenn man die wichtigsten Informationen unterstreicht oder aus dem Text das Wichtigste herausschreibt, ein **Exzerpt** (einen Auszug) anfertigt. Zum Beispiel:

Elefanten in Ostafrika

Der Tsavo-Nationalpark in Ostafrika ist ein Gebiet, das den Elefanten gehört. Die Elefanten gelten seit langem als Beispiel dafür, dass Tiere ihren Lebensraum zerstören können. Das Tsavo-Forschungsinstitut, das sich mit den Wanderbewegungen der Elefanten beschäftigt, hat in den letzten Jahren neue Forschungsergebnisse veröffentlicht. Wir wissen jetzt, dass die Elefanten täglich dreißig bis vierzig Kilometer zurücklegen und dass sie sich deshalb nur fünfzehn bis zwanzig Kilometer von der Wasserstelle entfernen können, um zu weiden. Dass sie während der Trockenzeit die Wasserstelle nicht wechseln, wissen wir mit Sicherheit auch erst seit diesen neuen Veröffentlichungen.

Elefanten können ihren Lebensraum zerstören.

Sie legen täglich dreißig bis vierzig Kilometer zurück, in der Trockenzeit entfernen sie sich nur fünfzehn bis zwanzig Kilometer von der Wasserstelle,

Dieses Weidegebiet nun, das die Elefanten mit anbrechender Regenzeit verlassen, ist nach ihrem Abzug völlig abgegrast. Aber das schadet nichts, wenn das Land sich danach über einen genügend langen Zeitraum erholen kann. Deshalb ist es wichtig, dass die Elefanten ausreichend neue Weidegebiete finden. Dass die Nationalparks erweitert werden, ist bei der immer enger werdenden Besiedlung Ostafrikas leider nicht anzunehmen.

Es ist richtig, dass die Elefanten nicht nur Steppengras fressen, sondern auch Bäume umbrechen, um das Laub zu fressen, und dass sie manchmal ganze Wälder vernichten und dadurch das Landschaftsbild verändern. Aber kann man das wirklich nur als eine Vernichtung ansehen? Es ist bekannt, dass die Elefanten, während sie Bäume umbrechen, große Mengen von Baumsamen fressen, die sie später unverdaut ausscheiden, sodass aus dem Kot junge Bäume hervorwachsen. Man kann deshalb sagen, dass die Elefanten auch zur Aufforstung beitragen.

grasen Weideflächen völlig ab,

Land braucht Zeit zur Erholung.

Elefanten brauchen immer neue Weidegebiete,

fressen außer Steppengras auch Laub, vernichten ganze Wälder.

Gefressene Baumsamen werden ausgeschieden, durch Kot Aufforstung der Savanne.

185 *Unterstreiche oder übermale in dem nachstehenden Text das Wesentliche des Inhalts!* ⊗

Der Wanderfalke

Wanderfalken findet man bei uns in großen Wäldern, besonders dort, wo sich inmitten von Waldungen steile Felswände erheben. Ebenso häufig trifft man sie in waldlosem Gebirge. Der Wanderfalke fliegt äußerst schnell, besonders dann, wenn er sich vom Boden aufschwingt. Er ist sehr scheu und vorsichtig, daher sucht er zur nächtlichen Ruhe nur die Nadelwälder auf.

Der Wanderfalke ist der Schrecken vieler Vögel, von der Wildgans angefangen bis zur Lerche. Unter Rebhühnern und Tauben richtet er die ärgsten Verheerungen an. Enten verfolgt er mit unermüdlicher Ausdauer. Selbst den wehrhaften Krähen ist er ein furchtbarer Feind und oft ernährt er sich wochenlang nur von ihnen. Gewöhnlich greift er die Beute nur, solange sie sich in der Luft befindet. Wo man ihn im Feld auf der Erde sitzen sieht, liegt meist ein Volk Rebhühner in der Nähe. Solange sie still bleiben, greift er sie nicht an. Erst wenn sie hochgehen, fliegt er auf, stößt von oben auf sie herab und verfehlt sein Ziel nie. Deshalb ist die Wucht seines Angriffes auch die Ursache, dass er nur selten auf sitzende Vögel stößt. Er kommt dabei in Gefahr sich selbst zu zerschmettern.

Bei uns horstet er am liebsten an steilen Felswänden, im Notfall aber auch auf hohen Waldbäumen. → **L 185**

186 *Exzerpiere den folgenden Text in Stichworten! Danach fasse den Inhalt in Sätzen zusammen!* △

Fernsehen

Das Fernsehen erscheint uns kinderleicht. Wir drücken auf einen Knopf am Fernsehgerät und wenig später sehen wir auf dem Bildschirm ein Fernsehbild. Wie kommt das Bild aber zu uns in die Wohnung?

Bild und Ton einer Fernsehsendung werden von einem Fernsehsender ausgestrahlt. Der Sender kann sehr weit von un-

serem Wohnort entfernt sein. Trotzdem kommen die Bilder klar und deutlich auf dem Bildschirm an. Sie werden mit einer Fernsehkamera aufgenommen. Diese zerlegt jedes Bild in helle und dunkle Punkte. Die Punkte werden nacheinander in Stromstöße umgewandelt. Die Stromstöße werden wie die Schallwellen beim Rundfunk von unsichtbaren elektrischen Wellen durch die Luft getragen. Die Fernsehantenne auf dem Haus fängt die elektrischen Wellen auf und leitet sie an den Fernsehempfänger.
Die meisten Fernsehsendungen kommen aus einem Fernsehstudio. Wenn etwa der Nachrichtensprecher im Scheinwerferlicht die Nachrichten vorliest, nimmt ihn die Kamera auf. Mikrofone, die wir auf dem Bildschirm nicht sehen, zeichnen die Sprache auf. Bild und Ton werden über den Fernsehsender ausgestrahlt. Das ist eine Livesendung. Von einem Fußballspiel oder einem Motorradrennen werden die Bilder durch einen Übertragungswagen erst in das Sendehaus gefunkt. Meist gelangen von mehreren Kameras Bilder gleichzeitig in das Sendehaus. Die Fernsehleute wählen dann jenes Bild aus, das auf unserem Bildschirm erscheinen soll. Sie geben es zur Sendung. Das Aufnehmen, Übertragen, Auswählen, Senden und Empfangen geht so schnell, dass wir den Motorradfahrer praktisch zur gleichen Zeit auf dem Bildschirm sehen wie die Zuschauer an der Rennstrecke.
Häufig wird ein Fußballspiel vom Nachmittag erst spät abends gesendet. Oder wir sehen in den Nachrichtensendungen Bilder aus fernen Erdteilen ein paar Tage später. Das ist dann eine Aufzeichnung. Wir können aber auch Fernsehsendungen aus Amerika oder einem anderen Erdteil sofort über Fernsehsatelliten empfangen. So haben Millionen Zuschauer die Landung der Astronauten auf dem Mond verfolgt. → **L 186**

Schreib einen Auszug aus dem folgenden Text! Du kannst ihn für ein Referat verwenden. Δ **187**

Viele Tiere leben in einer Gemeinschaft

Viele Tiere leben nicht allein, sondern gesellen sich zu Artgenossen und bilden Gemeinschaften. Eine solche Gemein-

schaft kann mehr oder weniger lose sein. Ist sie höher entwickelt, dann besteht oft eine Arbeitsteilung zwischen den Einzelwesen, also soziales Verhalten.
Die letzte und höchste Stufe schließlich ist eine Staatenbildung. Voraussetzung für soziales Verhalten und Staatenbildung ist eine Verständigung der einzelnen Tiere untereinander, sei es durch Signale, sei es durch eine hoch entwickelte „Sprache", die eine wechselweise Verständigung der Tiere untereinander möglich macht. Sie können auf diese Weise dem „Gesprächspartner" etwas mitteilen und ihn auffordern bestimmte Handlungen auszuführen. Dass nicht jede Ansammlung von Tieren ein sozialer Verband ist, zeigt ein einfacher Befund.
An bestimmten Meeresküsten finden sich Tausende fest sitzender niederer Tiere zusammen. Sie bilden Kolonien, aber noch keine sozialen Verbände. Ein überreiches Nahrungsangebot ermöglicht ihnen ein dichtes Nebeneinanderleben. Sie bleiben jedoch stumm und können sich nicht verständigen.
Ausgeprägte soziale Gemeinschaften jedoch sind Tierfamilien und Tierhorden. So bleiben manche Affen viele Jahre unter der Obhut der Eltern, es entsteht auf diese Weise eine Sippe. Die alten und erfahrenen Tiere führen die jungen, unerfahrenen an und diese gehorchen ihnen.
Manche Vögel bilden Schlafgemeinschaften. Obwohl sie tagsüber ihre eigenen Wege gehen, z. B. Raben, Krähen und Stare. Hier finden sich erste Anzeichen sozialen Verhaltens. Gerät ein Star in Gefahr, so alarmiert sein schriller Schreckruf die ganze Gesellschaft. Der Schreck des Einzelnen wird so zum Signal für die Gemeinschaft. Ein ähnliches Schrecksignal findet man bei Fischen, die Schwärme bilden. Wird ein Tier durch einen Raubfisch verletzt, so sondert die verletzte Haut einen Schreckstoff ab, der auch die Artgenossen warnt, diese gefährliche Gegend aufzusuchen.
Viel weiter gehen schon die sozialen Beziehungen und Verständigungsmittel der Kolonien bildenden Vögel. Ein Beispiel hierfür bieten die Pinguine. Sie bilden während der Brutzeit Gesellschaften von einigen Hunderten von Tieren. Die beiden Geschlechter gehen, wie viele Vögel auch, richtige Ehen ein.

Jahr für Jahr finden sich die Partner an den angestammten Plätzen ein. Erscheint ein Partner zu spät, so kann es vorkommen, dass sich der andere einen Ersatz gesucht hat. Der verspätete Gatte wird jedoch erkannt und der Eindringling muss den Platz verlassen. Eine eigenartige Begrüßungszeremonie spielt dabei eine Rolle. Erkennen sich die Tiere wieder, so geben sie dies einander zu verstehen. Die Schnäbel werden hoch gereckt, die Ruder angelegt und es wird unter lautem Geschrei mit dem Kopf gewackelt. Dieses Gebaren ist also das Signal, dass man sich wiedergefunden hat.
Am Beginn des antarktischen Sommers fängt das Brüten der Pinguine an. Das Weibchen legt ein bis zwei Eier. Nach diesem Kräfte verzehrenden Geschäft verlässt es das Nest und überlässt zunächst dem Männchen das Brüten. Im Meer gewinnt es sein früheres Gewicht wieder und kehrt nach einigen Wochen mit einem Vorrat von einigen Kilo Fisch im Kropf zurück. Nun geht das Männchen zum Meer. Diese Ablösung findet noch mehrmals statt. Jedes Mal, wenn ein Partner zurückkehrt, wiederholt sich die Begrüßungszeremonie als Signal des Wiedererkennens.
Die nach zwei Wochen geschlüpften Jungen begrüßen nach einiger Zeit ihre Eltern auf die gleiche Weise. Schließlich werden die Jungen in Krippen zusammengefasst. Dabei umstellen wenige Alttiere als eine Art Bewacher oft hundert und mehr Jungtiere. Vermutlich schützen sie sie auf diese Weise gegen die großen Raubmöwen, die den Jungtieren nachstellen. Die übrigen alten Tiere können mittlerweile auf Nahrungssuche gehen.
Die Eltern der in diesem „Kinderhort" untergebrachten Jungen erkennen ihre Kinder stets wieder und füttern sie bevorzugt. Hier liegt also schon deutlich eine Arbeitsteilung vor, welche einen sozialen Verband kennzeichnet.
Eine besonders hohe Entwicklung von Tiergesellschaften findet sich bei den Staaten bildenden Insekten. Hiezu zählen neben der Biene, den Hummeln, Wespen und Ameisen auch die mit den Schaben verwandten Termiten. Bei allen diesen Insekten finden wir eine hoch entwickelte Arbeitsteilung, viele verschiedenartige Signale und eine Kastenbildung.

Die Kastenbildung kann dabei so weit gehen wie bei den Ameisen und Termiten, bei welchen sich die zu einer Kaste gehörenden Tiere schon äußerlich stark von denen anderer Kasten unterscheiden, und zwar so, dass sie ihrer jeweiligen Tätigkeit in höchstem Maß angepasst sind.
Über die „Sprache“ der sozialen Insekten wissen wir, von den Bienen abgesehen, bis heute noch wenig.
Eines ist jedoch sicher: Die verschiedenartigen sozialen Verhaltensweisen und die „Sprache“ werden nicht, wie bei uns Menschen, mühsam erworben, sondern sind angeboren. Dies mag als ein Vor- oder Nachteil erscheinen. Durch unsere Fähigkeit zu lernen und uns anzupassen, haben wir die Möglichkeit, in neuen, unerwarteten Situationen vernunftmäßig zu reagieren. Allerdings bleibt es uns auch freigestellt, ob wir hievon Gebrauch machen. Während bei uns aus dieser Freiheit heraus manche Fehlentscheidungen zustande kommen, ist dem instinktgebundenen Tier die angeborene Verhaltensweise in der Mehrzahl aller auftretenden Situationen ein unfehlbarer Wegweiser das Richtige zu tun.

(Dietrich Burkhardt, aus „Signale der Tierwelt“)

→ **L 187**

188 *Fasse nach dem stichwortartigen Auszug den Inhalt des Textes in Sätzen kurz zusammen! Beschränke dich auf die wesentlichen Informationen!* △

189 *Exzerpiere einen Sachtext aus einem Lehrbuch!* ⊗

24.2 Ein Tagebuch führen

Auch ein **Tagebuch** bietet die Möglichkeit für sich selbst zu schreiben. Da es zumeist nur vom Verfasser gelesen wird, kann man darin seine geheimsten Gedanken und Wünsche, seine Gefühle und seinen Kummer in inneren Monologen zum Ausdruck bringen. Man kann sich den Kummer „von der Seele schreiben".
Du kannst in Stichworten oder in zusammenhängenden Sätzen schreiben.

Zwei Beispiele:

Aus dem Tagebuch der Monika S. (11):

10. Februar
Das Halbjahreszeugnis ist besser ausgefallen, als ich erwartet habe. Leider bekam ich in Leibesübungen nur ein „Befriedigend". Sonst habe ich lauter Zweier und Einser. Ich habe eben bei manchen Turnübungen Angst. Außerdem sind meine Armmuskeln zu schwach, um auf die Stangen zu klettern.

12. Februar
Es schneit und es ist fürchterlich kalt.
Ich bleibe zu Hause und lese.

13. Februar
Das Buch „Die Abenteuer des Huckleberry Finn" gefällt mir sehr gut. Ich kann es gar nicht weglegen.

16. Februar
Ich freue mich schon wieder auf die Schule. Allein zu Hause zu sein ist fad. Meine Mutter kommt immer erst nach sechs aus dem Geschäft und Vati kommt noch später.

20. Februar
Endlich wieder Schule! Viele waren während der Semesterferien mit ihren Eltern Schi fahren und haben einen Schikurs besucht. Jetzt geben sie mit ihrem Können an. Besonders die Buben. Na, wenn schon! Ich kann dafür besser schwimmen als die meisten.

Aus dem Tagebuch der Martina M. (14)

Montag, 10. 4.
Heute habe ich endlich mein Zimmer aufgeräumt. Nun hängt die Urkunde vom letzten Schikurs da und eine von meinen Kopfzeichnungen.
Stups, mein heiß geliebter Plüschhund, liegt faul auf der Couch. Ach, Stups, wie oft musste ich mich schon mit dir trösten, weil mich keiner verstanden hat. Aber hier oben in meiner Mansarde ist unsere Burg. Der Regen trommelt auf das schräge Dach. Der Stoffschirm der roten Lampe wirft seinen Schein auf die Wolldecke der Couch. Mein kleines Radio verbindet uns mit aller Welt. Gute Nacht, Stups!
Übrigens, Mutti hat heute gesagt, dass es morgen Zwetschkenknödel geben soll – fein!

Dienstag, 11. 4.
Es ist drei Uhr nachmittags. Hoffentlich kommt Andrea vorbei. Die Mathematikschularbeit morgen liegt mir im Magen. Wenn

ich Gesellschaft habe, muss ich nicht daran denken. Das Mathematikbuch liegt auf dem Tisch, aber mein Tagebuch ist mir lieber. Die Zwetschkenknödel heute Mittag waren herrlich, nur: Ich durfte Mutti ja nicht zeigen, dass ich sie so gern esse. Ich darf auf keinen Fall dick werden. Daher habe ich mich unglaublich beherrscht. Mutti meint, die neuen Jeans sind mir schon wieder zu eng. – Ich finde sie aber gerade richtig so. Ein breiter Ledergürtel fehlt mir noch. Vielleicht vom nächsten Taschengeld.
Es klingelt! Andrea! Sie ist gekommen!
Bis bald, liebes Tagebuch!

Donnerstag, 13. 4.
Konnte gestern nicht schreiben, war so fertig von der Mathematikschularbeit. Drei Beispiele habe ich richtig, eines ist bestimmt falsch. Ob der Schmidt anständig sein wird?
Papas Stimme unten! Ach, Paps, hoffentlich mach ich dir keinen Ärger mit Mathematik!
Aber in Physik habe ich Hoffnung. Der Meier sagt, mein Vorschlag zur Schaltung des Stromkreises wäre der einzig Richtige. Ich war an der Tafel und hab es aufgezeichnet, wie ich es gemeint habe. Richtig nett war der Meier. Er ist so witzig. Heute hatte er Pausenaufsicht. Ich bin in der Klasse geblieben, weil es so ungemütlich ist im Hof. Er schaute in die Klasse, schimpfte gar nicht, sagte nur: „Wie schade, dass man die Damen nur immer in der Stunde bewundern kann! Vielleicht sehen wir uns einmal im Hof, falls ich da wieder Aufsicht haben sollte."
Schnell kämmte ich meine Haare und ging dann doch in den Hof – natürlich langsam! Er muss nicht gleich wissen, dass ich tue, was er wünscht.

Samstag, 15. 4.
Ach, bin ich unglücklich! Riesenkrach mit Mutti! Sie will, dass ich ihr helfe. Die Kleinen sollen gebadet werden, und ich soll Simone die Haare waschen und dann den Vorgarten in Ordnung bringen. Alles bloß wegen des blöden Besuchs morgen Nachmittag.

Die ganze Woche hätte ich nicht geholfen. Als ob wir keine Mathematikschularbeit gehabt hätten! Und Simone stirbt auch nicht, wenn sie sich einmal die Haare allein wäscht.
Gerade wollte ich mit Andrea ins Kino. Sie sagte, die Buben kommen auch. Ich habe mich eingesperrt und geheult. Mutti sagt, ich hätte die ganze Woche gewusst, dass ich heute hier bleiben sollte. Habe ich auch, aber wenn die anderen sich alle verabreden? Ich habe Stups in den Arm genommen und lange auf der Liege an die schräge Decke gestarrt. Jetzt kann ich schon schreiben. Vielleicht kann ich dabei besser über alles nachdenken. Stups, sag mir, was ich tun soll! Soll ich telefonieren und fragen, ob Andrea morgen auch noch mitginge? Sie könnte es Heinz noch sagen, der wohnt ja im selben Haus.

190 *Halte deine Gedanken und Erlebnisse in Form von Tagebucheintragungen fest!* ⊗

Lösungen der Übungsaufgaben (Vorschläge)

L 1

Überschriften: Im Spiegelkabinett
Eine Kröte im Schwimmbad

L 3

Eine Geburtstagsüberraschung

Gestern hatte ich meinen 10. Geburtstag. Am Nachmittag gab es eine Geburtstagsfeier. Alle Freunde waren gekommen. Sie brachten kleine Geschenke mit. Meine Mutter hatte Getränke und eine Torte vorbereitet. Wir vergnügten uns bis zum Abend. Um fünf kam mein Vater heim. Was hat er mitgebracht? Ich hatte mir einen Hund gewünscht. Vater kam mit einem großen Paket an. „Da kann doch kein Hund drinnen sein", dachte ich. Ungeduldig öffnete ich das Paket. O Schreck, es war ein Hund aus Stoff! Nur mit Mühe unterdrückte ich meine Tränen. Plötzlich hörte ich aus dem Nebenzimmer ein Bellen. Ich riss die Tür auf. Ein kleiner Pudel sprang mir entgegen.

L 4

Ein Spiel mit bösem Ende

Seit langem machte es uns Freude, die breiten Geländer in unserem Treppenhaus hinunterzurutschen. Das Geländer vom ersten Stock zum Erdgeschoß war besonders beliebt, da es einen weiten Auslauf hatte. Wenn wir dort hinuntersausten, wurden wir wie bei einer Sprungschanze ein Stückchen hinausgetragen und landeten gerade noch vor der Haustür.

Vor kurzem hatte Hans den Einfall, ein „Wettspringen" zu veranstalten.

„Wer kommt so weit wie ich?", fragte er uns herausfordernd.

Das spornte uns an, es ebenfalls zu versuchen. Fritz, Arnim und ich rutschten in voller Fahrt das Geländer hinab. Die Fliesen des Fußbodens waren unsere Markierungen. Fritz flog dreizehn Fliesen weit, ich vierzehn und Arnim kam noch ein paar Zentimeter weiter. Dann rutschte Hans. Wie ein Blitz schoss er das Geländer hinab, sauste durch die Luft, prallte gegen die Glaswand der Haustür und blieb liegen. Er lag bewusstlos auf dem Boden und blutete im Gesicht.

„Ich laufe zu Dr. Gruber, er soll sofort kommen!", rief Arnim und rannte zum Nachbarhaus, wo der Arzt seine Praxis hatte. Fritz und ich blieben bei Hans. Wir wussten aber nicht, wie wir helfen sollten. Die Eltern von Hans waren beide berufstätig. Wir konnten sie nicht benachrichtigen.

Da kam auch schon der Arzt. Er reinigte das Gesicht des Verletzten und legte ihn sorgfältig seitlich zu Boden. „Wir müssen die Rettung rufen“, sagte Dr. Gruber nach einer Weile zu mir.
Ich eilte zum Telefon und rief die Nummer 144 an. Schon nach fünf Minuten wurde Hans mit dem Rettungswagen weggefahren. Drei Wochen musste er im Krankenhaus liegen, bis seine Gehirnerschütterung geheilt war.

L 5 Die Vorgeschichte ist ausführlich, der Erlebniskern, die Behandlung durch den Arzt, sollte mit mehr Einzelheiten ausgeführt werden.

L 6 **Zwei Buben verursachen einen Verkehrsunfall**
Peter nahm Leo die Kappe weg und rannte mit ihr davon. Leo lief ihm nach. Die beiden stürmten zuerst die Straße entlang, dann überquerte Peter die Fahrbahn. In diesem Augenblick kam ein Lastkraftwagen in rascher Fahrt daher. Knapp dahinter näherte sich ein Taxi. Die Buben hatten den Wagen nicht bemerkt. Der Lenker erblickte jedoch rechtzeitig die Kinder und bremste scharf. Der hinter ihm fahrende Taxichauffeur nahm jedoch zu spät das Bremsen des Lastwagens wahr und fuhr diesem hinten auf. Dabei wurde das Personenauto stark beschädigt. Die Buben machten sich erschrocken davon.

L 7 sagen, sprechen, erzählen, berichten, meinen, antworten, entgegnen, versetzen, zustimmen, bejahen, belehren, unterweisen, ergänzen, zu bedenken geben, befehlen, fordern, gebieten, beruhigen, bitten, betteln, jammern, klagen, versprechen, beteuern, abstreiten, leugnen, mahnen, höhnen, brüllen, wettern, schimpfen, rufen, schreien, brummen, flüstern, jubeln, stottern, einwenden, einwerfen, widersprechen ...
Als wir am Freitag alle heimkamen, war ein großes Durcheinander im Haus. Jeder wollte seine Erlebnisse erzählen. Als es gar zu bunt wurde, sagte der Vater: „Zuerst darf Ernst sprechen.“ Ernst kam sich ungeheuer wichtig vor und begann: „Also, wir haben in den hohen Wellen gebadet.“
Oskar meinte: „Da waren gewiss Haifische darin.“
Ernst entgegnete zornig: „Sei jetzt ruhig, du Schafskopf!“

Da wandte ich ruhig ein: „Nun hört endlich zu streiten auf!“
Aber Ernst fuhr ganz eifrig fort: „Da haben wir zwei Seepferdchen und eine Qualle gefangen.“
Oskar flüsterte mir ins Ohr: „Schau in seiner Hosentasche nach, vielleicht hat er sie mitgebracht.“
Aber ehe ich meinen Bruder damit ärgern konnte, streckte die Mutter den Kopf durch die Tür herein und rief mit ernster Miene: „Heute gibt es Haifischkotelett mit Schlagobers zum Abendessen.“ Da lachten wir alle und gingen zu Tisch.

L 8

1. Ich begleitete meinen Freund bis zu seinem Wohnhaus.
2. Wir brachen um acht Uhr auf.
3. Wir waren etwa zwei Stunden unterwegs, bis wir bei der Schutzhütte ankamen.
4. Nach einer kurzen Rast machten wir uns auf den Heimweg.
5. Schwitzend folgten wir dem gewundenen Weg auf den Berg.
6. Während wir auf der Landstraße wanderten, sagen wir ein Lied.
7. Während der Autofahrt machten wir auf dem Hafnerberg Halt und besichtigten die schöne Wallfahrtskirche.
8. Vorsichtig schritten wir über den schmalen Steg.
9. Um den Zug noch zu erreichen, liefen wir zum Bahnhof.
10. Wenn mich meine kleine Schwester erblickt, trippelt sie mir entgegen.
11. Meine Besucher begleite ich meist noch ein Stück.
12. Der fremde Hund folgte mir bis zu meinem Wohnhaus.
13. Der Zug fährt um neun Uhr ab.
14. Der Wanderweg führt durch einen Buchenwald.

L 9

Ein Affentheater

In dem Zoo befindet sich ein großes Affenhaus. Eines Tages hatte der Wärter die Käfige wie üblich gesäubert und den Tieren frisches Futter gegeben. Dann war er wieder davongeeilt und hatte nicht daran gedacht, die Käfigtür ordentlich zu verschließen. Ein neugieriges Äffchen stieß sie auf und schlüpfte hinaus. Natürlich folgten die anderen Affen gleich nach. Sie entdeckten eine Gelegenheit durch ein offenes Fenster aus dem Affenhaus zu entkommen und kletterten auf die umliegenden Bäume. Als man sie entdeckte, waren sie schon im Begriff die Gegend in Schrecken zu versetzen. Jedenfalls dauerte es ein paar Tage, ehe man die Ausreißer eingefangen hatte.

L 10 Eine Panne

Als ich heute Mittag nach Hause ging, fuhr ein großer Lastwagen an mir vorbei, hielt aber gleich darauf an. Der Fahrer stieg aus, ging zu den Vorderreifen und trat mit dem Fuß gegen die Reifen. „Verdammter Mist!“, schimpfte er und holte aus dem Wageninnern einen großen Wagenheber und setzte ihn unter eine Eisenschiene am Fahrgestell. Ich blieb stehen und sah ihm bei der Arbeit zu.

„Verschwinde!“, schrie er mich an, aber dann beruhigte er sich und fragte: „Kannst du mir bitte eine Flasche Mineralwasser holen? Dort drüben ist ein Lebensmittelgeschäft.“ – „Ja“, antwortete ich und machte mich auf den Weg.

Als ich zurückkam, hatte er das Rad schon abmontiert und war damit beschäftigt, ein anderes auf die Bolzen zu stecken. „Bei diesen schlechten Straßen gehen die besten Reifen kaputt!“, meinte er zu mir gewandt verärgert. Als er mit der Arbeit fertig war, trank er die Flasche leer und fragte mich: „Was hast du für das Wasser bezahlt?“ Ich nannte ihm den Betrag. Er griff in die Tasche, reichte mir das Geld und sagte: „Der Rest ist für dich.“ Dann stieg er mit den Worten „Servus, und vielen Dank für deine Hilfe!“ in den Laster ein und brauste davon. Nun musste ich rennen, um nicht zu spät zum Essen zu kommen.

L 11 Fahrkarten, bitte!

Einmal fuhr ich mit meiner Mutter zu meinem Großvater. Er wohnt auf dem Land. Wir mussten daher mit der Bahn fahren.	Einleitung (Vorgeschichte)
Als wir auf dem Bahnsteig ankamen, hörten wir schon den Fahrdienstleiter rufen: „Einsteigen, bitte! Der Zug fährt ab!“ Im letzten Augenblick kletterten wir in einen Wagon. „Da haben wir aber Glück gehabt“, meinte meine Mutter atemlos, als wir in einem Abteil Platz nahmen. Kurze Zeit später wurde die Tür des Abteils aufgeschoben und der Schaffner erschien. „Ihre Fahrkarten, bitte!“	Beginn des Hauptteils
Meine Mutter holte ihre Handtasche aus der Gepäckablage und suchte	offene Situation

nach den Fahrkarten. Vergeblich. Sie durchwühlte alle Fächer der Tasche. Die Fahrkarten waren nicht zu finden. Sie leerte schließlich die ganze Tasche aus, alles umsonst. Meine Mutter wurde immer nervöser. „Wo stecken bloß die Fahrkarten?" Sie blickte auf den Boden, sie durchstöberte ihre Manteltaschen, sie durchsuchte auch den kleinen Koffer: Die Fahrkarten blieben verschwunden.	Informations-verzögerung durch Einzelheiten
Da griff sie an der Kostümjacke entlang und fuhr mit der Hand in die rechte Seitentasche.	Höhepunkt
Und richtig: Da waren die Fahrkarten!	unerwartete Lösung
Erleichtert atmete sie auf und sank auf ihren Sitz. Das waren aufregende Minuten.	Schluss

L 16

Das Beispiel 1 beginnt mit Angaben über die Zeit des Geschehens. (Regel A)

Die Beispiele 2 und 4 machen am Anfang Angaben über die näheren Umstände des Geschehens. (Regel C)

Das Beispiel 3 beginnt mit Angaben über den Ort des Geschehens. (Regel B)

Das Beispiel 5 beginnt mit der direkten Rede. Das wirkt besonders lebendig. (Regel D)

Das Beispiel 6 kündigt am Anfang das Hauptereignis an. (Regel E)

Im Beispiel 7 wird unmittelbar (ohne Einleitung) mit dem Hauptereignis, dem Kern der Geschichte, begonnen. (Regel F)

L 17

Die Beispiele 1 und 7 enden nach der Regel B.
Das Beispiel 2 endet nach der Regel C.
Die Beispiele 3 und 5 enden nach der Regel A.
Das Beispiel 4 endet nach der Regel D.
Das Beispiel 6 endet nach der Regel E.

L 19 Der Löwe ist los

... Sultan war an und für sich recht gutmütig. Nur wenn er Hunger hatte, wurde er böse und begann zu brüllen. Sultans Flucht wurde daher vorerst nicht bemerkt. Er trottete durch mehrere Gassen, ohne dass man auf ihn aufmerksam wurde. Manche hielten Sultan wahrscheinlich für einen großen Hund. Da stieg ihm ein verlockender Geruch in die Nase. Er folgte ihm und stand plötzlich mitten in einem Lebensmittel-Selbstbedienungsladen. Da er unter diesen Umständen Hunger verspürte, brüllte er laut. Entsetzt stellten die Leute die Ursache des Gebrülls fest und liefen voller Angst dem Ausgang zu. Doch Sultan kümmerte sich nicht um die Menschen. In der Fleischabteilung fand er, was er suchte. Nach und nach verschlang er ein Stück Fleisch nach dem andern, das in der Vitrine ausgestellt war. Dann schleckte er sich die Pfoten ab und legte sich zum Ausruhen in eine Ecke. Dort fand ihn dann auch der Tierbändiger, der nach einiger Zeit mit der Polizei in das Geschäft gestürzt kam.
Der Löwe ließ sich ohne Widerstand in den Zirkus zurückführen.

L 22 Wo ich wohne

... Ich hoffe, dass alles nur ein Hirngespinst ist. So eine Art Fata Morgana. Ich versuche mir einzureden, dass ich in Wirklichkeit sowieso im 4. Stock bin, neben meinen früheren Nachbarn, aber es geht nicht.
Was ich mit eigenen Augen gesehen habe, kann doch nicht unwirklich und falsch sein. Jetzt halte ich es nicht mehr aus. Ich laufe zur Wohnungstür und öffne sie, in der Hoffnung, dass die Tafel mit der Aufschrift „4. Stock“ auftaucht. Aber stattdessen ... ich kann es nicht glauben ... Für einen Augenblick wird mir schwarz vor den Augen. Nein, das kann nicht sein! Es darf nicht sein! Dort hängt ein Schild mit der Aufschrift „2. Stock“. Ich laufe zu meinem Nachbarn, um mich zu überzeugen, dass ich noch im 3. Stock bin. Aber es ist nicht so. „Dr. Mayer“ steht auf dem Namensschild. Dr. Mayer hat immer schon im 2. Stock gewohnt. Ein unheimlicher Mann. Ich hatte schon seit jeher Angst vor ihm. Bei dem Gedanken, jetzt neben ihm zu wohnen, wird mir übel. Da würde ich sogar in Kauf nehmen im 1. Stock zu wohnen, obwohl ... Ich laufe leise zu meiner Wohnung und schließe lautlos die Tür. Langsam, mit einem komischen Gefühl im Magen, öffne ich sie wieder. Mein Blick fällt auf die Tafel „1. Stock“. Gott sei Dank! Jetzt fühle ich mich schon viel besser. Aber wie komme ich in den 4. Stock zurück? Wenn die anderen Hausparteien merken, dass ich im 1. Stock wohne, nehmen sie mir das sicher übel. Oder sind sie

vielleicht froh, dass sie mich abgeschoben haben, und freuen sich, dass sie jetzt niemand mehr am Samstagabend durch sein Gehechel aufweckt? „Abgeschoben“ – dieses Wort geht mir nicht aus dem Kopf. Vielleicht war der Wohnungswechsel gar kein Zufall, sondern von allen Hausbewohnern geplant. Aber das kann ich wirklich nicht glauben. Ich war doch immer so nett zu allen im Haus. Na gut, eine Ausnahme gibt es: Einmal habe ich mich beschwert, weil meine Nachbarn so laut waren. Und ein anderes Mal ... Vielleicht war ich doch nicht immer so freundlich. Ich werde jetzt wieder zu Bett gehen und die Tür bis morgen nicht mehr aufmachen. Wenn das so weitergeht, wohne ich bald im Keller. Diesen Gedanken kann ich fast nicht ertragen. Und ehe ich einschlafe, nehme ich mir fest vor zu allen immer freundlich zu sein. Vielleicht hilft das und ich darf wieder im 4. Stock mein Zuhause finden. *(Isolde, 14 Jahre)*

Wie Till Eulenspiegel seine Kunden aufs Eis führte **L 24**

Einmal fand Till bei einem Kaufmann als Verkäufer Arbeit. Dieser riet ihm: „Du kannst viel Geld verdienen, wenn du die Kunden aufs Eis führst.“

Der Kaufmann meinte damit, wenn er den Kunden schlechte Ware zu hohen Preisen verkaufe und sie auf diese Weise betrüge.

Diesen Rat wollte nun Eulenspiegel befolgen, aber ohne die Kunden zu betrügen. Er bediente sie freundlich, verkaufte die Waren zu angemessenen Preisen und lud sie ein, nachher mit ihm zum zugefrorenen Teich zu gehen. Sie würden dort eine Überraschung erleben. Die Leute folgten ihm neugierig auf das spiegelglatte Eis des Teiches, doch einer nach dem andern rutschte aus, fiel nieder, bekam blaue Flecken oder brach sich einen Arm oder einen Fuß. Die Leute schimpften und nahmen sich vor, nie wieder in diesem Geschäft etwas zu kaufen.

Da die Kunden ausblieben, erkundigte sich der Kaufmann nach der Ursache. Dabei erfuhr er von Tills Streich. Wütend rief er Till zu sich und warf ihm sein Verhalten vor. Doch dieser antwortete: „Ich habe nur getan, was Sie mir geraten haben, nämlich die Leute aufs Eis zu führen.“ Der Kaufmann aber verstand das nicht als Spaß und warf Till hinaus.

Falscher Verdacht **L 25**

In unsere Klasse kam ein Neuer. Keiner von uns war so recht begeistert davon. Er war bald der Liebling der Lehrer und das machte ihn bei den Mitschülern unbeliebt. An einem Mittwoch in der vierten Stunde war wieder Turnunterricht. Der Neue konnte daran nicht teilnehmen, denn er hatte sich den Fuß verstaucht. Deshalb wartete er im Umkleideraum.

Alle freuten sich auf die Turnstunde, denn es sollte Korbball gespielt werden, was bei uns sehr beliebt war. Es war ein spannendes und schnelles Spiel. Die Mannschaft von Wolfgang gewann gegen jene von Robert mit 6 : 2 Körben.

Als wir wieder in die Umkleideräume gingen, fing das übliche Theater an: „Ihr habt ja nur gewonnen, weil ihr foul gespielt habt!"

„Du spinnst ja, du bist ja nur beleidigt, weil ihr verloren habt!" Da mischte sich der Neue ein: „Wolfgangs Mannschaft hat gewonnen, weil sie besser gespielt hat."

„Du hast gar nicht mitzureden!", rief Robert, der schon fast angezogen war. Plötzlich schrie er ganz laut: „Meine Geldbörse ist weg! Jemand hat mir meine Geldbörse gestohlen. Das kann nur der Neue gewesen sein! Der steckt ja in alles seine Nase. Der war allein hier im Umkleideraum!"

Der Neue erwiderte: „Ich habe deine Geldbörse nicht gestohlen, aber vielleicht hast du sie verloren." Robert lachte höhnisch: „Verloren? Ich habe noch nie etwas verloren!"

„Das kann sein, aber ich habe deine Geldbörse nicht", verteidigte sich der Neue. Da kam der Turnlehrer herein, der das Geschrei gehört hatte, und sagte: „Robert, bevor du jemanden beschuldigst, sieh doch erst einmal unter deiner Bank nach!" Robert bückte sich, und wirklich, da lag seine Geldbörse! Er hob sie auf und steckte sie rasch ein. „Und", sagte der Turnlehrer, „wenn du neu in der Klasse wärest, würdest du auch wollen, dass sich jemand um dich kümmert."

Diesen Rat nahm sich Robert, der ein schlechtes Gewissen hatte, zu Herzen und bald wurden er und der Neue gute Freunde.

(Karl, 13 Jahre)

L 26 Martins große Tat

In der Schule war gerade Pause und Martin verließ als Letzter das Klassenzimmer, weil er Klassenordner war. Auf dem Gang sah er einen fremden Mann. Da Martin wusste, dass in der Schule in letzter Zeit Mäntel, Jacken und Anoraks gestohlen worden waren, schöpfte er sofort Verdacht und beobachtete den Mann. Und wirklich bemerkte er, wie der Fremde zwei Mäntel von einem Haken nahm und, vorsichtig um sich blickend, zum Treppenhaus schlich. Martin lief hinterher und stellte fest, dass der Mann im Zeichensaal verschwunden war. Der Kerl wusste wohl, dass um diese Zeit kein Mensch den Zeichensaal betreten würde. Der Dieb wollte anscheinend abwarten und später, wenn die Pause zu Ende war, mit den Mänteln verschwinden. Da kam Martin eine Idee. Hatte er nicht den Schlüssel für sein Klassenzimmer? Vielleicht passte er auch ins Schloss der Tür des Zeichensaales.

Lautlos schlich er sich heran und steckte vorsichtig den Schlüssel ins Schloss. Klick machte es und gleich darauf wurde von innen an der Tür gerüttelt. Der Dieb hatte also das Versperren der Tür gehört. Da die Gefahr bestand, dass der Dieb die Tür aufbrechen könnte, lehnte sich Martin fest dagegen und schrie um Hilfe. Da eilte auch schon der Schulwart herbei und hörte, dass ein Dieb eingeschlossen war. Er lief in die Direktion, um die Polizei zu verständigen.

Das laute Schreien Martins hatte aber auch viele Schüler herbeigelockt. Auch zwei Lehrer kamen. Endlich tönte aus der Ferne die Sirene der Polizei. Der Schulwart half nun Martin die Türe zuzuhalten.

Als die Polizisten kamen, wurde die Tür aufgesperrt. Zwei junge Polizisten stellten sich mit gezogener Pistole vor die Tür. Auf Aufforderung der Polizei trat der Dieb mit erhobenen Armen aus dem Zeichensaal. Er ließ sich ohne Widerstand von der Polizei abführen. Martin wurde wenige Tage später vom Polizeipräsidenten eingeladen und bekam als Anerkennung für seine mutige Tat ein schönes Buch mit einer Widmung geschenkt. Am meisten aber war Martin darüber stolz, dass über seine Tat auch in der Zeitung berichtet wurde.

(Konrad, 12 Jahre)

Der Hai und die Sardine **L 33**

Im Mittelmeer lebte einmal ein großer, stolzer Hai. Eines Tages, er hatte schon sehr viele Sardinen gefressen und war satt, stieß er auf eine kleine Sardine. „Dich werde ich auch noch verspeisen“, meinte er.

„Ich bin so klein, dass du von mir auch nicht fetter wirst. Lass mich am Leben! Vielleicht kann ich dir das dann einmal danken“, erwiderte die Sardine. Da stimmte der Haifisch gutmütig zu und schwamm weiter.

Bald darauf geschah es, dass der Hai in ein Fischnetz geriet. Durch Zufall kam die Sardine vorbei, und als sie sah, in welchen Schwierigkeiten sich der Hai befand, schwamm sie schnell weg, um ihren Schwarm zu Hilfe zu holen. Da hängten sich alle Sardinen an das

Netz. Dadurch wurde es so schwer, dass es riss. So konnte der Hai entkommen.
Damit ist wieder einmal bewiesen, dass auch viele Schwache mehr bewirken können als ein Starker. *(Josef, 11 Jahre)*

L 34 Nacherzählung der Geschichte „Mensch und Maschine“

Meine Aufgabe in der Maschinenfabrik ist es eine Maschine zu bedienen, die Eisenplatten zerschneidet. Gestern geriet diese Maschine plötzlich ins Stocken. Ich klappte die Schutzvorrichtung zurück um nachzusehen, was die Ursache war. Dabei musste ich mich weit in die Maschine hineinbeugen. Da setzten sich die Räder plötzlich in Bewegung. Ich versuchte meinen Kopf zurückzuziehen, aber es gelang nicht. Schon berührten die Stahlmesser meinen Nacken. Fürchterliche Angst ergriff mich und ich schrie so laut ich konnte. Das ist das Ende, fuhr es mir durch den Kopf. Ich wusste, dass es keine Hilfe mehr gab.
In diesem Augenblick hörte ich ein starkes Krachen und wie durch ein Wunder stand die Maschine plötzlich still.
Was war geschehen? Wie ich später erfuhr, war unser Lehrbub gerade mit einem Stahlhammer vorbeigegangen und hatte blitzartig die Situation erfasst und den Hammer zwischen die Räder der Maschine geworfen. Ich muss für einen Augenblick das Bewusstsein verloren haben. Als ich wieder zu mir kam, hörte ich den Werkmeister schreien: „Du hast die Maschine kaputt gemacht, die Hunderttausende gekostet hat!“ Inzwischen kam auch der Betriebsleiter herbeigelaufen und sagte zu dem Lehrbuben: „Du hast deinem Kollegen das Leben gerettet. Gib dem Werkmeister die Antwort, die er verdient!“
Der Werkmeister wandte sich um und verließ die Maschinenhalle ohne ein Wort zu erwidern. Für ihn war die Maschine wichtiger als der Mensch. Gott sei Dank wurde er in unserem Betrieb nicht mehr gesehen. *(Anni, 13 Jahre)*

L 35 Das Märchen vom Rumpelstilzchen, erzählt von ihm selbst

Einmal kam ich zufällig beim Schloss vorbei, da hörte ich jemanden weinen. Als ich nachsah, fand ich ein hübsches Mädchen, das in einer großen Kammer voll Stroh saß und dieses zu Gold spinnen sollte. Da ich diese Kunst von meiner Mutter gelernt hatte, half ich ihm. Als Belohnung gab es mir dann seine Halskette.
Als ich am nächsten Tag wieder vorbeikam, hörte ich das Mädchen wieder weinen. Wieder saß es in einer Kammer voll Stroh und sollte

das Stroh zu Gold spinnen. Ich verrichtete auch diesmal seine Arbeit und verlangte dafür seinen Ring.
Beim dritten Mal erzählte das Mädchen, der König würde es zur Frau nehmen, wenn es ihm noch einmal gelänge aus Stroh Gold zu spinnen. Da es aber keine Belohnung für mich hatte, versprach es mir auf mein Verlangen sein erstes Kind.
Warum ich das Kind verlangt habe? Ich lebe seit langer Zeit allein im Wald und wünschte mir daher einen Menschen, mit dem ich sprechen konnte. Ich hätte zwar auch mit den Tieren reden können, aber diese wichen mir aus, weil ich gelegentlich eines erlegte.
Der König hielt sein Versprechen und machte das Mädchen zur Königin.
Als ich hörte, dass sie ein Kind geboren hätte, suchte ich die Königin auf, um das Kind zu holen. Sobald die junge Frau mich aber erblickte, wurde sie blass und begann zu weinen. Da sie mir Leid tat, gab ich ihr drei Tage Zeit meinen Namen zu erraten. Sollte ihr dies gelingen, würde ich ihr das Kind lassen. Ich war fest davon überzeugt, dass sie niemals daraufkommen werde, wie ich heiße.
An den ersten beiden Tagen nannte sie nur unrichtige Namen. Darüber freute ich mich so sehr, dass ich zu Hause um das Feuer hüpfte und sang: „Ach, wie gut, dass niemand weiß, dass ich Rumpelstilzchen heiß!"
Als sie aber am dritten Tag zu meiner großen Überraschung doch meinen Namen nannte, zerriss ich mich vor Wut in zwei Hälften.
Seither spuke ich als Geist im alten Schloss.

Die beiden Kraftfahrer **L 41**

Die Fahrer eines Personenkraftwagens (A) und eines Postautobusses (B) begegnen einander auf einer engen Bergstraße. Die Straße ist sehr kurvenreich und es gibt nur wenige Ausweichstellen. Auf weiten Strecken ist die Straße so schmal, dass es für zwei Autos unmöglich ist aneinander vorbeizukommen. A und B haben soeben eine dieser Stellen erreicht. Sie stehen einander gegenüber, keiner will zurückfahren und ausweichen. Es ergibt sich folgendes Gespräch:

A: Sie müssen zurückfahren! Ich bin der Bergfahrer und habe nach der Straßenverkehrsordnung Vorrang.

B: Sie haben aber den kleineren Wagen. Ich kann mit dem Bus nicht bergauf rückwärts fahrend um die enge Kurve kommen.

A: Hören Sie, ich fahre täglich auf dieser Straße und bin schon mehrmals an Engstellen einem Autobus begegnet. Ich kann Ihnen versichern, dass es geht. Ich winke Sie ein.

B: Und was ist, wenn etwas schief geht? Kommen Sie dann für den Schaden auf?

A: Blödsinn! Es kann nichts passieren! Sie sind doch sicher ein erstklassiger Chauffeur!

B: Wenn ich allein wäre, würde ich zurückfahren. Aber Sie sehen ja, ich habe Fahrgäste. Es geht um deren Sicherheit.

A: Sagen Sie, wie lange sind Sie eigentlich schon Fahrer? Sie wollen ja nur vor Ihren Fahrgästen gut dastehen.

B: Das muss ich mir von Ihnen sagen lassen, Sie Gartenzwerg!

A: Fragen Sie die Fahrgäste, ob die auch Ihrer Meinung sind!

B: Jetzt ist es aber genug! Fahren Sie zurück, oder ich schiebe Ihre Straßenwanze einfach den Abhang hinunter! (Der Autobusfahrer macht Anstalten sein Vorhaben zu verwirklichen.)

A (plötzlich freundlicher werdend): Beruhigen Sie sich doch! Wenn Sie schon nicht nachgeben können, werde eben ich versuchen, einige Meter zurückzufahren! Einer muss ja der Vernünftigere sein.

L 43 **A**n diesem Abend wollte ich ursprünglich zu Hause bleiben und mein Zimmer aufräumen.

Bald hatte ich von dieser Tätigkeit jedoch genug und ich beschloss meinen Freund Erich aufzusuchen.

Erich ist um ein Jahr älter als ich und hat oft die tollsten Einfälle.

Nach wenigen Minuten stand ich vor seiner Wohnungstür.

Trotz der kalten Jahreszeit stand die Tür weit offen und kein Mensch war zu sehen.

Einbrecher müssen hier am Werk gewesen sein, schoss es mir durch den Kopf.

Unter diesen Umständen beschloss ich zur Polizei zu laufen und das Gesehene zu melden.

Ein Polizist hörte sich dort meinen Bericht aufmerksam an.

Ruhig wies er dann darauf hin, dass eine offene Tür noch nicht auf einen Einbruch schließen lasse und Erich wahrscheinlich eilig weggelaufen war und vergessen hatte die Tür zu versperren.

(Walter, 10 Jahre)

L 44 **Gefährliche Rodelfahrt**

Es hatte die ganze Nacht geschneit. *Gleich nach dem Mittagessen holte Renate daher ihre Rodel aus dem Keller.*

Erwartungsvoll lief sie mit der Rodel zur Forststraße.

Hier fuhr nur selten ein Auto.
Die Straße geht leicht bergab.
Renate setzte sich sogleich auf ihre Rodel.
„Bahn frei!", rief sie und sauste die Straße hinunter.
An der Kreuzung wollte sie vor dem Stoppschild anhalten.
Doch vergeblich.
Sie rutschte auf die stark befahrene Hauptstraße.
Zum Glück war gestreut und das sich nähernde Auto konnte rechtzeitig bremsen.

L 46

Stellt euch vor,
wir hätten keine Strohballen mehr!
Wie ballen wir dann das Stroh?

Stellt euch vor,
wir hätten keine Eisenbahnen mehr!
Wie bahnen wir dann das Eisen?

Stellt euch vor,
wir hätten keine Rauchfangkehrer mehr!
Wie kehren wir dann den Rauchfang?

Stellt euch vor,
wir hätten keine Suppenschüsseln mehr!
Womit schüsseln wir dann die Suppen?

Stellt euch vor,
wir hätten keine Butterblumen mehr!
Womit buttern wir dann die Blumen?

Stellt euch vor,
wir hätten keine .... mehr!
....?

L 51

Niemand auf dem Bauernhof

Niemand wurde am Morgen vom Wecker geweckt. Niemand stand auf und ging in die Küche. Als Niemand niemand sah, beschloss Niemand in den Stall zu gehen. Niemand setzte sich auf den Schemel und melkte die Kühe.

Niemand verließ den Stall und suchte niemand anders als seine Frau. Niemand betrat das Schlafzimmer, doch niemand lag im Bett. Niemand ging ins Wohnzimmer, auch hier war niemand. Da gab Niemand die Suche auf. Also hat der arme Niemand niemand gefunden.
(Simone, 11 Jahre)

L 52 Meine Eltern sind katholisch und verheiratet. Sie haben ein Kind, das bin ich.

Vor der Tür stand ein Vertreter, der Nylonsocken verkaufen wollte.

Neulich wurden unsere zwei Kirchenglocken eingeweiht. Der Herr Pfarrer und der Herr Bürgermeister hielten Reden. Danach wurden die Glocken im Kirchturm aufgehängt. Seitdem ist es in unserem Dorf viel schöner.

Meine Oma hat so starke Gelenksschmerzen, dass sie ihre Arme kaum noch über den Kopf heben kann. Auch in den Beinen hat sie starke Schmerzen.

Ich betrat das Zimmer meines Onkels. In diesem Zimmer befand sich ein Kachelofen.

Ich sende dir und den Eltern vom Dachstein herzliche Grüße.

Zum Glück konnten die Bewohner durch die Feuerwehr in Sicherheit gebracht werden.

Ich bitte um Zuweisung von mehr Kohlen, denn sowohl meine Frau als auch ich werden in der kalten Wohnung den Schnupfen nicht los.

Ich habe eine Tochter und vier Söhne. Wir leben alle sehr eingeschränkt, da wir nur Platz für zwei Betten haben.

Mein Mann braucht für seine Tätigkeit als Musiker unbedingt eine neue Hose, weil er in schlechter Kleidung nicht auftreten kann.

Hiemit stelle ich den Antrag auf ein gebrauchtes Bett mit Matratzen und Bettzeug.

Das spannende Buch **L 53**

Vater und Mutter sitzen bei Tisch im Esszimmer und wollen zu essen beginnen. Ein Platz ist noch frei. Die Mutter fragt: „Wo ist denn unser Horsti? Immer kommt er zu spät zum Mittagessen. Geh, hol ihn bitte!“ Der Vater eilt zornig ins Kinderzimmer. Dort liegt sein Sohn auf dem Boden und liest in einem Buch. Verärgert blickt ihn der Vater an: „Los, ab ins Esszimmer! Wir warten schon auf dich, das Essen wird kalt. Lesen kannst du nachher.“ Der Sohn geht misslaunig hinaus und denkt: „Immer wenn es am spannendsten ist, muss ich aufhören.“

Der Vater aber beugt sich über das Buch und liest einige Zeilen. Das ist ganz schön spannend. Interessiert liest er weiter und vergisst das Essen.

Nun warten Mutter und Sohn auf den Vater. „Wo bleibt denn nur Wilhelm?“, denkt die Mutter. Mit ausgestrecktem Arm weist sie auf das Kinderzimmer hin und befiehlt ihrem Sohn: „Los, hol den Vater, das Essen wird kalt!“ Der Sohn eilt ins Kinderzimmer. Immer ich, denkt er. Im Kinderzimmer findet er den Vater, er liegt auf dem Boden und liest in seinem Buch. „Vater, du sollst zum Essen kommen! Mich schickst du ins Esszimmer und jetzt liest du selber.“ Da antwortet der Vater: „Nie kann man in Ruhe lesen.“ *(Klaus, 11 Jahre)*

Mit dem Hut in der Hand kommt man durch das ganze Land? **L 54**

Herr Adamsson ist Beamter im Ruhestand. Er ist klein und bullig, raucht gerne dicke Zigarren und macht täglich einen Spaziergang. Der Arzt hat ihm nämlich Bewegung verordnet. Weil aber seine Hüftgelenke beim Gehen etwas schmerzen, stützt er sich auf einen Stock. Kaum hat er das Haus verlassen, bemerkt er seinen Nachbarn Müller, der auf beiden Armen Holzscheiter ins Haus trägt. Er hat sich so viele Scheiter aufgepackt, dass ihm nach einigen Schritten welche zu Boden fallen. Herr Adamsson ist ein hilfsbereiter Mensch, daher bückt er sich trotz seiner Kreuzschmerzen, hebt die herabgefallenen Scheiter auf und legt sie Herrn Müller auf die Arme. Herr Müller hat eine Glatze, er trägt daher immer einen Hut. Gewohnt, den Leuten höflich zu danken, zieht er auch diesmal vor Herrn Adamsson seinen Hut. „Vielen Dank!“, stammelt er. Dabei denkt er nicht daran, dass er ja mit beiden Armen das Holz trägt. Während er nach seinem Hut greift, fallen daher sämtliche Scheiter wieder zu Boden.

Für so eine Dummheit hat Herr Adamsson kein Verständnis. Wortlos wendet er sich ab und setzt seinen Spaziergang fort. Herr Müller blickt ihm verärgert nach. Das hat man davon, wenn man höflich ist, denkt er. Künftig werde ich vor niemandem mehr den Hut ziehen. Mühsam lädt er sich die Scheiter wieder auf. *(Franz, 12 Jahre)*

L 55 Beschreibung des Bildes „Die Stadt"

Der Holzschnitt von Frans Masereel zeigt im Vordergrund einen Mann, der auf einem Hügel sitzt und auf eine Industriestadt mit vielen rauchenden Schornsteinen und hohen Häusern herabblickt. Der Hügel ist mit Blumen und Gräsern bewachsen. Der Mann kehrt dem Betrachter den Rücken zu, seine Beine sind nicht sichtbar. Der Wind treibt die Rauchschwaden an den linken Bildrand. Zwischen dem Hügel und der Stadt schlängelt sich ein Fluss, an dem ein Eisenbahnzug entlangfährt. Dahinter erblickt man eine Hügellandschaft, die landwirtschaftlich genutzt wird. Nur ein Kirchturm, von wenigen Häusern umgeben, und ein einziger rauchender Schlot unterbrechen die horizontalen Linien.
Zwischen dem Mann auf dem Hügel und der Stadt vor ihm besteht ein deutlicher Gegensatz. Hier der die Natur liebende einsame Mensch, in Ruhe in die Ferne blickend, dort die Stadt mit ihren betriebsamen Bewohnern, die Ansammlung von hohen Häusern, die Verschmutzung der Umwelt durch den Rauch der qualmenden Schlote. Das wird durch die Technik des Holzschnittes noch besonders verdeutlicht.
Der Künstler will dem Betrachter diesen Kontrast ins Bewusstsein rufen. Der Mensch ist ihm wichtiger als die Industrie, die dem Menschen zwar Arbeit schafft und ein Einkommen sichert, doch die Umwelt zerstört und das Leben nicht mehr lebenswert macht. Der Künstler setzt daher den Menschen auf dem blühenden Hügel in den Mittelpunkt. Das Bild regt den Betrachter zum Nachdenken an.

(Christoph, 14 Jahre)

L 56 Beschreibung und Deutung des Bildes „Mädchen auf der Brücke" von Edvard Munch

Den Mittelpunkt des Ölgemäldes bilden vier Mädchen, die auf einer Holzbrücke stehen. Sie tragen lange Kleider, deren Farben, weiß, rot, beige, blau, einen Gegensatz zum dunklen, fast schwarzen Wasser unter der Brücke bilden. Das Gesicht des ersten Mädchens, das sich dem Betrachter zuwendet, ist nicht zu erkennen, wie überhaupt das Bild nicht naturgetreu gemalt ist. Die Mädchen scheinen nicht miteinander zu sprechen, sondern gedankenvoll vor sich hinzuträumen. Die Brücke ist perspektivisch verzerrt, in Brauntönen

dargestellt. Am anderen Ufer des Flusses erblickt man einen Garten, der von einer weißen Mauer umgrenzt ist. In ihm stehen einige weiße Häuser. Kein Licht dringt aus den Fenstern der Gebäude. Über die Mauer des Gartens ragen einige mächtige Bäume und bilden eine dunkelgrüne, fast schwarze Kulisse. Sie werfen dunkle Schatten auf das Wasser des Flusses. Der Himmel ist von Wolken bedeckt. Das Bild könnte während der Mitternachtssonne gemalt worden sein, denn die Farben sind nicht rein, sondern etwas gebrochen. Es herrscht eine düstere Stimmung.
Das Bild stimmt den Beschauer schwermütig. Durch den Gegensatz der dunklen und hellen Farben, die nicht miteinander harmonieren, wirkt es auf mich unheimlich. Der Maler wollte anscheinend seine eigenen Gefühle zum Ausdruck bringen. *(Katharina, 14 Jahre)*

Ein Ostermorgen **L 64**

Mild ist die Auferstehungsnacht, und der helle Vollmond ergießt seine Silberstrahlen in das stille Schlafgemach. Plötzlich knallt draußen ein Böllerschuss, und nun erwacht um die Mitternachtsstunde das Leben im Tal und auf den Höhen. Das ganze Hausgesinde verlässt seine Lagerstätten und eilt ins Freie. Es schließen sich die Nachbarsleute an und nun wandern sie, lustig plaudernd und singend, aufwärts gegen die Kreuzkuppe. Selbst der kranke Bauer richtet sich im Bett auf, schaut durch die klaren Scheiben hinaus, weckt gar sein Weib und sagt: „Alte, das ist eine wahre Herrlichkeit, was die heute treiben da draußen, schau dir einmal diese Menge Osterfeuer an!“ Er hat wohl Recht, es ist eine wahre Herrlichkeit. Da hinter dem Walde blinkt es auf, als ob ein ganzes Haus in Feuer stünde. Unten im Tal leuchten drei rot glühende Pyramiden, und jenseits über den ganzen Hang hinauf liegt ein riesengroßes, flammendes Kreuz. Und weit hinter den heimischen Höhen, wo sich am Tage der blaue Horizont hinzieht, sieht man's funkeln wie Sterne. Die Bäuerin blickt lange durch das Fenster, dann meint sie: „Jetzt mag ich nicht mehr schlafen“, und kniet auf dem Betschemel zum Tisch. Der Ostermorgen ist angebrochen. *(Peter Rosegger)*

„O Boleslav“, schluchzt sie, „du trägst die Schuld!“ **L 65**

Die Sonne, das Licht und Leben spendende Tagesgestirn, ist soeben hinter dem Horizont verschwunden und der gute Silbermond schickt sich an Nachtwache zu halten. Die lieblichen Vögelein, unsere singenden Frohsinnspender, haben sich zur Ruhe begeben und auf

Zweiglein niedergelassen. Nur das muntere, silberhelle Bächlein hüpft murmelnd zu Tal.

Inmitten der allerliebsten Umgebung steht ein Bänklein, umgeben von einem blühenden, wohlriechenden Rosenstrauch. Auf der Bank sitzt ein blond gelocktes Mägdelein, bekleidet mit einem blütenweißen Seidenkleid. Es sieht aus wie eine Elfe. Deshalb kommen auch die Rehlein neugierig aus dem Wald und tummeln sich fröhlich und scheu um das Mädchen. Sogar Meister Reineke, der greise Fuchs, der sich gerade zu einem nächtlichen Streifzug aufmacht, seufzt leise seiner Jagdgefährtin zu: „Ach, wären wir doch auch noch so jung und schön!" Doch das Mädchen bleibt vom Liebreiz der Natur unberührt. Es wartet auf ihren geliebten Boleslav. Ungeduldig blickt es auf sein schneeweißes Handgelenk, wo die Armbanduhr im Mondlicht silbrig aufglänzt, und seufzt: „O Boleslav, wann kommst du endlich? Hast du mich ganz vergessen?" Dabei kullern Tränen über seine Wangen. Da hört es ein Rauschen der Blätter und der Geliebte steht vor ihm und überreicht dem Mägdelein einen Strauß herrlicher Blumen. Überglücklich fällt es in seine Arme und schluchzt: „O Boleslav, du trägst die Schuld, dass ich so glücklich bin!" Dieses Liebesbekenntnis weckt die Nachtigall, die im Rosenstrauch nistet und die nun anhebt ihr Liebeslied zu zwitschern.

(Michael, 15 Jahre)

L 69 Ausdrücke für Charaktereigenschaften:
kleinlich, schwatzhaft, geizig, griesgrämig, bösartig, eigensinnig, zerstreut, streitsüchtig, genusssüchtig, wortkarg, pflichtbewusst, höflich, feinfühlend, verschlossen, rechthaberisch, zurückhaltend, schüchtern, begeisterungsfähig, frech, kühn, arbeitsscheu, scheinheilig, unerschrocken, verwegen, mutig, vorlaut.

L 71 Wörter für den Körperbau:
klein, groß, hoch gewachsen, untersetzt, dick, hager, mager, knochig, zart, schmächtig, stämmig, schlank, klotzig, athletisch, derb, gedrungen, breitschultrig, bucklig.

L 75 Sehr geehrter Herr Doktor!
Lieber Großvater!
Sehr geehrter Herr . . .!
Sehr verehrter Herr Professor!

Sei herzlich gegrüßt von deinem Freund/deiner Freundin . . .
Viele herzliche Grüße, dein/deine . . .
Mit besten Empfehlungen/Grüßen Ihr/Ihre . . .
Mit höflichem Gruß . . .

L 81

Liebe Burgi,
vielen Dank für deine Einladung. Ich finde es herrlich, dass ich zu dir kommen darf. Meine Eltern haben auch nichts dagegen und schlagen die Zeit zwischen dem 13. und dem 31. August vor. In diesem Jahr bekommt mein Vater ohnehin keinen Sommerurlaub. Sie meinen aber, dass du dafür im nächsten Jahr für einige Wochen zu uns in die Stadt kommen solltest.
Ich werde dir noch rechtzeitig schreiben, mit welchem Zug ich ankomme, damit du mich vom Bahnhof abholen kannst.
Es grüßt dich herzlich

deine Brigitte

L 84

Sehr geehrter Herr Klassenvorstand!
Mein Sohn, Hans Müller, Schüler der 4a-Klasse, konnte wegen einer Grippe vom 13. bis 20. Februar den Unterricht nicht besuchen. Ich bitte Sie sein Fernbleiben zu entschuldigen. Ein ärztliches Zeugnis liegt bei.
Mit höflichem Gruß

Karl Müller

L 85

Liebe Tante Berta!
Da Ferien sind und mein Vater ebenfalls Urlaub hat, wollen wir ans Meer fahren. Daher möchte ich dich herzlich bitten während dieser drei Wochen mein Meerschweinchen in Pflege zu nehmen.
Es muss täglich mit Salat und Körnern gefüttert werden und frisches Wasser bekommen. Einmal in der Woche ist auch der Käfig zu reinigen und Heu einzustreuen. Die Kosten für das Futter werde ich dir von meinem Taschengeld ersetzen.
Bitte teile mir mit, ob und wann ich dir den Käfig mit dem Meerschweinchen bringen darf.
Liebe Grüße,

deine Ilse

L 92

Sehr geehrtes Brautpaar!
Zu Ihrer Vermählung möchten wir Ihnen ganz herzlich gratulieren. Wir wünschen Ihnen alles Gute für Ihren gemeinsamen Lebensweg.

Möge gegenseitiges Vertrauen, Achtung und Liebe Sie immer begleiten, in guten wie in schlechten Tagen!
Mit herzlichen Grüßen

Johanna und Karl Findeis

L 93 Lieber Herbert,
wie ich von deiner Schwester erfahren habe, bist du wegen der kommenden Mathematikschularbeit mutlos und glaubst wieder zu versagen.
Da ich weiß, wie fleißig du gelernt hast, bin ich überzeugt, dass du es diesmal schaffen wirst. Aber wenn du willst, werde ich dir in der nächsten Woche Nachhilfeunterricht geben. Trotzdem möchte ich dir raten bei der Schularbeit jedes Beispiel noch einmal nachzurechnen.
Gib mir Bescheid und sei herzlichst gegrüßt

von deinem Onkel Walter

L 97 Liebe Herta,
dass ich dir heute schreiben kann, verdanke ich meinem Schutzengel, denn beinahe wäre ich bei einem Autounfall umgekommen.
Wie du vielleicht weißt, nimmt die Kollegin Ingrid meine Freundin Anni und mich täglich mit ihrem Auto von Bach nach Villach mit.
Am Dienstag hat es in der Nacht vorher stark geschneit. Kurz vor Radenthein mussten wir anhalten, da ein Baum durch die Schneelast auf die Straße gestürzt war.
Männer der Straßenmeisterei waren gerade dabei den schweren Stamm von der Fahrbahn zu räumen, als plötzlich mit lautem Getöse das Dach unseres Autos eingedrückt wurde. Ich hatte mich auf dem Rücksitz instinktiv zusammengekrümmt und als ich mich nach der Schrecksekunde aufrichtete, stellte ich fest, dass sowohl Anni als auch Ingrid verletzt waren. Ingrid rührte sich nicht und war auf das Lenkrad gesunken. Anni schrie laut vor Schmerzen, denn ein Ast war durch das Dach gedrungen und hatte sie an der Schulter verletzt. Da ich auf dem Rücksitz saß, war ich unverletzt geblieben. Zum Glück ließ sich die rechte Tür öffnen, sodass ich aus dem Fahrzeug kriechen konnte. Ein Arbeiter der Straßenmeisterei war sofort herbeigeeilt und verständigte mit seinem Handy die Gendarmerie. Sie kam nach etwa 15 Minuten und kurze Zeit später trafen auch zwei Wagen vom Roten Kreuz ein. Vorsichtig befreiten die Männer der Rettung die eingeklemmten Frauen aus ihrer Lage und ein Arzt leistete erste Hilfe. Dann wurden die Frauen ins Krankenhaus transportiert.
Während der Rettungsarbeiten hielt noch ein weiterer Baum der

Schneelast nicht stand und fiel auf die Straße. Verletzt wurde diesmal jedoch niemand.
Ich hoffe, dass Anni und unsere Kollegin nicht lange im Krankenhaus bleiben müssen und wieder gesund werden. Das Auto ist allerdings total beschädigt und schrottreif. Schreib auch du mir, was es Neues gibt, und sei herzlich gegrüßt.

Deine Hanna

Bericht über den Unfall im Turnsaal **L 98**

In der Turnstunde am 13. Dezember hat sich Olga Oberhuber bei einem Sprung über den Bock am rechten Bein verletzt.
Die Klasse übte an drei verschiedenen Geräten gleichzeitig, am Bock, am Barren und an den Kletterstangen. Die Lehrerin stand am Barren und gab dort Hilfe. Am Bock gab Gerlinde Leitner Hilfe. Als Ilse mit gegrätschten Beinen über den Bock hüpfte, schrie sie beim Aufsprung laut auf. Sofort eilte die Lehrerin herbei. Es stellte sich heraus, dass Ilse mit dem rechten Bein nicht auftreten konnte ohne Schmerzen zu empfinden. Unsere Lehrerin schickte sofort eine Schülerin in die Direktionskanzlei, damit die Rettung verständigt werde. 10 Minuten später war diese da und brachte Ilse, deren Knöchel angeschwollen war, ins Spital.
Dort stellte man nach einer Röntgenuntersuchung fest, dass sich Ilse das Fußgelenk gebrochen hatte. Sie bekam einen Gipsverband und musste einige Tage im Spital bleiben. Jetzt kommt sie humpelnd wieder in die Schule. *(Sieglinde, 11 Jahre)*

Vierjähriger auf dem Traktor **L 101**

Buchstäblich in letzter Minute konnte der vierjährige Hansi G. durch seine Schwester gerettet werden.
Hansi G., der Sohn eines Bauern in Strobl, spielte vor dem Hof seines Vaters. Auf der Wiese vor dem Hof stand abgestellt der Traktor. Der Kleine kletterte auf den Führersitz und löste ahnungslos die Handbremse. Da der Leerlauf eingelegt war, rollte der Traktor zuerst langsam, dann immer schneller die abschüssige Wiese hinunter, einem Steilabfall zu. Im letzten Augenblick bemerkte seine erwachsene Schwester Hilde den zu Tal fahrenden Traktor und den um Hilfe schreienden Hansi. Sie rannte ihm so schnell sie konnte nach und holte ihn nach etwa 60 Metern ein. Blitzschnell riss sie den Buben

vom Fahrersitz und Sekunden später überschlug sich das Gefährt und kollerte den Hang hinab.

L 102 **Vor Lokomotive gerettet**

Bregenz, 25. Jänner 20 . ., Eigenbericht

Vor einem geschlossenen Bahnschranken der Bundesbahn bei Wolfurt versuchte gestern der 22-jährige Oskar R. aus Dornbirn mit seinem Motorrad einen vor einem Bahnschranken bremsenden Wagen zu überholen. Dadurch kam er ins Schleudern und rutschte mit der Maschine unter dem Schranken durch. Der Motorradfahrer blieb schwer verletzt auf den Schienen liegen. Schon näherte sich der Personenzug, da kletterten zwei Passanten rasch entschlossen unter dem Schranken durch und zogen den Verunglückten vom Gleis weg. Die Namen der Helfer wurden aber nicht genannt.

L 103 **Meldung des Geschäftsführers**

Am 14. Juni gegen zehn Uhr beobachtete die Angestellte, Frau Agnes Hausner, eine Kundin, wie sie ein Päckchen Bohnenkaffee in ihrer Manteltasche verschwinden ließ. Sie meldete mir sofort den Vorfall und ich stellte daraufhin die Beschuldigte zur Rede und forderte sie auf den Kaffee in den Einkaufswagen zu legen. Die Frau leugnete aber den Diebstahl und lehnte auch eine Kontrolle ab.

Nun drohte ich ihr die Polizei zu rufen und den Diebstahl von einer Polizeibeamtin untersuchen zu lassen. Daraufhin warf sie mir plötzlich das Kaffeepäckchen vor die Füße. Frau Hausner und ich brachten die Frau in unser Büro und stellten dort ihre Personalien fest. Den Anweisungen entsprechend, werden wir Frau B. im Wiederholungsfall wegen Ladendiebstahls anzeigen.

Oswald Gruber
Filialleiter

L 105 **Reportage über ein Fußballspiel**

„Guten Tag, liebe Hörerinnen und Hörer! Hier ist wieder Ihr Reporter Konrad mit aufregenden Fußballnachrichten. Hier, auf dem Sportplatz der Gemeinde, ist wieder etwas los. Es spielen die Mannschaften der 3a und 3c gegeneinander. Die Klasse 3c hat schon befürchtet nicht antreten zu können, da ihr bester Spieler überraschend erkrankt ist. Es hat sich jedoch ein Ersatzmann gefunden, Mirko aus Kroatien. Er ist die ganze Zeit draußen gestanden und hat zugeschaut. Nun ist er auf dem Spielfeld. Das Spiel ist schon einige Minuten im Gange. Walter von der 3a hat jetzt den Ball, er gibt ihn weiter zum Rechtsaußen Bernd, doch Oskar von der 3c fängt den Ball ab und schießt zu Hermann. Dieser stoppt das Leder, dribbelt zum gegnerischen Tor, und da – Mirko hat den Ball übernommen – Tor! Tor! – Der Ball ist am Tormann Patrick vorbei ins Netz gegangen. Damit steht es 1 : 0 für die 3c. Jubel bei den Zuschauern von der 3c. Es war ein hartes, aber faires Spiel.“ *(Konrad, 13 Jahre)*

Reportage über ein Autorennen in Monte Carlo (Eigenbericht) **L 106**

Eben findet die große Monte-Carlo-Rallye statt. Zahlreiche Spitzenfahrer befinden sich am Start. Es ist 15 Uhr, die Flagge hebt sich – Start!

Sofort geht Clay Regazzoni auf Matra in Führung. Dahinter ein prächtiges Spitzenfeld! 80 Runden sind zu fahren. Dr. Helmut Ziller, Österreichs Weltklassefahrer, befindet sich an sechster Stelle. Ihm wollen wir heute unsere besondere Aufmerksamkeit schenken. Er ist mit einem Lotus unterwegs. Er will versuchen den gleichen Erfolg wie seinerzeit Jochen Rindt zu erzielen.

Elfte Runde: Dr. Helmut Ziller zieht an Franzens vorbei und versucht Rivaldi in der Kurve zu überholen. Geschafft – doch nein! Rivaldi zieht wieder an, aber Dr. Ziller lässt sich nicht abschütteln. Hart bleibt er ihm auf den Fersen. Bei der Zuschauertribüne geht Rivaldi plötzlich an die Boxen: Motorschaden. Inzwischen hat sich ein anderer Österreicher an die achte Stelle vorgeschoben. Dr. Ziller liegt nun an der fünften Stelle.

Dreißigste Runde: Noch immer hat sich am Gesamtbild nichts verändert. Regazzoni musste zwar kurz an die Boxen, konnte aber wieder die Spitze übernehmen. Während Dr. Ziller nun alles daransetzt den Drittplatzierten zu überholen, konnte sich ein weiterer Österreicher unter die ersten zehn drängen. Endlich, in der fünfundvierzigsten Runde schafft es Dr. Ziller und kommt an Regazzoni vorbei. Fünfunddreißig Runden sind noch zu fahren. Dr. Ziller geht aufs Ganze, kommt am Zweiten vorbei und liegt nun Kopf an Kopf neben Regazzoni. Nun beginnt ein Führungsduell. Dauernd wechselt die Spitze. In der achtletzten Runde fängt Dr. Zillers Wagen zu stottern an! Doch dann zieht er mit neuer Kraft an und behält die Führung bis ins Ziel. Wieder ein Monte-Carlo-Erfolg für Österreich. Ein Interview mit dem Sieger bringen wir im Abendjournal. Es verabschiedet sich Ihr Chefreporter. *(Christian, 14 Jahre)*

L 111 **Der Schatz im Schlossberg** (Inhaltsangabe)

1. Einleitung: Nach der Sage spukt es auf dem Schlossberg von Hainburg, wo die Ruine der Heunenburg steht. Am Fronleichnamstag eines jeden Jahres soll sich dort der Berg auftun. Ein Gerippe in einem blauen Mantel würde aus einer Höhle treten, in der ungeheure Schätze lagern sollen.
2. Beginn des Hauptteiles: Als einmal eine arme Frau mit ihrem Kind zur Fronleichnamsprozession unterwegs ist, gelangt sie auf den Schlossberg. Sie entdeckt eine offene Eisentür, die in den Berg führt. Als sie neugierig in die Höhle blickt, sieht sie eine Unmenge von Gold, Silber und Edelsteinen.
3. Offene Situation: Die Versuchung ist zu groß, sie tritt in die Höhle und rafft von den Schätzen so viel zusammen, was sie in ihre Schürze bringt.
4. Spannungshöhepunkt: Da sich die Eisentür plötzlich zu schließen beginnt, stürzt sie ins Freie. Draußen stellt sie fest, dass das Kind noch immer in der Höhle ist. Doch zu spät, der Berg hat sich geschlossen.
5. Unerwartete Wende, Lösung der Spannung: Nach einem Jahr geht die Frau wieder auf den Schlossberg. Sie will den Leichnam ihres Kindes holen. Wirklich ist die Tür in den Berg wieder geöffnet und als sie hineinsieht, erblickt sie ihr Kind, das mit dem Goldschatz spielt. Sie packt es und läuft nach Hause.
6. Schluss: Seither hat sich der Berg nicht mehr aufgetan, auch das Gespenst ist nicht mehr gesehen worden. *(Vera, 13 Jahre)*

L 112 Inhaltsangabe der Kurzgeschichte **„Brudermord im Altwasser“**

In dieser Geschichte geht es darum, wie der Jüngste von den Hofberger Buben bei einem Unfall, den seine beiden Brüder verschulden, ums Leben kommt.

Das geschah folgendermaßen: Jeden Tag im August gehen die drei Brüder, 11, 12 und 13 Jahre alt, zu den Altwässern der Donau. Es sind grünschwarze Teiche. Sie raufen, schlagen sich und vereinbaren jeden Tag, dass sie zu Hause über ihre Streiche schweigen wollen.

Eines Tages stoßen sie auf einen bisher unbekannten Weiher. Er ist größer als die ihnen bisher bekannten. Sie entdecken ein Boot und rudern in die Mitte des Weihers. Da beginnen die beiden Älteren zu schaukeln. Dem Jüngsten macht das ebenfalls Spaß, doch plötzlich werfen sich die beiden Älteren auf jene Seite, wo der Kleinste steht,

sodass er ins Wasser fällt. Der Elfjährige ruft um Hilfe, geht unter, pocht von unten gegen den Bootskiel und ertrinkt schließlich.
Die beiden anderen sind stumm und gelb von dem Schrecken, sie rudern zurück an das Ufer, lassen den graugrünen Weiher hinter sich, laufen stadtwärts und vereinbaren wie immer, dass sie zu Hause schweigen werden. Am liebsten würden sie alles ungeschehen machen, aber das geht nicht.
Die Geschichte wirft die Frage der Schuld auf. *(Andreas, 14 Jahre)*

L 114

Ergebnisprotokoll zum Thema **„Tierhaltung im Tiergarten"**
Anwesend: 29 Schüler und Schülerinnen der 4a des Gymnasiums Mödling, der Deutschlehrer Prof. Rittberger
Wegen Krankheit entschuldigt: Grete Köninger
Vorsitz: Erwin Mandl
Thema: Tierhaltung im Tiergarten

Nach einer lebhaften Diskussion fassten die Schüler und Schülerinnen der 4a den Beschluss an die Direktion des Tiergartens in .... einen Brief zu schreiben, in dem gegen die Gefangenschaft der Wildtiere im Allgemeinen und gegen die Art der Unterbringung im Besonderen schärfstens protestiert wird.

Als Begründung soll angeführt werden:

1. Die Gefangenschaft in einem Zoo ist für die meisten Wildtiere qualvoll.
2. Auf dem Transport gehen viele Wildtiere ein und jene, die im Zoo ankommen, sind geschädigt.
3. Der Klimawechsel macht viele Wildtiere krank.
4. Die Käfige der Tiere sind größtenteils zu klein und entsprechen nicht der natürlichen Umwelt der Tiere.
5. Als Folge davon haben manche Tiere schon einen nervösen Tick, sie führen mit einzelnen Körperteilen gleichförmige Bewegungen aus ohne ihren Platz zu verlassen. Das Fell der Raubtiere sieht durch die engen Käfige schäbig aus.

Die Versammlungsteilnehmer fordern daher einstimmig die Tiere in Gehegen unterzubringen, die den Lebensbedingungen in ihrer natürlichen Umgebung nahe kommen und ihnen mehr Bewegungsfreiheit lassen. Auch sollen die Tiere in Lebensgemeinschaften gehalten werden, wie sie in der Natur anzutreffen sind.

Für die endgültige Formulierung des Protestschreibens wurde eine Arbeitsgruppe gewählt, die sich aus den Schülerinnen und Schülern Katrin Gruber, Angelika Meissner, Gerhard Hausner und Wolfgang Müller zusammensetzt.
Mödling, 27. Oktober 20 . .

Ilse Hofstetter
Schriftführerin

L 116 Wie ein Viertaktmotor funktioniert

In einem Verbrennungsmotor wird in vier Arbeitsschritten (Takten) Kraft erzeugt. Das geschieht auf folgende Weise:
Der Kolben in einem Zylinder bewegt sich im ersten Takt abwärts. Durch das geöffnete Einlassventil wird ein Benzin-Luft-Gemisch angesaugt.
Im zweiten Takt erfolgt die Verdichtung des Gemisches, indem der Kolben durch die Pleuelstange nach oben geschoben wird. Beide Ventile sind während des zweiten Taktes geschlossen.
Im dritten Takt wird durch einen elektrischen Funken, der in der Zündkerze entsteht, das Benzin-Luft-Gemisch zur Explosion gebracht. Das Gas dehnt sich dabei aus und presst den Kolben mit großer Kraft nach unten. Diese kraftvolle Abwärtsbewegung des Kolbens wird auf die Pleuelstange und von dieser auf die Kurbelwelle übertragen. Die Kurbelwelle wird dadurch in Drehung versetzt und bewegt in weiterer Folge die Räder des Fahrzeuges.
Im vierten Takt geht der Kolben wieder aufwärts, die Abgase entweichen durch das jetzt geöffnete Auslassventil.
Dieser Vorgang wiederholt sich in großer Geschwindigkeit.

L 119 **Rezept:** Schnitzel mit Kartoffeln und Salat

Zutaten:

1 kg Kartoffeln	1 Ei
1 Häuptel grüner Salat	Semmelbrösel
3 Kalbsschnitzel	Pfeffer
Essig	Salz
Öl	Fett

So wird's gemacht:

Kartoffeln waschen und in Wasserdampf 20 Minuten kochen lassen, danach schälen, in Stücke teilen und salzen.

Schnitzel salzen, dann in Mehl, zerquirltem Ei und Bröseln wälzen. Schließlich in einer Pfanne mit heißem Öl auf jeder Seite fünf Minuten herausbacken, bis die Panier eine hellbraune Farbe angenommen hat.
Blattsalat putzen und waschen und in einer Schüssel mit einer Marinade aus Salz, Pfeffer, verdünntem Essig und Öl mischen.

Wie Butter hergestellt wird **L 122**

Die Milch wird von den Bauern mit modernen Milchsammelwagen abgeholt und an die Molkerei geliefert. Bei der Übernahme wird die Milchmenge gemessen. Gleichzeitig wird zur Bestimmung des Fettgehaltes eine Probe entnommen. Unmittelbar nach ihrem Eintreffen in der Molkerei wird die Milch in Sieben gereinigt. Danach leitet man sie zur Rahmgewinnung in Separatoren. Das sind Maschinen, in denen die Milch zentrifugiert wird. Die schwere Milch wird dabei nach außen an die Wände der Separatoren geschleudert und fließt ab, der leichte Rahm bleibt innen zurück. Nun muss die Milch noch entkeimt werden. Zu diesem Zweck erhitzt man sie 40 Sekunden lang auf 74 Grad Celsius. Bei dieser Temperatur werden alle schädlichen Keime getötet. Die wertvollen Bestandteile bleiben erhalten. Daraufhin wird die Milch in Behälter aus Wachspapier oder in Flaschen abgefüllt. Das geht automatisch mit einer Spezialmaschine.
Der Rahm wird zur Abtötung schädlicher Stoffe auf 93 Grad erhitzt. Nach dem Zusatz von Milchsäurebakterien wird er sieben bis zehn Stunden leicht gerührt. Durch diese Säuerung entsteht der Geschmack der Butter.
Zur weiteren Aufbereitung wird der Rahm in einen Butterfertiger geschüttet. Dieser Behälter fasst 10.000 Liter, er wird jedoch nicht ganz gefüllt. Mit 30 Umdrehungen in der Minute dreht sich der Zylinder des Butterfertigers um seine waagrechte Achse. Dadurch wird der Rahm schaumig, die Fettkügelchen ballen sich zu Klumpen zusammen.
Nach 45 Minuten hat sich das Fett vollkommen abgeschieden, danach wird die Rohbutter mehrmals in kaltem Wasser gewaschen und mit Walzen geknetet.
Maschinen formen anschließend die Masse und verpacken sie in Päckchen zu ein Viertel oder ein Achtel Kilogramm. Eine Maschine kann etwa 3.500 Packungen in der Stunde herstellen. Nun braucht die Butter nur mehr in Schachteln verpackt und mit Lieferautos ausgeliefert zu werden.

L 125 An das Polizeikommissariat Wien-Kagran

Diebstahlsmeldung

Am .... wurde mir zwischen sieben und vierzehn Uhr mein Fahrrad gestohlen. Ich hatte es an einem Fahrradständer bei der U-Bahn-Station Wien-Kagran abgestellt und mit einer Kette und einem Vorhängeschloss gesichert.
Als ich es am Nachmittag wieder holen wollte, war das Rad weg, nur die durchgetrennte Kette mit dem Schloss lag neben dem Fahrradständer.
Das Fahrrad (Marke Puch, Modell Tourenmeister, Fabrikationsnummer 0065337) hat einen zinnoberroten Rahmen. Die Kotflügel sind verchromt, der Rennlenker ist mit einem schwarzen Kunststoffband umwickelt. Am Hinterrad fehlen zwei Speichen. Das Glas des Rücklichtes am hinteren Kotflügel ist gesprungen. Das Fahrrad hat eine Zehngangschaltung. An dem braunen Ledersattel hängt eine Werkzeugtasche, auf deren Deckel innen mit einem Kugelschreiber mein Name und meine Anschrift geschrieben wurde. Das Fahrrad hat bei seiner Anschaffung .... Euro gekostet.
Hochachtungsvoll

Isolde Winterleitner

L 130 Die Lösung des Rätsels lautet: Tafelschwamm

L 131 Ein zerbrochener (wackeliger) Sessel, eine zerrissene Tapete, eine zerschlissene Hose, kranke Füße, unbewohnbare Häuser, abgetretene Teppiche, ausgelatschte Schuhe, ein zerbrochenes Glas, ein geplatzter Luftballon, ein zerlesenes Buch, eingeschlagene Fensterscheiben, erschöpft, verbogene Speichen, unbrauchbares Fahrrad, eine eingedrückte Stoßstange, ein löchriger Reifen.

L 132 Gestalt: untersetzt, schlank, stark, schwächlich, gedrungen, stämmig
Kopfform: oval, rund, viereckig
Gesicht: länglich, kantig, rundlich, schmal, breit
Haare: hell, dunkel, braun, schwarz, blond, gefärbt, grau, voll, schütter, glatt, gewellt, gescheitelt, zurückgekämmt, kraus, fettig
Stirn: hoch, niedrig, zurückweichend, vorspringend
Augen: hell, dunkel, blau, grau, braun, grün, tief liegend, hervorstehend

Nase: auffallend groß, klein, schmal, breit, geradlinig, eingedrückt, spitz, Adlernase, Stupsnase, Knollennase
Ohren: groß, klein, abstehend, anliegend
Mund: groß, klein, breit, schmallippig, hasenschartig, wulstige Lippen
Zähne: vollständig, lückenhaft, vorstehend, Unterbiss, plombiert, Zahnprothese
Kinn: zurückweichend, vorspringend, spitz, stark, breit
Arme und Hände: kurz, lang, klein, behaart, gepflegt, abgearbeitet
Beine und Füße: kurz, lang, O-Beine, X-Beine, Plattfüße
Sprache und Stimme: mundartlich gefärbt, akzentuiert, stotternd, lispelnd, hohe Stimme, tiefe Stimme, nuschelnd, heiser, klar
Kleidung: gut angezogen, zerrissen, zerlumpt, halb nackt, vermummt, auffallend

Beschreibung eines Mädchens **L 133**

Das Mädchen, das ich meine, ist 11 Jahre alt, etwa 1,50 m groß und etwas rundlich. Es ist für sein Alter sehr kräftig. Kurz geschnittene dunkelblonde Haare umrahmen sein volles Gesicht. Die Augen sind braun. Das Mädchen blickt zumeist fröhlich drein. Auf der Oberlippe hat es ein kleines dunkelbraunes Muttermal. Das Mädchen schafft gerne an, ist jedoch ansonsten sehr gutmütig und verträglich. Nur mit seinem älteren Bruder, der auch unsere Schule besucht, hat es oft Streit. Das Mädchen ist klug, lernt gut und bekommt auch gute Noten. Bekleidet ist es meist mit Bluejeans und einem weißen Pullover.
Wer ist gemeint? *(Alexandra, 11 Jahre)*

Beispiel einer Vermisstenmeldung **L 134**

Seit gestern Mittag wird der dreizehnjährige Schüler Walter Stocker vermisst. Der Schüler wurde zuletzt in der Ungargasse im dritten Bezirk von Wien gesehen. Er befand sich auf dem Weg zu seiner Wohnung.
Walter ist etwa 1,62 m groß, hat hellblonde lange Haare, die leicht gewellt sind. Er trägt eine Brille mit farblosem Metallgestell. Bekleidet war er mit einem roten Anorak, einer dunkelblauen Schihose und hohen Lederstiefeln. Seine Schulsachen trägt er in einem schwarzen Rucksack aus Jeansstoff.
Wer hat Walter gesehen?
Sachdienliche Meldungen nimmt jede Polizeidienststelle entgegen.

L 135 **Junger Pudel entlaufen**

Am 18. Jänner ist mir im Stadtpark ein weißer Zwergpudel entlaufen. Er ist sieben Monate alt, männlich. Sein Fell ist nach dem Schäfchenschnitt gekürzt. Er trägt ein grünes Halsband mit der Nummer 298/16, Wien. Er hört auf den Namen Blanko.

Für die Auffindung des Hundes ist eine Belohnung ausgesetzt. Mitteilungen erbeten an Gerhard Wallner, Zedlitzgasse 9, 1010 Wien, Tel. ....

L 141 **Die neue Smart-Superfüllfeder**

Die Smart-Superfüllfeder ist für Schulkinder besonders geeignet, denn sie geht ganz auf die Schreibgewohnheiten der Kinder ein. Durch den Sattelgriff lässt sie sich von jeder Hand sicher führen. Da gibt es kein Abrutschen, keine verschmierten Finger, kein Kratzen. Mit der besonders druckfesten elastischen Feder kann jedes Kind leichter und schöner schreiben. Durch die luftdicht schließende Steckkappe unverwüstlich. In vielen Farben erhältlich! Von Pädagogen empfohlen. *(Karl-Heinz, 13 Jahre)*

L 142 **Endlich lieferbar! Der Roboter für den Haushalt!**

Auch in Ihrem Heim sollte der neue Super-Roboter nicht fehlen. Er ist ein wahrer Zauberkünstler und kann Ihnen viele Arbeiten abnehmen: Er kann allein Schuhe putzen, Staub saugen, Staub wischen, Fenster putzen, Kuchen backen, kochen, aber auch nähen, Wäsche waschen und vieles andere.

Und alles um einen Superpreis von nur 999,99 Euro! Erhältlich bei Prof. Alleswisser im Lande Utopia. (Rebekka, 12 Jahre)

L 145

LESERATTEN
haben Hunger und bitten um
BÜCHERSPENDEN
für die Schüler unserer Schule!

L 147

Tausche
schöne Angorakatze,
weiblich, weiß,
gegen gutmütige Brillenschlange!
Wertausgleich möglich
Tel. 01/437 26 58

L 159

Patrick Immervoll
Oberweg 19
6143 Matrei am Brenner

Versandhaus Cosmos
Imbergstraße 216
5010 SALZBURG

Matrei, am ....

Bestellung

Hiemit bestelle ich die Kleinbildkamera Minolta 36 RC, Bestellnr. 6374 zu den in Ihrem Prospekt angeführten Bedingungen. Sollte mir die Kamera gefallen, werde ich den angeführten Betrag auf Ihr Konto überweisen.
Mit höflichem Gruß

Patrick Immervoll

L 160

Patrick Immervoll
Oberweg 19
6143 Matrei am Brenner

Versandhaus Cosmos
Imbergstraße 216
5010 SALZBURG

Matrei, am ....

Reklamation der Lieferung
Rechnung Nr. 7438/13 vom ....

Auf Grund meiner Bestellung vom .... haben Sie mir eine Kleinbildkamera, Marke Minolta 36 RC, zur Ansicht zugesandt. Bei der Erprobung der Kamera musste ich leider feststellen, dass der Verschluss manchmal klemmt.
Ich sende Ihnen daher den Apparat zurück und ersuche ihn umzutauschen.
Die Bezahlung der Rechnung erfolgt nach Lieferung einer einwandfreien Kamera.
Mit höflichem Gruß

Patrick Immervoll

Kamera

L 163 Elfriede Rosenberger
Haberlgasse 69/17
1160 Wien

An die Global-Versicherungsgesellschaft
Bäckerstraße 68
1010 WIEN

Wien, am ....

Schadensmeldung
Haushaltsversicherung Polizze Nr. 007684/87/19

Durch Frosteinwirkung kam es in meiner Küche zu einem Wasserrohrbruch. Die Reparatur durch den Installateur zahlte die Hausverwaltung, doch muss ich meine Küche neu ausmalen lassen. Da ich bei Ihnen eine Haushaltsversicherung abgeschlossen habe, ersuche ich um Übernahme der Kosten der Malerarbeiten.

Elfriede Rosenberger

Kostenvoranschlag

L 164 An das Magistratische Bezirksamt für den 14. Bezirk
Gesundheitsamt
Hietzinger Kai 1–3
1130 WIEN

Wien, am ....

Geruchsbelästigung durch Wurstfabrik

Die Lärm- und Geruchsbelästigung durch die Wurstfabrik Werner im Hause Baumgartenstraße 45 hat ein Ausmaß angenommen, das nicht mehr vertretbar ist. Mit einem Wort: Es stinkt in der ganzen Umgebung.
Die Mieter des Hauses Baumgartenstraße 43 sowie der benachbarten Häuser ersuchen daher die Betriebsanlagen der Wurstfabrik zu überprüfen und zu erwirken, dass die Lärm- und Geruchsbelästigung abgestellt wird.
Hochachtungsvoll

Emil Holzhauser

L 165

Anna Muster
Marktplatz 56
6060 Absam

An den Hauptbahnhof Innsbruck
Fundbüro
6020 INNSBRUCK

Absam, am ....

Verlustmeldung

Bei meiner Reise am 30. April von Wien nach Innsbruck habe ich in einem Abteil zweiter Klasse des Zuges SL 188 „Maria Theresia", Abfahrt Wien 17.00 Uhr, Ankunft Innsbruck 21.50 Uhr, einen kleinen Koffer vergessen. An dem Koffer ist ein Anhänger mit meinem Namen und meiner Adresse angebracht.
Der Koffer ist aus dunkelbraunem Kunstleder und hat zwei Riemen mit Schnallen. Er enthält Bücher und Dokumente, die für mich sehr wichtig sind.
Falls der Koffer gefunden und abgegeben wurde, teilen Sie mir bitte mit, wo und wann ich ihn abholen kann. Vielen Dank im Voraus.
Mit freundlichen Grüßen

Anna Muster

L 166

An das Finanzamt für den 22. Bezirk
Ref. 08
Dr.-Adolf-Schärf-Platz 2
1220 WIEN

Wien, am ....

Steuernummer 732/6487
Einkommensteuererklärung für das Jahr ....

Da ich längere Zeit krank war und acht Wochen im Spital zubringen musste, sehe ich mich nicht in der Lage den Termin für die Abgabe der Einkommensteuererklärung für das Jahr .... einzuhalten.
Ich ersuche daher höflich um Verlängerung der Abgabefrist. Eine Bestätigung des behandelnden Arztes liegt diesem Schreiben bei.
Mit höflichem Gruß

Wolfgang Sommergruber

L 167 **Meine Pläne für die nächste Zukunft**

In wenigen Wochen werde ich aus der Hauptschule entlassen, daher beschäftige ich mich seit längerer Zeit mit der Frage, ob ich eine weiterführende Schule besuchen soll oder nicht. Ich muss zwar auf jeden Fall noch ein Jahr zur Schule gehen, aber nach der vierten Klasse der Hauptschule oder der AHS muss man sich entscheiden, welchen Weg man einschlagen will. Gewiss, ich habe in den meisten Fächern gute Noten und merke mir den Lehrstoff verhältnismäßig leicht, aber wenn ich daran denke, dass ich noch vier oder fünf Jahre eine Schule besuchen soll, während andere schon Geld verdienen, kommen mir doch Zweifel.

Welche Vorteile hat ein weiterführender Schulbesuch überhaupt? Allerdings, man weiß mehr, man kann vielleicht eher einen besser bezahlten Posten bekommen, aber das stimmt auch nicht immer. Mein Onkel ist Baupolier und verdient mehr als mein Vater, der die Matura abgelegt hat und Leiter eines Postamtes ist. Gewiss, die Arbeit im Gewerbe ist härter, verlangt mehr Muskelkraft, doch es ist möglich, dass man arbeitslos wird, wenn weniger gebaut wird.

Dann ist noch die Frage: allgemeinbildende oder berufsbildende, mittlere oder höhere Schule? Meine Eltern möchten, dass ich weiter zur Schule gehe und die Handelsakademie oder eine HTL besuche, die fünf Jahre dauert. Nachher hätte ich sogar die Möglichkeit auf einer Hochschule zu studieren. Aber bin ich gescheit genug, habe ich genug Fleiß und Ausdauer, um noch so viele Jahre auf der Schulbank zu sitzen? Wäre es nicht klüger als Lehrling in einem Betrieb anzufangen, wo ich schon von Anfang an Geld verdienen kann und nicht meinen Eltern in der Tasche liegen muss?

Ich kenne Leute, die über eine Betriebslehre zu leitenden Posten aufgestiegen sind. Dann ist noch die Frage: Welchen Beruf soll ich überhaupt wählen? Im Werkunterricht habe ich sehr gerne mit Holz gearbeitet. Als Tischler oder Zimmermann zu arbeiten würde mich freuen.

Zum Glück habe ich noch ein Jahr Zeit mich endgültig zu entscheiden. Vielleicht komme ich in der Polytechnischen Schule zur Einsicht, dass es doch besser wäre eine weiterführende Schule zu besuchen, etwa die HTL für Holzbau in Mödling. *(Konrad, 14 Jahre)*

L 169 **Sollen wir eine Schülerzeitung herausgeben?**

Die Klassenvertreter und Schulsprecher unserer Schule haben die Absicht eine Zeitung für die Schüler unserer Schule herauszugeben.

Ehe dieser Versuch gestartet wird, sollte man sich aber fragen, ob der Plan auch durchführbar ist.
Sicher würden sich alle Schüler sehr freuen, wenn sie eine Zeitung lesen könnten, die nur für sie gemacht worden ist. Es gibt zwar eine Menge Zeitungen, die für die Jugend bestimmt sind, aber meistens werden sie von Leuten geschrieben, die selbst längst dem Jugendalter entwachsen sind und nicht genau wissen, welche Interessen wir haben. Und wenn man dann eine solche Zeitung kauft, bezahlt man damit viele Artikel, die einen gar nicht interessieren. Wir wollen aber auch das lesen, was Jugendliche unseres Alters geschrieben haben. Auch ist es wichtig, alle Schüler und die Eltern über das Schulleben im Einzelnen zu unterrichten. Sicher möchten viele gern wissen, welche Wanderungen oder Schulveranstaltungen von den einzelnen Klassen geplant sind. Auch an die Möglichkeit, Berichte, Geschichten und andere Texte, die von Schülern verfasst worden sind, zu veröffentlichen, sollte gedacht werden.
Die Schülerzeitung könnte darüber hinaus ein Sprachrohr für Kritiker sein. Es gibt so manches, womit wir Schüler nicht einverstanden sind. So verstehen wir z. B. nicht, dass die Lehrer in der Schule mit Straßenschuhen gehen dürfen, während wir gleich nach dem Betreten des Schulhauses Hausschuhe anziehen müssen.
Es ist ja die Aufgabe der Klassenvertreter an der Zusammenarbeit zwischen Schülern, Eltern und Lehrern mitzuwirken. So manches, das verbessert werden sollte, könnte zunächst in der Zeitung erörtert werden. Dann kommt man zu einer echten Meinungsbildung und kann mit überzeugenden Vorschlägen aufwarten. Sicher würde nicht jeder Schüler mit jedem Artikel einverstanden sein. Wir müssen aber auch lernen die Meinungen anderer anzuerkennen. Schließlich wird durch die Schülerzeitung auch erreicht, dass viele Schüler mitarbeiten und sich so für die Gemeinschaft einsetzen. Überhaupt wird durch die Schülerzeitung bewirkt, dass sich viele Schüler bewusst werden zu einer Gemeinschaft zu gehören.
Alle diese Gründe sprechen für die Herausgabe einer eigenen Schülerzeitung. Aber wir dürfen nicht glauben, dass es keine Gegengründe gäbe.
Da sind einmal die Kosten. Jede Zeitung kostet Geld. Man könnte es durch den Verkauf und durch Anzeigen hereinbringen, ich glaube aber nicht, dass man durch Werbung viel verdienen kann. Denn welche Firma wird schon etwas für Anzeigen in einer Schüler-

zeitung ausgeben wollen? Wir Schüler selbst haben nicht viel Geld. Und Hefte und andere Schulsachen müssen wir uns auch noch kaufen, meist vom Taschengeld. Und was wollen wir tun, wenn z. B. die Artikel nicht gefallen und die Zeitung deshalb nur wenige Käufer findet? Das Papier und die Druckkosten müssen aber bezahlt werden.
Dann gibt es noch das Pressegesetz. Wer soll die Verantwortung für den Inhalt der Texte übernehmen? Unter Umständen müssen wir die Einnahmen sogar versteuern. Wenn wir aber annehmen, dass wir zwar genügend Geld zusammenbringen, entsteht noch die Frage nach ständigen Mitarbeitern. Für eine solche Tätigkeit braucht man viel Zeit. Daher können eine solche Aufgabe nur Schüler übernehmen, die gute Schulleistungen erbringen. Hat ein Schriftleiter Schwierigkeiten in der Schule, machen ihm Lehrer und Eltern Vorwürfe, dass er seine Zeit verschwendet. Da wir in unserem Alter noch wenig Erfahrung haben, ist es ratsam, einen Erwachsenen als Berater einzuladen. Und welcher Erwachsene wird sich bereit erklären unentgeltlich mitzuarbeiten? Ich glaube also nicht, dass es derzeit ratsam ist, eine Schülerzeitung herauszugeben. Dagegen schlage ich vor das schwarze Brett der Schule häufiger zu benutzen. Außerdem wird es möglich sein, ab und zu ein Flugblatt im Sekretariat zu vervielfältigen, das dann an alle Schüler verteilt werden könnte. Das kostet viel weniger als eine gedruckte Schülerzeitung. Wenn wir gute Erfahrungen gemacht haben und die Schülerschaft sich für die Mitarbeit an einer Schülerzeitung mehr als bisher interessiert, könnten wir den Plan in einiger Zeit noch einmal in Erwägung ziehen.

(Ernst, 15 Jahre)

L 170 Brief für den Kummerbriefkasten

Mein größter Kummer sind meine schlechten Noten in Mathematik. Dabei verstehe ich die Rechnungsarten, wenn sie der Lehrer erklärt. Auch die Hausaufgaben kann ich richtig lösen. Aber wenn eine Schularbeit ist, habe ich so Angst, dass ich versage, und bin so nervös, dass ich meistens alle Aufgaben falsch rechne. Ich brauche nur das Wort Mathematikschularbeit zu hören, fängt mein Herz schon rascher zu klopfen an. Im Halbjahr habe ich in Mathematik schon die Note „Nicht genügend“ bekommen. Wenn das so weitergeht, muss ich die Klasse wiederholen. Ich bin verzweifelt.

(Ilse, 11 Jahre)

L 171

Leserbrief an die Schriftleitung:
Sehr geehrte Damen und Herren!
Mit Verwunderung habe ich die Empfehlung der „Schweizer Familienkommission“ gelesen, die sie in Ihrer Zeitung abgedruckt haben. Zugegeben, die freie Verfügbarkeit über den Fernsehapparat durch Kinder kann sie fernsehsüchtig machen, sie vom Lernen abhalten und damit zu einer Verschlechterung der Schulleistungen führen. Zugegeben, stundenlanges Fernsehen ist gesundheitsschädlich, sowohl für die Augen als auch für den gesamten Bewegungsapparat.
Zugegeben, Kinder und Jugendliche brauchen mehr Schlaf als Erwachsene. Vom Fernsehen in den späten Abendstunden ist daher abzuraten.
Zugegeben, die gezeigten Filme spiegeln meist nicht die Wirklichkeit. Da die Kinder noch nicht zwischen einer erfundenen Handlung und der Wirklichkeit unterscheiden können, identifizieren sie sich mit den „Helden“ im Fernsehen, nehmen Gewalt, Mord und Totschlag als selbstverständliche Möglichkeiten zur Lösung von Problemen an und glauben, auch in der Wirklichkeit gewalttätig handeln zu müssen. Die Nachahmung erfolgt unbewusst.
Aus Erfahrung weiß ich jedoch:
Kinder und Jugendliche sehen gerne Fernsehsendungen, besonders handlungsreiche Filme. Aber nicht jeder Film zeigt Schlägereien, es gibt auch sehr informative Filme, Naturfilme, Kulturfilme, Filme über fremde Länder, die zu sehen Jugendlichen durchaus empfohlen werden kann, weil sie Wissen vermitteln. Auch gibt es Spielfilme, in denen Probleme von Jugendlichen auf unterhaltsame Weise behandelt werden. Man sollte daher stets das Fernsehprogramm studieren und nicht den Fernseher aus Zeitvertreib einschalten.
Auch sind Kinder und Jugendliche vernünftigen Erklärungen zugänglich. Die Eltern sollten daher das generelle Verbot, sich Filme für Erwachsene anzusehen, mildern und ihre Entscheidungen jeweils begründen. Vor allem aber sollte nach jedem Film mit den Eltern über den Film gesprochen werden, damit die Kinder desillusioniert werden. Außerdem sollten sich Kinder angewöhnen erst fernzusehen, wenn sie ihre Schulaufgaben erledigt haben. Danach sollten sie selbst entscheiden können, was sie in ihrer Freizeit tun wollen. Ich meine daher, dass das Problem Fernsehen mit erzieherischen Maßnahmen behoben werden sollte und nicht durch Verbote oder zweifelhafte Ratschläge. *(Aloisia Rieder)*

L 172 Für Stefan gibt es folgende Möglichkeiten:

1. Er verlangt vor dem Geschäft alle Mannerschnitten, sonst würde er ihn verraten.
2. Er sagt: „Gib mir die Hälfte, sonst sage ich, dass du die Schnitten gestohlen hast!"
3. Er spricht überhaupt nicht darüber.
4. Er sagt bereits im Geschäft: „Leg sie zurück!"
5. Er sagt an der Kasse: „Du musst doch noch die Mannerschnitten bezahlen."
6. Er sagt es Ottos Mutter.
7. Er sagt es seiner Mutter.
8. Er meldet es an der Kasse.
9. Er sagt nachher: „Ich verrate dich nicht, aber mach das nicht mehr!"

L 173 In diesem Text von Horst Bingel geht es um das Thema Gewalt.
Mit der Verfügung einer Ausgangssperre für Zivilpersonen nach 22 Uhr durch einen Militärgouverneur beginnt die Geschichte.
Der Ort des Geschehens ist eine Straße, die durch ein Sumpfgebiet führt, in welchem Lande, wird nicht gesagt. Auf dieser Straße ist ein Junge mit seinem Fahrrad unterwegs, obwohl es bereits sechs Minuten nach 22 Uhr ist, also sechs Minuten über die Zeit.
Auf dieser Straße fahren auch zwei Söldner mit einem Pferdewagen nach Hause. Sie haben die Befehle des Machthabers auszuführen und jeden zu erschießen, der sich nicht an die Ausgangssperre hält. Sie treiben die Pferde an, grölen ein Lied.
Als der Junge einen Pfiff und das Peitschenknallen hört, weiß er, dass es jetzt um Leben oder Tod geht. Er fährt zwar im Schatten der Bäume, trotzdem entdecken ihn bald die Soldaten und verfolgen ihn. Sie rufen, treiben die Pferde an und versuchen den Jungen einzuholen. Doch der Junge weiß einen Weg durch den Sumpf und biegt von der Straße links ab. Das ist seine Rettung und gleichzeitig der Untergang seiner Verfolger, die im Sumpf ums Leben kommen.
Die Spannung entsteht durch die Darstellung der Verfolgungsjagd in kurzen, zum Teil unvollständigen Sätzen, die das Geschehen nur andeuten.
Der Erzähler will vor der Gewaltherrschaft warnen, bei der es in der Folge stets Tote gibt.
Ein mahnender, aufwühlender Text.

Buchbesprechung: **„Lillebror und Karlsson vom Dach“** **L 175**

Eine fantastische Erzählung von Astrid Lindgren

Eines Tages schwirrt durch das geöffnete Zimmerfenster ein dickes, kleines Männlein, das sich Karlsson vom Dach nennt und in seinem Körper einen Motor eingebaut hat, der einen Propeller auf seinem Rücken antreibt. Dieser „beste Kunstflieger der Welt“ entpuppt sich bald als großer Spaßmacher mit dem Magen eines Riesen. Kein Wunder, dass Lillebror, ein achtjähriger Bub, mit diesem seltsamen Wesen sogleich Freundschaft schließt, eröffnet sich ihm dadurch eine neue Welt. Karlsson nimmt nämlich seinen menschlichen Freund mit aufs Dach, wo sich sein Häuschen befindet. Leider haben die Erwachsenen für solche Ausflüge der Kinder wenig Verständnis und sie verständigen die Feuerwehr. Ja, die Eltern von Lillebror bezweifeln sogar das Vorhandensein von Karlsson, obwohl es immer wieder deutliche Hinweise gibt. Einmal verjagt der kleine Karlsson sogar die Einbrecher aus Lillebrors Wohnung. Erst am Geburtstag von Lillebror sehen sie, dass ihr Söhnchen die Wahrheit gesprochen hat. Am Tisch sitzt nämlich der dicke Karlsson und stopft die Geburtstagstorte in sich hinein.

Von Karlsson werden sicher alle Leser ebenso begeistert sein wie von Lillebror, der seinem kleinen aufschneidenden Freund alle Schwächen gerne verzeiht, denn dieser gefräßige Kerl ist ein kluger Kopf, der weiß, wie es in der Welt zugeht, und der seinen Freunden, wenn es Not tut, gerne hilft.

Die Sprache ist leicht verständlich, gute Federzeichnungen bereichern die Vorstellung des Lesers. Der Druck ist reich gegliedert und übersichtlich.

Das Buch kann allen Buben und Mädchen vom neunten Lebensjahr an wärmstens empfohlen werden. *(Isolde, 14 Jahre)*

Der Wanderfalke **L 185**

Wanderfalken findet man bei uns in großen Wäldern, besonders dort, wo sich inmitten von Waldungen steile Felswände erheben. Ebenso häufig trifft man sie in waldlosem Gebirge. Der Wanderfalke fliegt äußerst schnell, besonders dann, wenn er sich vom Boden aufschwingt. Er ist sehr scheu und vorsichtig, daher sucht er zur nächtlichen Ruhe nur die Nadelwälder auf.

Der Wanderfalke ist der Schrecken vieler Vögel, von der Wildgans angefangen bis zur Lerche. Unter Rebhühnern und Tauben richtet er die ärgsten Verheerungen an. Enten verfolgt er mit unermüdlicher

Ausdauer. Selbst den wehrhaften Krähen ist er ein furchtbarer Feind und oft ernährt er sich wochenlang nur von ihnen. Gewöhnlich greift er die Beute nur, solange sie sich in der Luft befindet. Wo man ihn im Feld auf der Erde sitzen sieht, liegt meist ein Volk Rebhühner in der Nähe. Solange sie still bleiben, greift er sie nicht an. Erst wenn sie hochgehen, fliegt er auf, stößt von oben auf sie herab und verfehlt sein Ziel nie. Deshalb ist die Wucht seines Angriffes auch die Ursache, dass er nur selten auf sitzende Vögel stößt. Er kommt dabei in Gefahr sich selbst zu zerschmettern.
Bei uns horstet er am liebsten an steilen Felswänden, im Notfall aber auch auf hohen Waldbäumen.

L 186 **Fernsehen** (Exzerpt):

Fernsehen kinderleicht?
Entfernter Fernsehsender strahlt Bild und Ton aus, auf Bildschirm trotzdem deutlich.
Fernsehkameras nehmen Sendung auf, zerlegen Bild in helle und dunkle Punkte.
Umwandlung in Stromstöße, von unsichtbaren elektrischen Wellen transportiert.
Fernsehantenne fängt Wellen auf, Weiterleitung zu Fernsehempfänger.
Sendungen aus Fernsehstudios kommend, Aufnahmen durch Kameras und Mikrofone.
Gleichzeitige Ausstrahlung = Livesendung.
Bei auswärtigen Aufnahmen: mehrere Bilder durch Übertragungswagen ins Sendehaus gefunkt, dort Auswahl durch Fernsehleute.
Aufnehmen, Übertragen, Auswählen, Senden, Empfangen fast gleichzeitig.
Manche Bilder Aufzeichnungen.

Auch Direktübertragungen aus anderen Erdteilen durch Fernsehsatellit möglich.

Zusammenfassung:

Das Fernsehen erscheint kinderleicht. Der technische Vorgang ist jedoch sehr kompliziert.
Ein weit entfernter Fernsehsender strahlt Bild und Ton einer Fernsehsendung aus. Die Sendung wird mit Hilfe von Fernsehkameras und Mikrofonen aufgenommen, die Bilder werden in helle und dunkle Punkte zerlegt und dann in Stromstöße umgewandelt. Die elektrischen Ströme werden von unsichtbaren elektrischen Wellen durch die Luft transportiert und von einer Fernsehantenne aufgenommen, die die Wellen dann zum Fernsehempfänger weiterleitet. Dieser wandelt sie wieder in kleine Punkte um, die auf dem Bildschirm das Fernsehbild ergeben.
Die meisten Sendungen kommen aus dem Fernsehstudio und werden gleichzeitig ausgestrahlt. Man nennt solche Sendungen Livesendungen. Auswärtige Aufnahmen werden von einem Übertragungswagen in das Sendehaus gefunkt, dort ausgewählt und gesendet. Das vollzieht sich fast gleichzeitig. Manche Bilder sind jedoch Aufzeichnungen, die nachträglich gesendet werden.
Aus anderen Erdteilen sind mit Hilfe von Fernsehsatelliten auch Direktübertragungen möglich.

Exzerpt des Textes **„Viele Tiere leben in einer Gemeinschaft“** **L 187**

*Viele Tiere bilden Gemeinschaften, lose oder mit Arbeitsteilung.
Höchste Stufe sozialen Verhaltens: Staatenbildung.
Voraussetzung: Verständigung durch Signale oder hoch entwickelte „Sprache“. Sie können „Gesprächspartner“ zu Handlungen auffordern.
Niedere Tiere an Meeresküsten: keine Kolonien, keine sozialen Verbände, keine Verständigung.*

Tierfamilien und Tierhorden bilden soziale Gemeinschaften: Affen führen die Jungen.
Raben, Krähen und Stare: erste Anzeichen sozialen Verhaltens (Warnrufe an alle).
Schwarm bildende Fische sondern Schreckstoff zur Warnung anderer ab.
Kolonien bildende Vögel (Pinguine) gehen „Ehen" ein. Warten auf Partner auf Brutplätzen. Begrüßungszeremonie als Signal des Wiedererkennens.
Arbeitsteilung beim Brutgeschäft.
Junge begrüßen Eltern mit Signalen (Bewegungen).
Junge Pinguine in „Krippen" von alten bewacht.
Eltern erkennen bei Fütterung ihre Jungen.
Hohe Entwicklung von Tiergesellschaften bei Staaten bildenden Insekten (Bienen, Hummeln, Wespen, Ameisen, Termiten). Arbeitsteilung, viele Signale, Kastenbildung. Bei Ameisen und Termiten unterscheiden sich Kastenangehörige auch äußerlich. Von Bienen „Sprache" bekannt.
Soziale Verhaltensweisen bei Insekten angeboren, bei Menschen erworben. Vorteil: keine Fehlentscheidungen bei Insekten.

(Heinz, 14 Jahre)

Register

(Die Zahlen geben die Seiten an.)

E

F

G

H

I

K

L

Weitere Werke von

Karl A. Dostal

aus dem Verlag Leitner

(Alle nach der neuen Rechtschreibung verfasst!)

Der deutsche Aufsatz 1

19., erneuerte Auflage
(nach den neuen Rechtschreibregeln)

(5. bis 12. Schulstufe)
358 Seiten, brosch.

Dieser Band enthält Rechtschreib- und Sprachübungen (Wort-, Satz- und Textgrammatik), Übungen zur Zeichensetzung, Wortschatzübungen sowie Diktattexte.

Ein erfolgreiches Übungsbuch für den Nachhilfeunterricht.